バリシニコフ・アーツセンターの稽古場です。

上：アーティストのための砦にて役柄を探ります。
下：失敗を恐れる必要はなく、自由な心で臨みます。

上：お通夜での振る舞いについて尋ねるバリシニコフさん（右）。
下：バリシニコフさんの表情に感情を揺さぶられます。

私の演じる姿を真剣な眼差しで見守るバリシニコフさん。

長い台詞を述べる傍らで、自ら着物を纏います。

上：デリカシーと思いやりを携えた衣装のヴィクトリア。
下：バリシニコフさんとの雑談から学ぶことも多い日々でした。

上：演出家のフランソワ・ジラールさん（右）は愛すべき夢想家です。
下：この作品を演じるための儀式のように純白の着物を畳みます。

稽古場は誰にも邪魔されることのない聖域です。

オフ・ブロードウェイ奮闘記

中谷美紀

幻冬舎文庫

オフ・ブロードウェイ奮闘記

目次

まえがき

２０１１年、あの東日本大震災が起こった年の夏にカナダのモントリオールにて初舞台を踏ませていただきました。

映画「シルク」にてお世話になった演出家のフランソワ・ジラールさんからのお声がけにより井上靖さん原作の「猟銃」を演じる事になったのです。

三杉穣介という男性が３人の女性から同時に別れの手紙を受け取り孤独に陥ります。ひとりは妻のみどり。もうひとりは三杉穣介の愛人であり、妻の従姉妹でもあり、自ら命を絶った彩子。そして、最後のひとりは彩子の娘であり、三杉穣介の義理の従姪に当たる薔子。

芦屋の素封家の悲劇の物語にて、三人の女性をひとりで全て演じることになり、ヴァカンスシーズンで人気の少なくなったモントリオールへ単身渡った日々が、まるで昨日のことのように想い出されます。

人前に立つことを恐れていた私を新たな世界へと誘ってくださったのが、フランソワ・ジラールさんや、プロデューサーの毛利美咲さんをはじめとするスタッフの皆さん、そして、ステージパートナーとして背後でフィジカルパフォーマンスを披露してくださったロドリーグ・プロトーさんでした。

若さゆえの愚かさから、ひとりで三人の女性全ての台詞を述べ、物語を成立させることがどれほど無謀なことかも知らずに飛びこんだ世界でしたが、全てをこの作品に捧げ、アルピニストになったかのような気持ちで、目の前に立ちはだかる困難な障壁を攻略することに心血を注ぎました。

ありがたいことに、2016年にも再演の機会をいただき、再び井上靖さんの書かれた美しき日本語に耽溺する日々を過ごしたものの、まるで日々自らの身体をナイフで削り取るかのような過酷さから、千穐楽(せんしゅうらく)を迎えた際には、「もう二度とこの作品を演じることはありません」と周囲に宣言したものでした。

しかし、それから時を経て2021年の5月、WOWOWのドラマ「ギバーテイカー」を富士山麓で撮影していた折に、『猟銃』をニューヨークでミハイル・バリシニコフさんと一緒に演じてみないか」とのオファーを耳にすると、即座に「あの『ホワイトナイツ／白夜』のバリシニコフさんとご一緒できる、しかもニューヨークで！」との思いが溢れ、つい「Yes!」と即答してしまいました。

とは言え、それからが大変でした。安易に快諾のお返事をしてしまったものの、ニューヨークの劇場にて、英語で演じて欲しいとのことで、約10ヶ月後に迫る本番までに、日本語ですら記憶に時間を要する「猟銃」の膨大な台詞を英語で、しかも、目の肥えたニューヨークのお客様へご覧に入れることは、あまりにも荒唐無稽に思えました。

早速にKindleで英語版の「The Hunting gun」を入手し、読み始めてみるも、翻訳に誤りもあり、それらを修正する時間を待っていては、台詞の記憶が間に合わないと焦りの気持ちに駆られました。

演じるということは、ただ台詞を記憶してそのまま述べるのではなく、台詞の行間に含められた作者の意図をくみ取り、演出家の求める世界観と共にお客様にお伝えする媒介となるものですから、付け焼き刃で適当に演じることなどできません。

フランソワ・ジラールさん、そしてミハイル・バリシニコフさんとご一緒に、貴重な創作の時間を味わいたいという思いと、私には無理なのではないかという思いの狭間で逡巡し、何度も諦めかけました。

ところが、たまたまYouTubeで流れてきた映像で、バーバラ・ハニガンさんというソプラノ歌手であり、指揮者でもあるカナダ人の女性が、アルバン・ベルクのオペラ「ルル」に挑んだことについてスピーチする姿が私の迷いに手を差し伸べてくれました。

「ルル」という、音楽的にも演劇的にも最も困難で要求の高い役柄を歌うだけではなく、演出によりバレエのトウシューズを履いて演じることを余儀なくされるというのです。

彼女が幼い頃からバレエに親しんでいたら、まだ状況は異なったかもしれません。しかし、この作品のために生まれて初めてトウシューズを履いたのは、何と彼女が41歳になってから。恵まれない出自ながら男性たちに見初められ、関わる男性を全て死に追いやるようなファム・ファタールとなり、なれの果てには娼婦に転身し、最後は非業の死を遂げる女性の物語。私がかつて映画で演じた「嫌われ松子の一生」にも通じる女性の痛ましい転落物語で、歌劇場へ足を運ぶことは少々勇気のいることなのですが、ひとたび上演が始まると夢中でかぶりつきたくなる名作です。

それを、母国語ではないドイツ語で、しかも、親しみ安いメロディーや和音などはなく、無調音楽と言われる拠り所のない難解な音楽を3時間半、ほぼ出ずっぱりで、物語の半分はトウシューズを履いてつま先立ちで歌うというのですから、正気の沙汰ではありません。ましてや楽譜を読みながら演奏できるオーケストラの音楽家たちとは異なり、オペラ歌手たちはリハーサルの初日から曲を諳(そら)んじることを求められるのです。

この驚くべき偉業をバーバラ・ハニガンという女性は、情熱と献身によって成し遂げてしまったばかりか、50歳にして同じ演出でトウシューズを履いての再演にも挑んでいたのです。

事実彼女は、この「ルル」から数曲を抽出したアルバム「Crazy Girl Crazy」でグラミー賞を受賞するに至ります。

彼女が「ルル」に携わる過程を表現する言葉は、「猟銃」に携わるべきか否か決めかねていた私の気持ちを見事に代弁し、恐れを抱いていた私の背中をそっと押してくれました。

表現に携わる者全てが抱く恐れや、自分自身の能力や体力への疑念、年齢によって居場所を失うことへの不安、そして創造への渇望や苦悩を見事に言語化した彼女のスピーチを目にする度に、魂の奥底が揺すぶられ涙が溢れて来ます。

全く面識はありませんが、彼女の存在がなかったら、「猟銃」のニューヨーク公演に携わる勇気を得ることもなかったかも知れません。

彼女のスピーチと、「ルル」再演時の舞台裏を巡るドキュメンタリーフィルムは、私の人生に大きな啓示をもたらし、困難な「猟銃」の再演へと導いてくれたのでした。

ニューヨーク公演への出演を決定してからも、英語での公演を優先するなら、台詞の精度を高めるために初日を1年延期するか、予定通りの幕開けを望まれるなら日本語での上演をするか、攻防戦が続きました。

オーストリアでの暮らしのために、ドイツ語を学んでいた私にとって、英語であれ、日本語であれ、「猟銃」の台詞を記憶するということは、ドイツ語学習の時間を削って「猟銃」漬けの日々を送るということであり、せっかく学んだ単語や文法を忘れてしまうであろうことも覚悟せねばなりませんでした。

協議の結果、アメリカ側のプロデューサーから、「数あるオフ・ブロードウェイの作品の中で埋もれてしまわぬよう、むしろ日本語で演じてみてはどうだろうか」という提案があり、お客様が難色を示されるリスクは承知の上で、日本語に字幕を添えての上演が決定しました。

それでも、3度目の再演とて、よくあるレパートリーのひとつを演じるような気軽さで、お稽古もせずに舌先三寸で披露するつもりは毛頭ございませんでした。当初2週間しか設けられていなかった稽古期間を3週間に増やしていただくことも必至でした。

さらには、ニューヨークにて舞台に立つことができるからと言って、無条件にお引き受けした訳ではなく、体調管理のための酸素カプセルや、足を踏み入れることになる蓮池のセットの水温を調整していただくことなど、安全かつ健やかに演じることのできる環境を整えていただくことをお願いしました。

ニューヨークに数多(あまた)いるアジア系の俳優の中からオーディションで選出すれば、ユニオンの規定に則った条件での雇用となったはずで、それは我々日本人が置かれている状況よりもはるかに人道的なものです。

しかし、酸素カプセルの設置などはもちろんユニオンの規定にはないはずで、日本からわざわざ私を呼び寄せたことによるご負担は大きかったことと思われます。先方から面倒だと思われたとしても、それらの条件が整わない場合には、無理して出演するつもりもないと、強い心持ちでおりました。

憧れや情熱だけでは簡単に舞台に立つことなどできない年齢にもなりました。お客様に最高のパフォーマンスをお届けしたいからこそ、体調管理は最重要課題だったのです。

日本人だからといって足下を見られてはならぬと、日本側のプロデューサーである毛利美咲さんも、私のマネージメントサイドも、日頃よりお世話になっている顧問弁護士の先生も、契約条項に関しては、細部にわたって慎重に交渉を進めてくださったことに心から感謝しています。

近年ではDiversity（多様性）、Equity（公平性）、Inclusion（包括性）を重視する考え方から、パフォーミングアーツの世界でも有色人種の登用が積極的になされているようです。

フレキシブルに活躍の場を広げることのできるお若い方々にとっては、チャンスの扉が大きく広がっていると言えるでしょう。その一方で、アジア人枠を巡って、熾烈な競争が繰り広げられていることも事実です。

そのような中で、フランソワ・ジラールさんとの長年の信頼関係のお陰で、憧れだったニューヨークの街にて、しかもクラシックからモダン、コンテンポラリーと、バレエ史を生きていらした彼（か）のバリシニコフさんとご一緒に創作の現場に居合わせることが叶うとは、まるで夢のようなことでした。

この作品を通じて、自分の身体を媒介にどなたかが書かれた物語を演じるということについて、そして、演じる者としてだけではなく、ひとりの人間としての生き方について、多くの気付きを与えていただきました。

これより、大変豊かでありながら、想像を超えるハプニングの連続だった創作の日々について綴らせていただきます。

演じるということは己の魂をさらけ出し、まるで戦場にでも赴くかのような覚悟で携わることを余儀なくされるものですから、お見苦しい箇所も多々あるかとは存じますが、しばしお付き合いいただけましたら幸いです。

2月16日　スーツケース6個と共にニューヨークへ

いよいよニューヨークへ出発する日がやって来た。

ウィーンの空港へは夫のThiloが車で見送ってくれた。常に多忙な彼の貴重な朝の時間を奪うことは気が引けて、ひとりタクシーに乗って行く方が気楽だと伝えても、「そんなにたくさんの荷物を携えてどうやってチェックインカウンターまで行くの?」と心配なようで、「タクシーの運転手さんが手伝ってくださるし、駄目ならカートを2つ押してでも何とかなる」といった具合に毎度折衝となるのだけれど、結局彼の厚意に甘えて車を出してもらった。

搭乗便は10：25発のオーストリア航空。

荷物は、最小限にしたつもりが、結局スーツケース6個に膨れ上がった。超過料金は€600。グレタ・トゥーンベリさんには申し訳ないけれど、背に腹は代えられず、「飛び恥」の称号をしかと拝受しよう。

オーストリアエアラインの機内に搭乗するとヨハンシュトラウスのワルツが流れている。ウィーンフィルのツアーにて貸し切り運行の際には、ツアーマネージャーを務める夫が、この音楽を止めることをCAさんにお願いすると、楽団員たちから満場の拍手が湧き上がる。

飽きるほどワルツやポルカを演奏してきた彼らにとって、チープな録音のワルツなどBGMで聴くに値しないのだ。

それにしても、オーストリア航空のCAさんはホスピタリティに溢れる親切な方が多い。「お客様は神様です」というような考えはなく、日本の丁寧な、ともすれば慇懃なサービスとは異なるのだけれど、笑顔に嘘がなく、ただシンプルにお客様のためにサービスをすることを誇りとしている方が多いように見受けられる。

この度も信じられないほど親切なCAさんが、ランチの際に数種類のパンの中から私が選択した極薄でパリパリの全粒粉のクネッケブロットを覚えていてくださり、軽食の際にも私がお願いする前に差し出してくださった。

諸外国の方々が、私たちアジア人を一括りにするように、私たちも欧米人を一括りにしがちだけれど、同じ西洋人でも出身国、民族、宗教により、振る舞いが顕著に異なる。それに各人の人格が加わると、本当に十人十色である。

とりわけオーストリアの人々は相互扶助の精神に溢れている。エレベーターで後続の人のためにドアを開けて待つことはもちろんのこと、一つ二つの商品のためにスーパーのレジで並んでいると、家族分の大量の買い物で並んでいる方が、「どうぞお先に」と譲ってくださったりする。

ウィーンの市場で買い物をしたあと、大きなショッピングカートを引きずって路面電車へ急いでいると、降車した女性が、ドアを開いて私の乗車を待っていて下さったことすらあった。

クレジットカードを挿したまま駐車場へ向かえば、レジの女性が走って追いかけて来てくださるし、道ばたでお財布を落としたら、これもまた見知らぬ女性が追いかけて来て渡してくださった。

かように我々日本人のごとく、否、場合によっては日本人以上に親切な方が多く、日頃から助けられている。

この度のCAさんも、そうしたオーストリア人の精神を受け継いで、終始心地よい距離感で気配りをしてくださった。

さて、10時間弱のフライトの果てにJFKに到着する予定が、着陸許可が下りなかったため、急遽（きゅうきょ）ニュージャージー州のニューアーク空港に辿り着いた。

ホテルで手配していただいた車の運転手さんから「ターミナルの番号を教えて欲しい」とSMSが。

恐らく無理だろうと思いつつも、念のため「実は、JFKではなく、ニューアークに着陸してしまったのですが、こちらに来ていただくことはできますか？」と尋ねると、

「その情報を得たのであと5分でニューアークに着くところ。到着ゲートだけ教えてくれる？」

とのこと。

「ゲートBです」

「間に合うから安心して」

実はVISA取得のための面接には、事前のオンライン申請があり、おどろおどろしい質問が列挙されていた。

「逮捕歴はありますか？」

「テロに関わっていますか？」

「売春に関わっていますか？」

「スパイ行為を働くつもりですか？」

「犯罪行為を犯すつもりですか？」

「虐殺に携わったことがありますか？」

「拷問に関与したことがありますか？」

「少年兵の雇用に関与したことがありますか？」

実際にこれらに関与する御仁は、正直に申告するような間抜けではないだろう。

その一方で、イミグレーションは拍子抜けするほどスムーズだった。

「何のための就労ＶＩＳＡ？」

「舞台に立ちます」

「どこの劇場？」

「バリシニコフ・アーツセンターです。もしよろしければいらしてください」

絶対に来ないことを承知でお誘いしてみる。

「写真を撮影します」

「次は、右手の四本指をスキャンします」

左手も乗せようとすると、「その必要はない」とのことだった。

急遽到着したニューアークではオーストリア航空の親会社であるルフトハンザのアジア系の職員２人が手荷物受取所を管理していた。

「恐れ入ります。スーツケースが６つもあり、小さな手荷物も合わせると７つになるのですが、ポーターサービスをお願いすることは可能でしょうか？」

「ちょっと待って」

そう言ってすぐさま一人がその場を立ち去った。

有料のカートを借りるべく、クレジットカードを差し込んだ瞬間、大きなカートと共に、先ほどの男性が戻って来た。

オーストリア航空のタグのついたスーツケースを次々と取り上げる傍らで、私のスーツケースも引き上げてくださり、何とありがたかったことか。

本来ポーターサービスは別の会社が有料で運営しているとのことだったけれど、フィリピン出身だという彼に「サラマットポー（ありがとうございます）」と唯一知っていた言葉を投げかけると、結局彼自身がカートを押してゲートの外まで付き合ってくださることになった。

恐らく家族のみならず、親戚縁者にも仕送りをしているであろう彼にチップをはずんだことは言うまでもない。

入国審査は首尾良くいった。荷物も幸い助けを得ることができた。

しかし、最大の難関は税関だった。

2ヶ月の滞在中に何があっても対処できるように、プロテインやビタミンＡ、Ｂ、Ｃ、Ｄ、Ｅにヘム鉄、ナイアシン、ＤＨＡ、ＣｏＱ10、乳酸菌などのサプリメントに加えて、自費診療で症状別に処方していただいた漢方薬を携えていた。さらには、ウィーンフィルのチームドクターから持たされたコロナ治療薬Paxlovidを携えていたものの、これらが販売目的だと見なされる可能性がある。

毎公演、絶叫が演出に含まれているため、喉の炎症が酷く、大量の滋陰降火湯（ジインコウカトウ）を持ち込んでいるのだ。

風邪やインフルエンザ対策で持ち込んだ麻黄湯や葛根湯に微量に含まれているエフェドリンは、アメリカにおける禁止薬物でもあるため、破棄させられることも念頭に入れていた。

もちろん麻黄湯については、ドーピング検査で摘発される成分であり、扱いに注意が必要であることも重々承知していたので、かねてより、渡航の度に英文の医師の診断書を携帯していたものの、欧州では「医療分野においてドイツ、オーストリアが先進国であるにもかかわらず、日本からビタミン剤や漢方薬を持ち込む必要はないでしょう」と言われて押し問答になったことが何度かある。

それでも、気管支が弱く、一度風邪をひくと、咳が数ヶ月間止まらなくなる可能性があるため、漢方薬が必要なこと、機能性低血糖症を抱えており、こちらもまた、代謝にビタミン剤を必要としていること、アレルギー対策にもサプリメントが必要なことなどを、医師の診断書を見せながら身振り手振りで説明し、没収されたり、されなかったりを繰り返している。

この度も恐る恐るカスタムを通過しようとすると、雑談に興じていた税関スタッフは、大量のスーツケースに一瞥もくれず、拍子抜けするほど何事もなく、アメリカへの入国が叶った。

万が一風邪やインフルエンザ、コロナウィルスによって気管支炎を患えば、舞台で台詞を述べる人間は不在となり、『猟銃』をニューヨークで上演するために尽力してくださっている全ての方のお気持ちに加えて、お客様のご期待を裏切ることになる上、公演による興行収入、そして、1時間40分の台詞を記憶するために費やした膨大な時間が水泡に帰することになる。

役柄の本質に近づくべく、台詞を記憶し、それを自らの身体と魂に植え込む行為は、鍬や鋤で硬質な大地を掘削し、そこに眠る金やダイアモンドを探し出すことに等しい。

2011年の初演時、35歳の私には1ヶ月で記憶できた台詞も、2022年の1月に47歳になった現在の私には3ヶ月を要する作業だった。

年齢を諦める理由にはしたくないけれど、確実に年齢を重ね、かつては易々とできたことが、困難になっていることも事実であり、そこから目を逸らすこともできない。

したがって、自らの身体と精神を楽器として、井上靖さんの書かれた物語を奏でるからには、体調管理が何よりも大切なのだ。

久々に訪れたニューヨークの街は、極寒を想定して様々防寒対策を準備していたにもかかわらず、比較的温かく、ニット帽や手袋を身に着けている人はあまり見かけない。

毎年死人が出るほどのニューヨークの寒さを想定して降り立った身からすると、拍子抜けするほどだった。

つまるところ、地球温暖化が進んでいるということなのだろう。

16時過ぎにホテルに到着すると、冬から春へかけての洋服や、靴、稽古用の着物に、万が一のために用意した付下げ、大量に持ち込んだサプリメントに漢方薬、その他諸々の荷ほどきに時間を要した。

最後にニューヨークを訪れたのは、5年前。

夫のティロが所属するウィーンフィルが、カーネギーホールにて、グスターヴォ・ドゥダメル氏による指揮のもと、マーラーの交響曲10番を演奏した折だった。

あの頃に好きだったレストランのいくつかは、すでに閉店となり、コロナ禍のロックダウンを堪えかねた店主に思いを馳(は)せ、切なくなった。

2月17日　周囲の視線

朝一番で東京にいるプロデューサーの毛利美咲さんとの打ち合わせを。折からのインフレにより、想定外に高騰した予算の削減のため、この度の稽古、公演を通じて通訳が入らないことが告げられた。

演出家のフランソワ・ジラールさんとは、映画「シルク」以来、すでに3回も仕事を共にしている上、誕生日も一緒だったりして、こうして再びクリエイションを共にすることができる不思議なご縁で結ばれていると信じており、プロの通訳を介さなくとも、全く問題はなく、これに関して異存はない。

しかし、かつてのモントリオールや東京では、稽古スケジュールが、毎日13：00から18：00と5時間のみだったはずなのに、この度は10：00から、18：00となっていることに不安を覚えていたところ、アメリカのユニオンにより、昼食時間を1時間30分取ることが定められていることが判明した。

私たちにとって「猟銃」は3回目の公演であるものの、バリシニコフさんにとっては初めての作品であるため、1週間ほどは、午前中にバリシニコフさんのフィジカルパフォーマンスのお稽古を入念に行い、午後に私のパートをといった具合に、別々で行うことになったという。

そして、ありがたいことにバリシニコフさんのお稽古を見学することが許されている。

その一方で、バリシニコフさんのクリエイションの過程を拝見するからには、息を呑んで見つめることになり、自らの台詞の練習や体調管理のための時間が削られることにもなる。

「私たち日本人と違って、こちらが思っているほど他人のことなど気にしていないから、無理して見学をする必要はないと思う」とおっしゃる毛利さんの言葉に救われた。

そういえば、そうだった。ヨーロッパでは、音楽家たちが、ためらいもなく公演を当日キャンセルしたり、主催者からお誘いを受けたディナーやパーティーを袖にすることも日常茶飯事で、アーティストたちはお互いに周囲の視線など気にしていないのだった。

バリシニコフさんがどのようなアプローチで表現をなさるのか、もちろん学ばせていただきたいとは思うけれど、自らの体力温存を第一優先としようと思う。

その後、日本の情報を発信しているメディアのZoomインタビューを二つほど。

インタビューを終えてホテルの周辺を散策してみるも、これまで何の重圧もなく旅行者として訪れた時とは異なり、街歩きを全く楽しめていないことに気づいてホテルに引き返す。

結局、最寄りの公園にて、クラクションや緊急車両のサイレン、どこからともなく流れてくる大音量の音楽の中で、台詞の練習をすることにした。

稽古場の静かな環境とは異なり、視界に入る情報も、聴覚が捉える雑音も格段に多いからこそ、この中で集中することができれば、本番で携帯電話が鳴ったり、「ドスッ」とバッグが床に落下する音が聞こえたり、時にはいびきが聞こえたりと、いかなるハプニングが起ころうとも動じない精神を培うことができるだろう。

かつて観たフランス映画で、タイトルも記憶していない作品なのだけれど、ロマーヌ・ボーランジェ演じる新人女優が舞台上で台詞の練習をする耳元で、演技コーチが彼女をなじるような言葉を連発しているシーンが印象的だった。それはまるで「マイ・フェア・レディ」でイライザを調教するヒギンズ教授のようだった。

「そんなに耳元で叫ばれたら、台詞に集中できない！」と逆ギレする主人公に「この状況下でも役柄に没頭できなければ、舞台で演じることなど到底できない」と手を緩めない演技コーチの姿が脳裏に焼き付いている。

「猟銃」の長い長い台詞を述べていると、案の定、目の前を通り過ぎる人の奇抜な服装に目を奪われて気が散ったり、パトカーのサイレンに気を取られて、台詞が前後することもあった。

全ては本番で安定したパフォーマンスを続けるため。身体面ではあらゆる障害を取り除きつつ、精神面では雑な環境に慣れる訓練をするのだ。

夕方にホテルのフロントから連絡があり、酸素カプセルが届いたという。

「猟銃」の再演をするに当たり、これは契約条項に含めていただいた絶対条件だった。

今でこそ、舞台に立つことが心身共にどれほど負担がかかるか理解しているけれど、映像の仕事にて長時間労働に慣らされていたため、２０１１年の初演の際には、昼と夜1日2回公演の日が週に2回も組み込まれても、何の不平も述べずに、お引き受けした。

ところが蓋を開けてみると、演じる3人の女性のうちのひとり、みどりという人物が火山の地響きのような轟音（ごうおん）の中、怒りと悲しみと絶望にもだえて舞台の背後に向かって絶叫するという演出により、毎日喉が激しい炎症を起こして、1時間40分にわたって台詞を述べることが困難になった。

毎日漢方の滋陰降火湯を服用し、太めの銀鍼（ぎんしん）を巧みに扱う鍼灸の先生によって、喉の炎症部位に向けて直接鍼を刺すことで何とか症状を抑えなければ、喉の激痛と咳で、一言も発することができないほどだった。

しかし、毎日鍼灸院に通うことは、往復と施術で2時間を費やすことになり、体力を消耗し、睡眠時間を確保しなければならない公演中にはとても続けられず、２０１６年の再演の折には、自宅に酸素カプセルを購入し、毎公演の炎症を鎮めることとなった。

オーストリアでの暮らしでは、名だたるオペラ歌手たちが、喉を守るために、1日歌った後は必ず5日ほど休むことを知った。

オーケストラの音量があまりにも大きければ、たちまち不機嫌になって不平不満を述べる。たとえ演出家が望もうとも、衣装が横隔膜を圧迫して声量に影響するならば、それがコム・デ・ギャルソンの川久保玲さんのデザインであろうと、歌手の鶴の一声で却下となる。

実際にヴァージニア・ウルフの「オルランド」をオーストリアの現代作曲家オルガ・ノイヴィルト氏の作曲により新作したオペラのリハーサルの最中、「こんな衣装では歌えない!」と金色の衣装を纏(まと)ったメゾソプラノのケイト・リンゼイさんが嘆く姿を見たことがある。

挙げ句の果てに、喉の具合が少しでも悪ければ、チケットがソールドアウトでも、悪びれもせずにキャンセルして代役にポジションを譲る歌手たちの様子を見聞きして来た。

毎日スピーカーからの轟音と美術の転換に伴う石の落下音に抗う声で、しかも舞台の正面だけではなく、後方に向かって絶叫するなどという演出を受け入れた己の愚かさに後れ馳せながら気付かされたのだ。

ウィーンの国立歌劇場に立つような気位の高いソプラノ歌手たちなら、即座に拒絶するだろうし、そのような演出により、歌手の繊細な喉の限られた寿命を縮め、本来得られるはずの音響効果を犠牲にしなければならないことを忌み嫌う指揮者が、演出家に抗議をするだろう。

しかし、無知で未熟な私は、フランソワ・ジラールさんのその演出を受け入れてしまったのだ。

今思えば、彼もワーグナーの「トリスタンとイゾルデ」や「パルシファル」など、メトロポリタンオペラやリヨンのオペラにて数々の作品を演出している都合上、歌手たちが美声を守るためにどれほど神経質に体調管理をしているか、演出家の意向に逆らってでも自らの喉の寿命を少しでも延命しようと努めているか、重々承知のはずであり、確信犯だったのだと気付いて愕然（がくぜん）としている。

従って、この度ニューヨーク公演参加の必須条件が、ホテルの部屋に酸素カプセルを設置していただくことだったのだ。

それにより、どんなにわがままだとか、面倒だなどと思われても構わない。

日本人だからといって、足下を見られて不利な条件で契約を締結することがないよう、日本側のプロデューサーの毛利さんも、信頼のおける私のマネージメントサイドも、日頃よりお世話になっている顧問弁護士さんも、細心の注意を払って交渉してくださったことに深く感謝している。

4つの段ボール箱と共に部屋に現れた若い男性は、酸素カプセルのディストリビューターから派遣された設置担当者にしては随分とお洒落な出で立ちだった。

しかも、部屋に入るなり靴を脱ぐ折り目正しさに驚き、

「あなたのジャケット素敵ですね」と褒めてみた。

「日本のコム・デ・ギャルソンのものです」と言ってそれを脱いだ内側には、イッセイミヤケのプリーツプリーズのセットアップを着ていた。

「あなたの本業は、もしかしてアーティストですか？」

「ええ、私はピアニストです」

「ショパンやリストを弾くのですか？」

「私は一柳慧さんやジョン・ケージが好きです」

ジョン・ケージに師事したことで知られ、オノ・ヨーコさんの元夫である現代音楽の作曲家の名前をジョン・ケージよりも先に述べたことに再び驚かされた。

酸素カプセルの設置とあらば、作業着を着た技術屋さんを想像していた私は、彼を質問攻めにした。

「ニューヨークや、パリ、ベルリンなどでは、現代音楽を聴くお客さんが育っているのかも知れませんが、私が暮らしているオーストリアは、とても保守的な風土で、アーノルト・シエーンベルクやアルバン・ベルクが生まれた国であるにもかかわらず、ジョン・ケージや一

柳慧さんが演奏されることは滅多になく、オリヴィエ・メシアンの作品ですら、満席にすることは困難なようです。ましてや日本で現代音楽の話をしようものなら、奇異の眼差しで見られます」

「ニューヨークの聴衆は現代音楽に対してとても柔軟な感性を持っています」

「何があなたを現代音楽に、向かわせたのですか？　ご両親の教育ですか？」

「私の両親は音楽家ではないので全く関係ありません。ベルリンフィルのデジタルコンサートホールを観て、現代音楽の魅力に開眼したんです」

つまりは、かつて首席指揮者であったサイモン・ラトル氏とトロンボーン奏者のオラフ・オット氏をはじめとする革新的なベルリンフィルのデジタルチームの企てが、海を越えて若き青年を現代音楽の道に導いたということなのだろう。

新型コロナウィルスのパンデミックにより社会保障に膨大な税金が投入されたため、これまでは文化芸術に予算を割いてきた欧州でも、削減の波は押し寄せている。

オーストリアでは、公共放送のオーケストラが長い歴史に幕を下ろさなければならないかもしれない危機に陥っている。

折からのインフレによる輸送コストの上昇や、戦争による機会損失などにより、クラシック音楽、とりわけ大所帯で楽団員と楽器の輸送だけでも莫大な予算がかかるオーケストラの存続が危ぶまれることは想像に難くはなかった。それでも、モーツァルトやベートーヴェン、マーラーを育んだクラシック音楽の都であるオーストリアにて、公共放送のＯＲＦがオーケストラを抱えきれなくなって楽団員を解雇せざるを得なくなったことは衝撃だった。

したがって、クラシック音楽や現代音楽へのアクセスを万人に開かれたものにし、未来の聴衆や支援者を育成しなければ、今いる高齢の聴衆と、芸術に理解のある既存の後援企業だけでは、長期的な展望は厳しいものとなることは必至である。

そういった意味では、ベルリンフィルのデジタルコンサートホールが開拓しつつある若い世代の聴衆が、この先の数十年、そして数百年のクラシック音楽業界の行方を左右することになるに違いない。

「ベルリンフィルのコンサートマスターのノア・ベンディックスさんは、私の夫とアンサンブルを組んでいるんですよ」と思わず口を滑らせると、「それは、何と羨ましい！　何の楽器を弾いているんですか？」

と話が弾む。

そして、酸素カプセルの会社から派遣された下請けの設置技術者だと思っていた彼は、「猟銃」のアメリカ側プロデューサーＣさんのアシスタントであることがようやく判明した。どうりで博学かつアーティスティックである訳で、「Ｃと一緒にアメリカンモダンオペラカンパニーという、音楽と演劇とダンスの融合からなるカンパニーの運営に携わっているんです」とのことだった。

ジョン・ケージや一柳慧さんのお名前が当たり前に会話に出てくるような若き青年が存在することが、どれほど慰めになったことだろう。

そして、なりふり構わずに働いて戦後の復興を成し遂げ、誰もが人並みの暮らしを享受することができるようになったものの、そのピークはとうの昔に過ぎ去り、衰退の一途を辿る今こそ、拠り所となるはずの文化や芸術が、すっかり置き去りにされた我が国の未来を思い、嘆息するのであった。

2月18日　快晴の空の下で考えたこと

就寝前にメラトニンを飲むのを忘れたため、まだ暗いうちに目が覚めてしまった。なんとかして眠ろうと努め、30分ほどウトウトしてみたものの、時差ボケのために空腹に堪えかね、やはり覚醒してしまう。

これから始まる稽古の日々では、集中力が削がれることを恐れて、満腹にすることを控えるため、食べるなら今のうち。

ルームサービスにて朝食を頼んでみる。アボカドトーストは、全粒粉のトーストとポーチドエッグが2ついていた。さらには抗酸化作用を期待してベリー類を少し。

アメリカにおけるインフレは、現地の中間層の暮らしを逼迫（ひっぱく）していることはもちろんのこと、円安が続く我々日本人にとっては大変厳しく、アボカドトーストとベリーの朝食で$51＋20％のチップで$61・20となり、日本円にして8000円を優に超えてしまう。

幸い朝食は宿泊費に含まれているものの、この度の滞在で瞬く間にドル紙幣が羽ばたいて行くであろうことを覚悟した。

さて、この時期のニューヨークにしては珍しく快晴だったので、表の空気に触れるべく、セントラルパークを訪れてみる。

しかし、雲一つない快晴の空の下、気温はむしろいつもより低く、手袋も帽子も忘れて歩いてみると、凍てつくような寒さが身に応える。

台詞の練習をしようにも、頬の筋肉が硬直して呂律が回らない。

そのような折に、夫からの電話で、ドイツの棒高跳びの元オリンピック選手であり、世界陸上での金メダリストであったティム・ロビンガー氏が6年間に及ぶ白血病との闘いに敗れて亡くなったことを知った。

２０２０年に初めてのロックダウンが解除された直後のオーストリアはザルツブルクにて、生来の股関節の不具合を調整するため、プロのアスリートが集うコンディショニングセンターを訪れたことがある。その折に、多くのアスリートのトレーニングを担当していた彼に、私たちも一度だけエクササイズを教えていただいた。

自宅でのセルフトレーニング用にと、テラバンドを使用したエクササイズをわざわざ録画して送ってくれたことが昨日のことのように想い出される。

幹細胞治療などを施しながら病と闘う過程を『敗北は選択肢ではない』（原題 Verliren ist keine Option）という著書で読み、困難な状況においても常に希望を失うことなく生きる姿に深く感銘を受けたものだったから、空の青さとは裏腹に耳にしたこの訃報に、心が痛んだ。

唇が震え、手指も感覚を失うほどの寒空の下、ティム・ロビンガー氏のご遺族による、「彼は闘いに敗北したのではなく、彼なりの勝利を獲得しました。亡くなる2ヶ月ほど前に初孫が誕生したのです」という発表をドイツのシュピーゲル誌で読むと視界が霞（かす）み、屋外で台詞の練習をする気にもなれず、ホテルの部屋へ戻った。

幸い徒歩圏内に日本食材店が2軒もあり、ホテルの目の前のサンライズマートでは炊いた玄米を常備しており、もう一方の片桐ではテナントとして入るおむすび権米衛が玄米を扱っていることが判明した。

特筆すべきは、オーストリアの日本食材店では手に入らない豚肩ロースの薄切り肉や、鮮魚の切り身、ウニやイクラまでが店頭に並んでいることで、この度の2ヶ月の滞在期間には大変ありがたいのと同時に、気軽に日本食を楽しむことのできるニューヨーク在住の日本人の方々が羨ましくも思えた。

権米衛では玄米のおにぎりを二つ求め、サンライズマートでは枝豆とあたたかい豚汁を購入して夕食としたのだけれど、改めてこうした素朴な食事のありがたみが身に染みる。

2月19日　不思議なご縁

日本出発の直前に、倉庫のダンボール箱の中から発見した2016年の台本より、現在の台本に動き出しのキューを書き写した。

この数年、全ての台本をPDFで受け取り、iPadで読んでいたものの、「猟銃」だけは、ページをめくる感触と、ページをまたいで書かれた台詞の流れを一緒に記憶するため、今回も紙に印刷した。

2011年の初演時に、記憶術の本を読みあさり、右脳と左脳の双方を同時に用いることで、記憶が定着しやすくなることを学んで以来、台本は全てピンクの背景に青の文字で表示している。

こと「猟銃」に関しては、3人の人物の台本を、薔子(しょうこ)はピンク、みどりは黄緑、彩子(さいこ)は水色の紙にそれぞれ青の文字で印刷してある。

ページの右上に印刷した3マス×4マスの舞台図に、2011年からずっと引き継いでいる動きの方向を点と矢印で書き込んでいく。

初演時から共に「猟銃」を作って来た照明のデイヴィッド・フィン氏は、陰影を大切にした非常に厳密な照明の設計をするため、約束した動きのもと、彼の照明の焦点が当たる場所に立たなければ、顔に無駄な影が当たり、この作品の良さが半減してしまう。

演出のフランソワ・ジラールさんと照明のデイヴィッド・フィンさん、2人の完璧主義者によるこのプロダクションは、アドリブで縦横無尽に動くことは許されない作品なのだ。

夜には、フランソワが人気の地中海料理店Boulud Sudに招待してくれた。同席するはずだったご夫人のユナさんは、残念ながら体調不良により欠席とのこと、風邪を私にうつすことを心配してくれたのだった。

「僕も一緒に風邪をひいていたけれど、もう回復したから大丈夫」と言って、いつものようにハグをされた瞬間、風邪をうつされるのではという不安がよぎったものの、フランス人の習性はそう簡単には変わらないようで、ポストコロナのこの時期においても、挨拶のビズー(キス)を受け入れてしまった。

メトロポリタン歌劇場にて、リヒャルト・ワーグナーの「ローエングリン」のプレミアを控えたフランソワは、舞台上の出演者だけで200人、オーケストラやスタッフも含めると500人ほどの人間がうごめく一大プロジェクトに並行して取り組んでいる。

私の到着までに、「ローエングリン」の場当たりや照明のコンピューターによるオペレーションを猛スピードで仕上げるべく、日々奔走していたのだった。

結婚式で多用される「タンタータタターン♪タンタータタターン♪タンタータタータンタンタンタータタターン♪」という「結婚行進曲」で知られるこのオペラは、ボブ・ウィルソンの演出でしばらく上演されていたものの、近年は久しく上演が途絶えていたという。

この度、年間6作品の新たなプロダクションにリストアップされ、フランソワ率いるチームによって16年ぶりに刷新されたのだった。

休憩を入れて4時間半、ワーグナーの作品群の中では、決して長い方ではないけれど、それでもこれだけの大きなプロジェクトは、メトロポリタンオペラ単体での制作はリスクが大きく、モスクワのロシア国立ボリショイオペラとの共同制作だったという。

昨年、ボリショイ歌劇場にて大盛況のもと、2月24日に迎えたプレミアの日、舞台袖で控えていたウクライナの歌手が、フランソワの胸で号泣していたという。

ロシアがウクライナとの国境付近にて挑発的な動きを見せていたことはもちろん知っており、世界中が緊張状態にあることは承知の上だったけれど、まさか本当に闘いの火蓋が切られるとは、まだ誰も信じていなかったのだという。

更には、ギリギリまで微調整が必要な巨大なプロジェクトに夜を徹して携わっていたフランソワは、ニュースを目にするゆとりもなく朝を迎え、本番ギリギリまで最善を尽くしていたのだろう。

彼自身、陶酔感に浸るほどの客席の完全な集中力と、異様な静寂に包まれた公演が終わり、ようやくロシアがウクライナへの侵攻を開始したことを知ったのだという。

ましてや彼がいたのはクレムリンのあるモスクワで、現地では、私たちのもとに届いたニュースとは異なる事実が語られていたのだった。

同じ血を分かつウクライナとロシアの混合チームによるプロダクションは、祝福されるべきプレミアを盛大に迎えながら、足下から瓦解していったのだった。

ボリショイ歌劇場はプーチンの厚い信頼を受ける指揮者、ヴァレリー・ゲルギエフ氏の管轄下にある。

フランソワが「ローエングリン」のプロダクションに携わっていた期間、彼と食事を共にしたゲルギエフ氏は、歌劇を共に創作することを約束していたというのだけれど、今にも実現しそうだった夢も、幻となってしまった。

素晴らしきクリエイションを成功させたばかりの仲間たちに別れを告げ、後ろ髪を引かれる思いで彼がモスクワを後にしたのは侵攻の翌日で、すでにカナダへの直行便は途絶えていたため、スイス経由でモントリオールの自宅へ戻ったのだという。

ロシアへの経済制裁ゆえに、ニューヨークでの「ローエングリン」の公演には、共同所有だった美術セットも、衣装も届かず、ウクライナやロシアから訪れるはずだった歌手たちの渡航も叶わず、再び一から制作しなければならなくなり、てんやわんやの大騒ぎなのだそう。

実は、フランソワがモスクワで「ローエングリン」のプレミアを迎えたのと同じ頃、夫の所属するウィーンフィルも、悩ましい問題を抱えていた。

セルゲイ・ラフマニノフのピアノコンチェルト2番と交響曲2番、そしてクロード・ドビュッシーの「牧神の午後への前奏曲」、ラヴェルの「ダフニスとクロエ」に、リムスキー＝コルサコフの「シェヘラザード」を携えて、ロシア人指揮者のヴァレリー・ゲルギエフ氏、そして、ピアニストのデニス・マツーエフ氏と共に、ニューヨークのカーネギーホールへ、パンデミックによる長い不在の後、久々に登壇するはずだったのだ。

それらのコンサートは、直前にウィーンでも開催され、幸運なことに私もその豊穣な音色に酔いしれた。

ゲルギエフ氏は、本来予定にはなかったにもかかわらず、ウィーン国立歌劇場にて上演されたチャイコフスキーの歌劇「スペードの女王」でも、飛び入りで指揮を執り、オーケストラの音を控えめに響かせ、歌手たちの歌を引き立たせることに終始したことが印象的だった。

ところが、軍靴の音が日増しに大きくこだまするようになり、形勢は険しいものになった。

ゲルギエフ氏は、芸術監督を務めていたミュンヘン管弦楽団と、アスミク・グリゴリアン氏がキャスティングされていた、これもまた「スペードの女王」を上演するはずだったミラノのスカラ座から、「月末までにプーチンとの関係を絶たなければ降板させる」という踏み絵をつきつけられたのだった。

その結果、西側クラシック音楽界の願いも虚しく、ゲルギエフ氏は沈黙を貫くに至ったのであった。

２０１４年のクリミア侵攻に際して、プーチンを支持する声明にサインをしたゲルギエフ氏とマツーエフ氏が、その立場を明白にすることなく西側でパフォーマンスをすることは、たとえ稀代の天才であろうとも許されるものではなかった。

ウィーンフィルの当初のスタンスは、「芸術は政治とは無関係である」というものだった。しかし、プーチンの侵攻が、未来に起こるかもしれない懸念材料ではなく、いよいよ現実味を帯びた2月22日を境に、ウィーンフィルとゲルギエフ氏、双方の合意のもと、カーネギーホールでの登壇をキャンセルすることとなった。

公演は3日後に迫り、ゲルギエフ氏の名前でチケットを購入した聴衆を納得させるに値する代役を探すことは困難を極めた。

そして、メトロポリタンオペラの音楽監督ヤニック・ネゼ＝セガン氏が、この難局を救ったのだった。

目と鼻の先にあるメットでのリハーサルと本番を抱えながら、カーネギーホールとの間を往復したセガン氏。

2年ぶりで訪れたウィーンフィルの演奏を心待ちにしており、心騒がしい時勢だからこそ、美しい音楽に耳を傾けることを希求していた聴衆に、チケットの払い戻しをせねばならなかったかも知れない窮地に手を差し伸べた紛れもない功労者である。

皇帝を気取る独裁者の侵攻により、崩壊寸前だったツアーを持ち直すことに成功したことは奇跡と言えるだろう。

そのセガン氏が、あれから1年を経た今、フランソワの演出している「ローエングリン」の指揮を務めているというのだから、因果なものである。

それだけではない。驚くべきは、フランソワが約20年前に監督し、米アカデミー賞の音楽賞も受賞した「レッド・ヴァイオリン」にて、修道院でヴァイオリンを弾いていた神童を演じたのが、ウィーンフィルの首席第二ヴァイオリンを担っているクリストフ・コンツ氏である。さらには、エキストラとして映画にも出演していた兄のチェリスト、シュテファン・コンツ氏は、ベルリンフィルの楽団員であり、私の夫のティロと共に管弦楽アンサンブルPHILHARMONIXにも携わっているのだった。

クリストフ・コンツ氏は、夫が長年使っていたミーレの洗濯機を、私の希望によって乾燥機つきのものに買い換えた際に、当時私たちが暮らしていた（かつては指揮者のカラヤンがオフィスとして用いていた）部屋から運び出し、自身の家で今も使ってくれている。

この世界は何と狭く、不思議なご縁に満ちていることだろう。

「今回の『猟銃』では、長い演出家人生の中で初めてプロデュースにも携わることになった。スパゲッティーで知られるバリラ社の創業家族であるエマニュエラ・バリラの支援のもと、僕自身もプロデューサーとなり、リスクを取って予算配分にも関わっている」

高揚した調子で目の前のプロジェクトの説明をするフランソワは、まるで子供のように目を輝かせている。

「照明のデイヴィッドは、長年ミッシャ（ミハイル・バリシニコフさんの愛称）と創作の現場を共にして来て、まるで家族のように親しくなった。ミッシャのスポンサーであるエマニュエラ・バリラとの対話の中で、何か新たな創作を共にできないかという話になり、この『猟銃』の三杉穣介が適役だということになった。もちろん、薔子、みどり、彩子の三人を演じるのは、美紀、君しか考えられない。ロドリーグには、事の次第を丁寧に説明したけれど、すでに彼は引退していたから、ミッシャが引き受けてくれたことを喜んでいた」

かつてステージパートナーとしてこの『猟銃』の苦しみを分かち合ったロドリーグ・プロトーさんがすでに引退していたことに驚いた。その一方で毎日、公演の3時間前には楽屋に入り、声を発することがないにもかかわらずチベット仏教の僧侶のようなヴォイストレーニングから始まり、全身の厳しい鍛錬を続けていた彼が、あの苦行からようやく解放されたのだと思うと、えも言われぬ安堵感があった。

フランソワが私を食事に誘ったのは、すでに何度目かになるこのプロジェクトの経緯を話すためではなかった。

「美紀、昨年末にも少しだけ話したように、ミッシャは、腰の不調を抱えている。でも、大丈夫。最高峰の医療チームによって万全の体制でケアを受けているから。腰の痛みは外科的理由ではなく、細菌の感染による炎症で、抗生物質によって症状が緩和されて来ている。当初は『猟銃』の中止や延期も考えたけれど、ミッシャはこの作品にただならぬ関心を寄せていて、何としてでも舞台に立ちたいと思っているから、安心して」

「万が一の際には、公演の続行よりも、バリシニコフさんのお身体(からだ)の方が大切だから、私のことは気にせずに、中止にするなり、延期するなり、どうぞご遠慮なく」

「もちろん、ミッシャの身体が第一なのは、皆の総意だけれど、今のところ、ミッシャは意欲に満ちており、明日、君と逢えることを楽しみにしている」

類い希なる表現者との邂逅(かいこう)を心待ちにしているのは、私の方だった。

コンフォートゾーンに留まっていては退屈してしまう移り気な私は、失敗を恐れずに挑戦することでしか自らを奮い立たせることができない。

この度のバリシニコフさんとの出逢いは、きっと私の人生を変えてくれるに違いない。そう信じて、決して容易ではない「猟銃」に再び挑むことに決めたのだ。

ところで、表面だけに火が通ったミディアムレア気味のサーモンの何とおいしかったこと！

明日はいよいよバリシニコフさんと初めてのお目文字となる。

万全の体調で臨むことができるよう、早めに就寝しようではないか。

2月20日　顔合わせ

10：00amからスタッフ、キャストの顔合わせが行われる予定で、9：45am頃にバリシニコフ・アーツセンターへ辿り着いた。

バレエ、音楽、演劇と、あらゆる種類のパフォーミングアーツが育まれる稽古場と、230席の小さな劇場を備えた7階建てのビルは、ヘルズ・キッチンの少し南、ハドソン・ヤーズのほど近くに位置している。

各部屋は、「ジョン・ケージとマース・カニングハム」、「ジェローム・ロビンズ劇場」といった具合に、バリシニコフさんゆかりのアーティストの名前を冠している。

私たちにあてがわれたのは、6階の「クリスティーネ・スターナー」。

脚本家のセルジュ・ラモットさんや、照明のデイヴィッド・フィンさんとも久々の再会が叶った。

私たちのビッグスターはまだお見えでない。

しばし、新たに加わったスタッフと会話を交わしていると、10：00をわずかに過ぎたころ、照明のデイヴィッドに連れられて、穏やかな微笑みをたたえたその方が静かに現れた。

自然に手と手を取り合って、お互いの瞳の奥にある真実の感情を交わし、瞬く間に信頼関係が生まれたことが感じられた。

「あなたにようやく逢うことができて光栄です」とバリシニコフさんがおっしゃった。それはこちらの台詞であったけれど、過剰に言葉で説明するよりも、たたずまいだけでも理解し合うことのできるお相手であった。

バリシニコフさんご自身が運営なさる、いわば彼のキングダムにて、初めての邂逅が叶ったことは、何とあたたかく、心地のよい感覚であっただろうか。

この貴重な刹那を存分に味わうために、Zoomでのインスタントな出逢いをこれまで頑なに拒否して来たのだった。

自らを危険にさらすことも厭わずにソビエト連邦という国を逃れ、検閲なく自由に創造に携わる道を選んだ伝説のバレエダンサー。

クラシックバレエで得た栄光に甘んじることなく、新たな表現の可能性を探るべく、モダンバレエやコンテンポラリーダンスにも果敢に取り組んでいらした生粋の芸術家は、ご自身のオーラを潜め、シンプルなひとりの人間としてそこに佇(たたず)んでいらした。

テーブルを囲んで座った私たちは、モントリオールにいる美術スタッフのフランソワ・セガンさん、音楽のアレクサンダー・マクスウィーンさん、衣装のルネ・アヴリルさんを加えて挨拶を交わした。

「この作品を最後に演じたのは2016年のことで、千穐楽にはもう二度と『猟銃』を演じることはないだろうし、舞台に立つこともないだろうと心に誓い、フランソワにもその旨を告げました。それくらい苦しく、困難な作品に、愚かにも再び取り組むこととなりましたが、バリシニコフさんという素晴らしいパートナーと共に、新鮮な気持ちで創作に携わることを楽しみにしていました」

「君の気持ちはよくわかるよ。僕も何度この仕事を辞めたいと思ったことか」

身体中に痛みを抱えていらっしゃるバリシニコフさんは、舞台に立つことの悦びも苦しみも人一倍味わって来たはずである。

ミーティングテーブルが稽古場の端に追いやられ、無用なスタッフが去ると、いよいよバリシニコフさん単独の稽古がはじまる。

猟銃を手渡されたバリシニコフさんが稽古場に立つと、瞬く間にオーラが変わるのを目の当たりにした。

それも、「私を見よ！」といったこれ見よがしのものではなく、三杉穣介という男の孤独な姿を実直に、謙虚に探る表現者のオーラだった。

腰には堅牢（けんろう）なコルセットを装着し、痛めたばかりの身体を守りながらも、ご自身の限界を恐る恐る試す姿は、純粋無垢な子供のようでもあり、思慮深い覚者のようでもあった。

フランソワは60歳、バリシニコフさんは75歳であり、15歳の年齢差がありながら、バリシニコフさんは驕ったところを全く見せず、素直に演出家の声に耳を傾ける。

「今の動きを、背骨のコアの部分を感じながら、三倍の時間をかけて、もう一度やってみよう」身体を扱うプロフェッショナルであるバリシニコフさんに、身体の扱い方を指導するフランソワの言葉は、ともすれば釈迦に説法になってしまうであろうところ、一挙手一投足を、一瞬たりとも逃すことなくつぶさに見つめる演出家の眼差しを信頼し、できる限り、その期待に応えようとするバリシニコフさんの姿に胸を打たれた。

華麗なるジャンプや誰もが舌を巻くピルエットを繰り返した往時の姿からは想像もつかないほど、ひとつひとつの動きを、ゆっくりと、慎重に繰り返す過程は、バリシニコフさんにとっての大切なリハビリであり、新たな表現手法を生み出す創造の時間なのだろう。

緩慢な動きは、俊敏な動きよりも簡単に見えて、むしろ厳しい鍛錬と忍耐を要するものであり、ご自身の身体を隅々まで熟知しているはずのバリシニコフさんにとっても大いなる挑戦なのだという。

稽古場の空気の密度が凝縮され、私たちは固唾を呑んでフランソワとバリシニコフさんのセッションを見守る。

銃口を獲物に向け、狙い定めた焦点に弾丸を放つと、その衝撃がハンターの肩に響き、一瞬身体が揺れる動作は、私たちを深い森の中へと誘う。鳥の羽ばたきや、イノシシや鹿が、カサカサと、落ち葉の上を歩む音すら聞こえてくるような情景を、身体の動きと視線だけで私たちに想像させる表現力に、陳腐な褒め言葉など不要なのだ。

バリシニコフさんの動きを囁き声で導くフランソワが、時折、こちらを振り返って、誇らしげなアイコンタクトを投げかけて来る。

私たちもまた、それにうなずく。まさしく今、この瞬間に、眼の前で何かが生まれようとしていることに鳥肌を立てながら。

1時間ほどでセッションを終えると、バリシニコフさんは理学療法士の施術を受けるべく、身支度を始め、「終わったらまた帰って来るから」と言い残して去って行った。

ユニオンの規定で1時間30分も設けられたランチタイムには、「美紀のために日本料理店が目の前にオープンしたよ」というバリシニコフさんのチャーミングな勧めに従って、フランソワ率いる一同は、SOHANへ集った。

稽古前に1時間30分のランチ休憩など、7年ぶりに3人の女性を身体の中に入れようとして気持ちの落ち着かない私には、無駄な時間でしかないのだけれど、もはや家族のような面々との久々の再会だったからこそ、渋々お供をさせていただくことにした。

フランソワは、オペラ「ローエングリン」のプレミアを控えてすでに書かれたニューヨークタイムズの前評判に不服なようだった。

「まだ観てもいないのに、『なぜ最高峰とも言える革新的なボブ・ウィルソン版を刷新する必要があるのか』と問われてもね。馬鹿げているよ」

ボブ・ウィルソンのミニマリスティックで耽美的な「ローエングリン」は間違いなく私の好みであるけれど、その一方で、新たな作品が生まれようという時に、まだ公開されていない作品の批評をすることはナンセンスだとも思う。

フランソワ版がどのように目の前に現れるのか、楽しみでしかたがない。

哀しいかな良質な作品のために寝食をないがしろにすることが染みついてしまった日本人の感覚には、少々長すぎる昼食休憩を経て、稽古場へ戻ると、バリシニコフさんが再び戻って来て、コルセットを装着しようとしていた。

三杉穣介という人物を探求すべく、いくらでも時間を割くことを惜しまない姿勢に、フランソワも私も密かに歓喜した。

つい今朝方まで、故障を抱える身体をソファーの上に横たえて、沈鬱な表情をしていたというミッシャに、再び創作意欲がほとばしり始めたことは、何と素晴らしい兆しであろうか。

「ミッシャ、今日は充実した密度の濃い時間を十分に過ごすことができたと思う。続きはまた明後日にしよう」というフランソワに促されて、名残惜しそうに出口に向かったミッシャは、再びこちらを振り返り「素晴らしい出逢いだった。あなたとこれからご一緒することが楽しみです」とハグをしてくれた。

またしても私は言葉を失った。

それは、緊張によるものではなく、大きな懐で、彼の城にあたたかく迎え入れてくださったのと同時に、とても繊細で今にも壊れそうなガラス細工を手渡されたかのような感覚を覚えたからなのだった。

食後の眠気防止に、内田鋼一さんの急須で緑茶を淹れると、そこにいた皆が、その美しいフォルムと、馥郁としたお茶の香りに歓喜していた。

さて、日本の現場の感覚では、休憩には、準備の時間が含まれており、スタッフが稽古場なり、撮影現場を整え、キャストは衣装を着替えたり、メイクを変えたり、時には衣装合わせや取材をすることも含まれており、食事は5分以内に掻き込まなければ次の撮影には間に合わない。

助監督や美術スタッフなどはその最たるもので、ご両親によって手塩にかけて大切に育まれ、国立大学を出たような優秀な若い女性たちが、立ったままお弁当を飲みこむように食べることも日常茶飯事となっている。

私たち俳優陣とて、表では美しい衣装を纏ってすました顔をしながら、実際には早食い競争並みに、急いで食事を済ませるものだから、休みの日に美味しいレストランを訪れても早食いの癖が抜けないと嘆く人は多い。

労働時間の長い撮影中は、睡眠時間が極度に削られる上、満腹にすると睡魔に耐えられなくなる私は、昼食は無糖のチョコレートやナッツ類、プロテインなどで代替しており、それでも5分で流し込んで即座に歯磨きをしなければならない暮らしは、正直なところとても辛い。

そのような訳で、日本では昼食休憩後には即座に撮影や稽古ができる準備が整っているのが当然だったけれど、こちらでは、全てのスタッフ・キャストが休憩をしっかり取ることが保障されている。

したがって、稽古場の床に、テープでマーキングする作業が、休憩後から始まったのだった。

それも、60代とおぼしきエレガントなプロダクションマネージャーのトリシアさんがひとりで四苦八苦しており、フランソワばかりか、脚本家のセルジュまでが手伝わなければならないほどで、『ローエングリン』で数百人を動かしているあなたのような偉大な演出家が、地べたを這いつくばってマーキングをするなんて」と軽口をたたきつつ手伝ってみると、「これはアートクラスだからね」と嬉しそうに更なるテープを床に貼り付けていた。

ニューヨークにいる現地の日本人俳優をオーディションで見出せば、私とアシスタントの渡航費及びホテル代は削減できたことだろう。ましてや酸素カプセルのレンタル費用もかさんでいるはずで、スタッフの人件費を犠牲にせざるを得なかったことも窺い知れる。

しかし、少人数であるがゆえにバリシニコフさんも私も、親密な空気の中、安心して己をさらけ出し、役柄の真実を掴むまでは、何度でも失敗することができるという利点もある。

さて、私自身の稽古も、頭上のライトを消して、南側の大きな開口部から差し込む光だけの、ひっそりと静まりかえったシンプルな空間にて、身体の使い方を探ることから始まった。

フランソワの3人の役柄へのアプローチは、姿勢をその役柄の心理状況にアジャストすることで、役者がその役柄の心理状態に自ずと共鳴し、それに従って声にも影響するという仮説のもとに成り立っている。

身体の歪んだ癖への気付きを促し、正しいアライメントへ導き、緊張から解放されれば、人は最大限の能力を発揮することが叶い、声も自然に出るようになるというアレクサンダー・テクニークのメソッドを逆説的に用いているのだった。

まずは「美しい母親と叔母へのコンプレックスを持ち、母の死後に混乱しているとしたら、薔子の姿勢がどうなる？」との問いかけがあり、久々に身体を薔子に近づけてみる。

「表層ではなく、骨盤の中の、仙腸関節から動かして」と囁き声が聞こえる。

「そう、背骨のゆがみが尾てい骨から繋がっているのを感じて。まだ歩かずにその場で感じて」

さらには、

「呼吸は？　薔子の呼吸を聞かせて」

もはや瞑想の誘導のようで心地よい一方で、母の死後に信頼していた叔父と母の不貞を知り、憔悴（しょうすい）した薔子の哀しみと怒りと絶望が込み上げて来た。

「歩き出してみよう」

薔子の不安定な心のままに、恐る恐る歩き出してみる。

しばらく歪んだ背骨で不格好な歩みを続けたところで、再び囁き声が聞こえる。

「声は？　台詞を言ってみよう」

「おじさま、穣介おじさま、母さんがお亡くなりになってから、早いものでもう三週間たちました。昨日あたりからお悔やみ客もなくなり、お家の中も急にひっそりして、母さんがもうこの世にいないのだという寂しさがようやく実感となって心に染みこんでくるようになりました」と続ける。

２０１１年の初演、そして２０１６年の再演時には、20歳の薔子をとても幼い印象で捉えていた。

しかし、私自身が年齢を重ね、人生の経験が深まるにつれ、20歳はすでに自我の確立された女性であることに気付いた。

もとより父母の離婚を経験しており、周囲からの愛情を存分に受け取っていたにしても、ごく普通のお嬢さん方と比較して、自分自身の心に折り合いを付けなければならないことも多かったはずだ。

ましてや母親と叔父の許されざる関係と、その結末としての母親の自死に直面した薔子をことさら幼く演じる必要はなく、年齢を意識せずに、厭世的な感情や最も近しい親族への不信感を大切に演じてみた。

「素晴らしい！　薔子が今まさに目の前に現れたよ！　今度は薔子を忘れてみどりの姿勢を探してみよう」

と言って、フランソワ自身もみどりの身体を演じてみせる。

「自分でも驚くほど見事な裾捌き(すそさば)でさっとお部屋を出ると」という描写が示すように、本来は着物を着ているはずのみどりに赤いドレスを着せたのは、フランソワのアイディアであった。

愛する夫が自分と最も親しい従姉妹と道ならぬ恋に興じていることを知りながら見て見ぬふりを重ね、自暴自棄になったみどり。

夫の目も、世間の目もはばからず、競馬や社交ダンス、画家の裸婦モデル、麻雀に、ゴルフ、スキーに宝塚のスターのタニマチと、遊興の限りを尽くした挙げ句、自分自身も誰彼構わず不貞を重ね、夫の嫉妬心をかき立てようと試みるも、肝心の夫には見向きもされない有閑マダムの孤独を募らせていた。

そんなみどりが、耐え難き苦しみを覆い隠すように虚勢を張った姿を身体で表すのだった。まるで夫の不貞など、自らの心に何の影響も及ぼさないかのように振る舞うみどりの痛々しさがテーマである。

官能的で浮遊感のあるクリムトの絵画のような現実感を伴わぬ感覚から、少しずつ表層の仮面が剥がれていく。

仁清（にんせい）の壺やゴーギャンの絵画が飾られた夫の書斎で別れの手紙をしたためながら、少しだけシャンパーニュでも口に含んでいるかのような感覚を、身体の中に感じてみる。

「呼吸は？」

心なしか上気したようでいて、表層では平静を装おうとしているだろうから、あえて呼吸を大きくゆっくり吐こうとしてみる。

もちろん心の奥底には、鋭い痛みを感じながら。

「歩みはどうだろう？」

心が今にも張り裂けそうだからこそ、身体の芯では、重心を支えようと努め、それでいて足下は少しおぼつかない。実際のセットも、つやのある黒い石が敷き詰められ、歩く度に脚がぐらつきそうになることで、上半身で必死に平衡を保とうとしていることが、みどりの心境と重なるのだ。

そうなれば声は、無理をせずとも自ずとみどりの声になる。

「Bravo!」

フランソワが喜んでいる時は、息を呑んでじっと見入っているけれど、少しでも役柄の魂が抜けてしまうと、貧乏ゆすりをし始める。たとえ日本語が理解出来なくとも、そこに真実があるか否かはいとも簡単に見抜かれているのだった。

彩子の魂は、すでに昇天しているため、重力をあまり感じないよう、天から身体が吊られているような感覚で立ってみる。

「私の命は、あなたがこのお手紙をお読みなさるときまで、このお手紙の中にこっそり隠れておりあなたが封を切って最初の文字に目をお落としになった瞬間、再びいきいきと燃え上がり」

という台詞を述べると「Great!」との声がかかった。

思いがけず、「じゃあ、一度通してやってみようか？」とフランソワが私をたき付け、早々に、通し稽古をすることになった。

「もう三回目なんだから、簡単にできるでしょう？」というような安易な考えではなく、私の心の準備さえよければ、通して演じてみても良いし、3人の女性をブロックごとに分けてもいいという。

「You can just marking」

これを私は「立ち位置を確認しながらでいいから」という意味に捉えた。翌々日にその意味をはき違えていたことに気付くのだったけれど。

「動きのキューはこちらで出すから安心して」

彼は、演じる側の不安要素をできる限り取り除こうとする配慮を決して忘れない。

お茶を口に含んで喉を潤すと、最初の立ち位置につき、身をかがめて蕾子の哀しみ、怒り、絶望を仙骨のあたりから感じるように全身を硬直させた。

「Whenever you want（いつでもどうぞ）」という静かなかけ声にしたがって、しばし、その場で呼吸を繰り返し、内なる感情がわき上がって来たところで、初めて声を発した。

「おじさま、穣介おじさま……」

これまでもひとりで台詞の練習をしながら、物語に没入する瞬間はあったけれど、こうして7年ぶりにフランソワの導きに従って、心に緊張と解放を同時にもたらしてみると、自然に感情が溢れ出す。

脳内でイメージする物語の景色と、現実の立ち位置のすり合わせをしながら台詞を述べるため、時折あやふやになりながらも、根底にある感情はぶれることがなかったはずだと思う。

みどりが問題で、最後のシークエンスでは、火山が噴火する際の地響きのような轟音が鳴り響く中、セットの石が床下に消え、床板が現れる転換の音も「ゴロゴロ、バタン！　ゴロゴロ、バタン！」とけたたましく鳴り、その音に抗うように怒りと哀しみに悶えて絶叫するように台詞を述べよという演出があるのだった。

あろうことか、それも舞台の後方に向かって……。

モントリオールでの初演の際には、フランソワが劇場の最も後方の角に立って、「もっと声を出せ！」「まだいけるはず！」と、スパルタコーチのように叫ぶのに従って声を出すことが苦痛で仕方なかった。

あの時に「絶対にできない」と拒絶する勇気と賢さがあったら、と今でも悔やまれるけれど、その一方で、あの時にNOを突きつけていたら、ニューヨークには呼ばれていなかったかもしれない。

そして、この度も、小さな稽古場の後方に向かって、涙にむせびながら力の限りを振り絞って叫び、夫への最後の別れの言葉を述べたのだった。稽古初日にして「あぁ、喉が潰れる」という感覚があった。

全てを演じきった際に、いつものようにフランソワがひれ伏しながら合掌して賛辞を述べてくれた。

もちろん完璧ではないし、これからスクリュードライバーを心臓にねじ込むような細部の演出が待ち受けてはいるものの、7年を経ても、私の身体と心のなかに、3人の女性たちの片鱗が残っていたことを、フランソワも、脚本のセルジュも、喜んでくれた。

ニューヨークに昨晩辿り着いたばかりのアシスタントを歓迎するために、ミシュランのアプリで見つけた中東料理のKubehを訪れてみた。

さすがはニューヨークとあって、爆音でBGMがかき鳴らされている。料理の注文だけで喉が悲鳴を上げ始め、屋外の静かな席に移ることにした。

ひよこまめのフムスに、赤パプリカをペーストにしたムハンマラ、ファラフェル、そして茹でたカリフラワーを素揚げにしたものに、シーフードのトマト煮、チキンシュニッツェルなど、いずれも美味しかった。

残り物は遠慮なくドギーバッグにしていただいた。アシスタントのUには決して恥ずべき事ではないのだと伝え、むしろフードロスを考えると、積極的に残り物を持ち帰るよう促した。

それにしても、もう喉が限界だった。

ホテルに戻ると、一目散で鼻うがいをし、沸かしたお湯で滋陰降火湯を溶いて服用した。頼みの綱は酸素カプセルで、東京で録音した「猟銃」の台詞を聞きながら1時間少々ウトウトしたのだけれど、喉の痛みは激しくなる一方だった。

2月21日　喉の不調

昨日の稽古初日で疲弊しており、身体も脳も睡眠を必要としているはずなのに、喉の痛みで目が覚めた。

鼻の奥にもつ〜んとした鈍い痛みがあり、昨日の絶叫による喉の炎症だけではなく、風邪を併発している自覚があった。

いつもなら随分と炎症を緩和してくれるはずの滋陰降火湯と酸素カプセルの効果も虚しく、喉に拍動するような痛みが走り、唾液を飲みこむことすら困難を感じる。

やはり、フランソワとの最初の食事の際に、ハグやビズーを甘んじて受け入れたのが誤りだった。

「僕はもう治ったから大丈夫」なんて笑っていたけれど、まだ保菌していた可能性がある。

久々の舞台の上、医療費の高額なアメリカでの公演のため、出発前に心配が募り、慌てて駆け込んだ東京の耳鼻咽喉科にて、滋陰降火湯や、麻黄湯、辛夷清肺湯（シンイセイハイトウ）などに加えて、柴朴湯（サイボクトウ）や、芎帰膠艾湯（キュウキキョウガイトウ）など、万が一の際に有効な漢方薬を自費診療にて処方していただいており、大変ありがたいことにWhatsAppにてフォローアップしてくださることになっていた。

先生にメッセージを送り、返信を待ちつつも、取り急ぎ手元にある中から、葛根湯加川芎辛夷（カッコントウカセンキュウシンイ）と滋陰降火湯（ジインコウカトウ）を熱湯に溶いて飲んでみた。

長年自分の身体と付き合ってきたため、ある程度はセルフメディケーションで手なずけることができるのだけれど、風邪と舞台稽古での喉の炎症が重なったのは初めてで、少々心もとない。

さらには、葛根湯加川芎辛夷も滋陰降火湯も甘草（グリチルリチン酸）を含んでおり、長期間満量処方で服用することは、血圧上昇や浮腫といった、偽アルドステロン症を発症するリスクもある。それでも、急性期には症状を抑えることが優先されてしかりだろう。

さらに、40℃のお湯にお塩を溶いて、鼻うがいを2回ほど繰り返した。

声を抑制しつつ夫に電話をかけてみると「その声どうしたの？」と開口一番に気付かれた。

「昨日のお稽古で本気で声を出して演じてみたら、声が潰れた上に、風邪を引いたかも知れない」と告げると、

「え？　リハーサルなのに、本気で声を出したの？　オペラ歌手なら絶対にそんなバカな真似はしないよ！　そんなことをしていたら、歌手としての寿命なんて2〜3年しか持たないから」

「でも、7年ぶりだったし、つい感情が乗ってしまって」

「あのね、観客もいないのに声を張り上げて喉を潰すのは、指揮者や演出家に認めてもらいたくて仕方がない二流、三流歌手だけだよ。君は、もっと優れた演技者だと思っていたからにわかに信じられない。ショックだよ」とまで言われてしまった。

「歌手たちは、高額なチケット代を払ってまでわざわざ歌劇場へ来て下さるお客様のために歌うのであって、指揮者や演出家のために歌うんじゃないんだから、それは演劇でも同じでしょう？」

さようでございました。あぁ、おっしゃる通りでございました。

「リハーサルから常に本気でぶつかりました」という根性論を美談にしがちな貧乏臭い日本人気質が未だ私の身体のどこかに染みこんでおり、さらには、モントリオールでの、絶叫千本ノックの記憶が脳裏に焼き付いていたため、肝心な本番に向けて力を温存することを忘れていたのだった。

もちろん、フランソワのみならず、演出家を喜ばせたいという思いは常にあり、正直なところ私にとってのモチベーションは、本番以上に、稽古場でのクリエイションにあるのだけれど、それで喉を潰してしまっては、貴重なお時間を割いてお出かけ下さるお客様に失礼というものである。

世界中に同じ演目をレパートリーとして持っている人物が何人もいて、昨日の今日で依頼を受けても、すぐに飛行機に飛び乗ってさらりと演じることのできるオペラ歌手とは異なり、この作品は一朝一夕で記憶できる代物ではなく、代役を見つけることは不可能であることを改めて肝に銘じた。

幸い今日は、フランソワが「ローエングリン」のお稽古のため、私たちはお休みとなっている。

酸素カプセルの中に潜り込み、かつてヴォイストレーニングで教えていただいた声帯のストレッチと、囁き声での台詞練習を軽くするに留め、身体に負担のかかりそうな無理は一切しないことにした。

東京の耳鼻咽喉科の先生からのご指示は、「消炎効果のある96番と93番を合わせるのが良いと思います。しばらく食前に飲みましょう」とのことだった。つまりは柴朴湯（サイボクトウ）と、滋陰降火湯のようである。

「あまりにしんどい時は、77を半包ずつ、1日2回服用すると、潤いが出やすいと思います」と追伸が。芎帰膠艾湯（キュウキキョウガイトウ）にも甘草が入っているために、半包なのだった。

ひとまず二種の漢方で様子を見るも、やはり炎症は治まらず、芎帰膠艾湯で援護射撃をすることにした。

明日はバリシニコフさんが午前中に理学療法士の施術を受けるため、私が朝からの稽古となる。

それまでに、どうにか間に合うと良いのだけれど…………。

2月22日　You can just marking

早めに目が覚めたので漢方薬を服用し、酸素カプセルに身を沈める。激しい炎症は治まったものの、依然として喉の痛みと、切れの悪い痰は続いている。幸い咳が出るには至っておらず、風邪に罹患すると、必ず併発する気管支炎は免れることができそうだった。

フランソワとの昼食も、バリシニコフさんのお稽古の見学も、今日は控えることに決めた。昼食の機会にこそ、演出家の本音が聞けるはずなどと、一語一句をもらさずメモを取らせていただきますとか、正座をして大先輩のお稽古を見学させていただきますといったように、向学心旺盛な自分をアピールしたりはしない。

稽古場に到着して間もなく、「今日はマスクを付けたままお稽古させていただきます。フランソワがいつもご一緒にお仕事をなさるオペラ歌手たちもゲネプロではフルヴォイスでは歌わないですよね？　わたしも同じように、声をSaveさせていただきますが悪しからず」と宣言した。

「君は今日はMarkingで行くんだね？」と言われてハッとした。

声を「Save」するとは言わず、英語圏の演劇用語では「Marking」すると言うのだと、初めて気付かされた瞬間だった。

つまりは初日のリハーサルで「You can just marking」とフランソワが言ったのは、「本気で声を出さなくていいから、軽く通してみよう」という意味だったのだ。

それにもかかわらず、「立ち位置を確認しながらやってみよう」という意味だと取り違えた愚かな私は、本番さながらの声量で絶叫し、自ら進んで声を潰してしまったのだった。

どうりで、初日の稽古終わりに、

「もう出来上がったから、僕はヴァカンスに出かけるよ」と大袈裟に褒めてくれた訳だった。

あの日は私がまさか本気で演じるなどとは、彼は期待していなかったのだった。

映像でも同様に、テストで号泣してしまい、本番では気持ちが冷めて一粒も涙が出なかったことがこれまで何度もある。

演劇の世界に関しては門外漢ではあるものの、パフォーミングアーツという広義には同じ括りとされる音楽家の夫Thiloの「本番のために力を温存しておきなさい」という言葉はあながち間違ってはおらず、否、むしろ大正論であった。

今日も3人の女性の身体のコアを探るエクササイズを15分ほど行い、Markingモードでマスクを着用したままで通し稽古に臨んだ。

前回は着物なしで行った着付の動作を、稽古用に持参した自前の結城紬で試してみることにした。

本番用の一越ちりめんとは質感が異なるものの、彩子が物語の中で羽織っていた、「お納戸色の結城の羽織」の感触を、蕾子の視点からも、みどりの心境からも、彩子の心構えの点からも肌で感じてみたかったのだった。

しかも、この結城紬は、青山八木さんにて誂えた当初は先染めの珊瑚色だったものの、2011年『猟銃』の初演時、京都での千穐楽の夜に墨で汚してしまい、濃紺に染め直したのだった。

あの晩は、日本人以上に日本人らしく、もはや禅僧のような厳しい鍛錬をなさる当時のステージパートナー、ロドリーグ・プロトーさんとご一緒に、大徳寺の真珠庵の山田宗正住職を訪ねた。

そこにあった大筆で『猟銃』としたためた際に、飛び散った墨で見事に駄目にしたという曰く付きの着物を、フランソワのご覧に入れたかったという気持ちも少なからずあった。

いつもは感情を表すことのないロドリーグさんがあの晩珍しく泣いていた。

「私も頸椎を損傷しているからわかるけれど、あのゆっくりな動きを長時間つづけるなんて、どれだけ鍛錬しはったのですか？」その時同席していた京舞で定評のあった芸子豆涼さんの褒め言葉に、「僕のパフォーマンスなんて理解してくれる人はいないけれど、あなたがこの日本に来てから初めて理解してくれた」と、これまで堪(こら)えていたものが決壊して、「もうフィジカルアーティストなんて辞めてここで僧侶になりたい」とまで言っていたほどだった。「僕たちは、演劇という黄金の牢屋に繋がれているのさ」と遠い目をしながら独りごちていたのだけれど、まさか彼がこんなにも早く引退してしまうなどとは思っていなかった。

旅の多い仕事で、家を留守にする期間が長く、厳しい鍛錬を要するご自身のパフォーマンススタイルに、ほとほと疲れてしまったのか、もう十分にやり尽くしたのだろうか。いつか彼に尋ねてみたい気もする一方で、舞台から降りたアーティストの静かな老境を邪魔してはならぬという思いもある。

さて、本日は声で無理をしなかったため、むしろみどりを演じる際に身構えることがなく、感情がすんなりと湧き上がってきた。

この度の障壁は彩子の際の着物の所作で、柔らかで軽い結城紬とは言え、衣装のスルスルと流れるように身体に沿ってくれる生地とは異なり、どうしても紬特有のひっかかりが感じられる。帯もまた本番用の綸子(りんず)とは異なり、織りの帯だったがために、鏡を見ながらだったにもかかわらず、感覚が異なって手こずった。

着物の所作に意識がとらわれて肝心の彩子の感情がないがしろになっていることは、フランソワの目から見ても明らかだったようで、彩子を演じ始めてから10分ほどで貧乏ゆすりを始めていた。

時折手を止めて台詞に集中し始めると、ピタリと貧乏ゆすりも止まるのだけれど、仮紐でお太鼓を作る過程が上手（うま）くいかず、フランソワが退屈していることが手に取るように感じられた。

こちらもそこまで図太くはなれず、演出家を退屈させているという焦りから、台詞でなんとか挽回しようとして、むしろ感情が置き去りになり、さらに彼に倦怠感を抱かせたことは顕著だった。

こうなったら、早々に切り上げてしまおう。

少し早めに台詞を述べて、今日の稽古を終わりとした。

「着物は今日初めてだったから、キューのタイミングもこちらで上手く出せなかったし、仕方ないね。でも薔子と、みどりは良かったから、次回は、彩子単独の稽古をしよう。着物の動きが決まれば、台詞のリズムも問題なくスムーズになるだろうし」

と言って、昼食へ誘ってくれた。

しかし、着物の片付けに時間がかかることを口実に丁重にお断りさせていただいた。

本番用の純白の着物を稽古で用いることは控えたかったのだけれど、やはりどうしても質感が馴染まず、惜しげなく本番用でお稽古することにした。

舞台の上で鏡を見ずとも着付けがスムーズにできるように、長襦袢（ながじゅばん）も着物も、本来の畳み方とは異なる独自の畳み方を編み出したため、人様に説明をするより、自分で畳んでしまった方が早い。しかしそれでは、まだ23歳の向学心旺盛なアシスタントにとっては物足りないだろうから、手を動かしながら言葉で補足しつつ伝授する。紐や伊達締めを重ねる順番に、柘植（つげ）の櫛（くし）や、水晶の玉かんざしを据える位置も細心の注意を払って伝える。

それでも、２０１１年の初演時から、稽古前も本番前も、必ず長襦袢と着物の位置、紐類の方向を自ら確認することを儀式としている。

稽古前の昼食時には食欲など感じない私も、稽古後とあれば、空腹に身もだえる。

ミシュランのビブグルマンに選出された小籠包と麺類のお店、Kung Fu Little Steamed Buns Ramen にて、昼食を摂ることにした。

アシスタントのUが刀削麺を所望していたので、私はそのあっさりしたスープを少し分けていただき、小籠包と、にんにくの効いたチンゲンサイの炒め物も分かち合って食べた。

部屋に戻ると、電気式のお鍋がようやく届いていた。

いつもなら舞台に携わっている間は、料理のりの字もせず、家事の一切もできないほど疲弊するので、今回もアパートメントではなくルームサービスのあるホテルにしていただいたのだけれど、コロナ禍を経て、本来営業していたはずのメインレストランが休業しているようで、ルームサービスのメニューが著しく縮小されていた。

想定外に長い稽古スケジュールだったため、夕食をさっと部屋で作った方が外食で体力を無駄に消耗せずに済むのではないかと、お鍋を注文していたのだった。

早速片桐へ行き、豚肩ロースの薄切りに、白菜、えのき、まいたけ、しらたき、お豆腐、お味噌、白だしなどの食材を求め、具だくさんのお味噌汁を作った。

それに権米衛の玄米おむすび2つを添えただけで、夕食は十分だった。誤って日本から持ち込んだ原了郭の黒七味も、石垣島ラー油も、喉への刺激になるためこの2ヶ月はお預けで、お味噌汁には山椒をほんの少しだけ加えて味わったのだった。

2月23日　お休み

稽古が休みのため、「小説幻冬」の連載原稿を書いて過ごす。時折YouTubeでバーバラ・ハニガンさんのスピーチと「ルル」のメイキングフィルムを観て、自らを奮い立たせる。

症状がよくなったら、副作用の偽アルドステロン症を避けるために、滋陰降火湯だけにするようにと耳鼻咽喉科の先生よりご指示があったのだけれど、マスク着用で眠ったにもかかわらず、未だ喉の痛みと痰があり、柴朴湯と滋陰降火湯を合わせて飲んだ。

もちろん鼻うがいと酸素カプセルも欠かせない。

昼食にはアボカドトーストをルームサービスで頼み、昨日購入しておいた納豆とオリーブオイルを加えて楽しんだ。

オリーブオイルのあのピリピリした感覚をもたらす成分がオレオカンタールなるイブプロフェン様の消炎作用を持つとのこと、この数日、大さじ1杯分ほどでうがいをして、そのまま飲みこんでいる。

2月24日　ひとりの表現者の姿

喉の乾燥が酷くて目が覚めたものの、昨日大事を取って、何もせず休養に充て、ひたすら寝て過ごしたため、喉の痛みや全身の倦怠感は随分と改善されていた。

午前中はミッシャが衣装合わせをしているはずだった。

皆が昼食休憩になる頃に稽古場へ向かい、ドアをひらくと、フサフサの毛を揺らしながら白いマルチーズ犬が駆け寄ってきた。

そして、眩(まばゆ)いほどの陽光を背負ってテラバンドで肩甲骨を動かしながら、ゾラと呼ばれるその小型犬を愛おしそうに見つめるミッシャの姿がそこにあった。

皆が昼食を摂る間、食事には参加せず、ひとり身体のコンディショニングに時間を費やす姿のなんと美しいこと。

不思議なことに、とてつもない跳躍力のグランパディシャや、無限に続くかのように錯覚するピルエット、関節などないのではないかと思えるほどいかようにでも動く身体を誇った往時の姿より、ご自身の年齢による身体の限界を自覚した上、腰を痛めて恐る恐る身体と向き合う姿が、とてつもない色気を帯びていて、私の心をときめかせる。

きっと、世界中のバレエファンにとっては、彼の踊る姿が今もなお記憶の中で息づき、現在の彼にもその面影を期待するのだろう。

かくいう私もあの「ホワイトナイツ／白夜」の超人的なダンスシーンが鮮明に記憶に残っているのだけれど、目の前にいるのは、天賦の才によって向かうところ敵無しの、圧倒的な大スターの姿ではなく、何もないところから、役柄に命を吹き込むべく、謙虚に身を捧げるひとりの表現者の姿だった。

そして、すらりと背の高いショートヘアの女性が「お逢いできて光栄です」と声をかけてきた。

ミッシャのご夫人にしては随分お若いと思いきや、モントリオールからやって来た若き演出家ソレンヌさんだった。すでに新作の現代オペラの演出経験があるものの、メトロポリタンオペラで演出をするフランソワの傍らで学ばせていただきたいと、演出補を名乗り出たのだという。

しばらくすると、食事に出かけていたフランソワと脚本家のセルジュが戻って来た。

私たちが、雑談を交わす間、ミッシャはしばしバーを拠り所に上半身と下半身の繋がりを確かめたかと思うと、リュックサックを背負い、控えめに挨拶をすると、ゾラを伴って帰って行った。大スターが帰るのを大名行列のようにお見送りする必要を感じさせないよう、気配を消して、そっと、静かに去る姿から、むしろ目が離せなかった。

本日は、薔子とみどりのみを演じることになった。

身体のコアを見出すアレクサンダー・テクニーク風のエクササイズは欠かさない。

わずか2~3分ではあるけれど、身体のゆがみと、呼吸が、決して滑らかではない、不安定な発声を導き出す。

稽古場にソレンヌという新たな人物が増えただけで、その場の空気が変化したことを感じる。

フランソワや、セルジュとの家族のような安心感に包まれたその場に、わずかに緊張感が走る。

しかし、その緊張感は、ソレンヌが目を凝らし、耳を澄ませて稽古の一部始終を観察し、物語に没入することでいつしか消え去った。

稽古場は、安心して心を開くことができる場所でなくてはならないのと同時に、馴れ合いになってはならない。

緊張と弛緩のバランスは、この小さな稽古場だからこそ絶妙な塩梅で保たれている。

フランソワの配慮により、少し早めに稽古を終えると、急ぎタクシーに飛び乗って、ホテルの部屋で身支度を済ませた。

向かったのはアッパーイーストサイドのセントラルパークの目の前に位置するアパート。立派な制服を着たドアマンが2人も立っていて、エレベーター脇に用意されたコートを掛けるためのクロークに案内してくれた。

ベルリンフィルの第一コンサートマスターであり、夫の所属するPHILHARMONIXのメンバーでもある、ノア・ベンディックス＝バルグリーさんが、自身の率いるロザムンド・ストリング・カルテットのハウスコンサートに招いてくれたのだった。

主催者はジェニファー・マックコウスランドさんとジェフリー・クリスチャンソンさんご夫妻である。

ジェニファーは、動物保護のためのNPOを運営しており、2020年の3月にPHILHARMONIXのアメリカでのコンサートツアーをオーガナイズしてくださった人物で、私もウィーンのコンサートで同席したり、食事を共にしたことがある。

あの年、夫もクラリネットのダニエル・オッテンザマーさんも、コントラバスのエーデン・ラーツさんも、ウィーン国立歌劇場とウィーンフィルに、2ヶ月間の長期休暇を申請して、アメリカ、中国とツアーに出かけるはずだった。

そこへ突如としてやって来たパンデミックにより、計画は雲散霧消した。

ジェニファーは何とかして再びアメリカでのコンサートを実現させたいと願っているのだ

けれど、ウィーンフィルとベルリンフィル、それぞれ多忙なオーケストラに所属する音楽家たちのスケジュールを調整するのは、欧州でのコンサートですら決して容易でなく、数々いただくご依頼を、残念ながらお断りしなければならないことの方が多い。

それゆえに、こうしてノアが、ヴァイオリニストであり、妻でもあるシャンシャンと、シャンシャンがニューヨークフィルに所属していた頃の同僚たちと組んだロザムンドカルテットのアメリカツアーの合間に、ジェニファーの自宅にてプライベートコンサートを開催するに止まっているのだった。

すでに20名ほどがシャンパーニュグラスを片手に歓談していた。ジェニファー夫妻と、ノア、シャンシャンしか知らない私は、お水を片手に彼らの話に耳を傾けつつ、そこに集う人々のファッションや振る舞いを観察して楽しんでいた。

すると、「ディオールのスーツが素敵ですね」と褒めて下さった男性がいた。

メゾンを象徴するバージャケットではなく、ダブルのジャケットにワイドパンツを合わせ、ネクタイをアクセントにしていたにもかかわらず、それがディオールであることをひと目で見抜いたその男性に驚くと、「私たちは2人ともファッション産業に携わっているから」と隣にいた女性が囁く。

何と、男性はマルク・ボアンの時代にディオールのオートクチュールのデザインチームにいらしたという、エルヴェ・ピエールさんだった。

あろうことか女性のディアナ・ブルッサードさんの方は、ジョン・ガリアーノの時代に、ディオールでジュエリーや靴のデザインチームにいらしたとのこと、ジュエリーデザイナーのヴィクトワール・ド・カステラーヌさんのお傍(そば)で仕事をしていたのだというではないか。

エルヴェさんは、2016年までキャロライナ・ヘレラのディレクターを務めていらしたそうで、ウディ・アレンの「ブルージャスミン」にてケイト・ブランシェットが纏っていた赤いドレスをデザインしたのも彼だった。

近年ではあの悪名高きトランプ前大統領のメラニア夫人のドレスをデザインしていたのだとか。

よくよく話をしてみると、ドラマ「私 結婚できないんじゃなくて、しないんです」のポスターで身に着けた赤いロングドレスも、エルヴェ・ピエールさんのデザインによるものだったことが判明し、写真を見せると、そのドレスのために選んだ生地のメーカーまで覚えていた。

その不思議なご縁に歓喜していた頃、ジェニファーとジェフリー夫妻に促され、それぞれソファーや1人がけの椅子に腰掛けた。

いよいよコンサートの始まりであった。

ベートーヴェン弦楽四重奏曲第三番ニ長調
サミュエル・バーバー弦楽四重奏曲第一番ロ長調
ブラームス弦楽四重奏曲第二番イ短調

4人の音楽家たちが、それぞれの音色を際立たせるべく、お互いに耳を澄ませ、目を凝らし、肌で感じながら、調和をはかっていることが素人目にも明らかで、まるで楽器で丁々発止の会話をしているかのようだった。

優れた音楽家こそ、自らの奏でる音で、他者を圧倒しようなどということは考えておらず、いかにお互いを引き立て合うかに終始している。

それはオペラの公演でもオーケストラによるシンフォニーや協奏曲でも同じで、主旋律を弾いていたパートが、他のパートにそれをバトンタッチすると、即座に気配を潜めて縁の下の力持ちに徹するのだ。

ひいては私たち演じる者も同様で、自らの爪痕を残すのではなく、いかに作品に貢献できるか、それに尽きるのであった。

アンコールには、ノアが得意とするクレズマー音楽（ユダヤの民俗音楽）をソロで奏でた。

続いてPHILHARMONIXのアルバムにも収録されており、ユダヤの民俗音楽風にノアが作曲したOdessa Bulgarをシャンシャンと夫婦で高らかに演奏する。

「洋の東西を問わず、民俗音楽の多くは五音音階（ペンタトニック）なので、疲れて集中力のない時は、クレズマー音楽の途中で母国中国の音楽を弾きそうになるから大変です」と、シャンシャンが言うと、室内が温かな笑いに包まれ、続いて演奏された中国の民俗音楽でコンサートは終幕となった。

本来なら、舞台のお稽古中にこうした音楽を楽しむゆとりなどなく、せっかくのお誘いにもかかわらず、出かけることを尻込みしていたのだけれど、「せっかくノアが誘ってくれたんだから、行っておいでよ。ニューヨークでは、興味深い人と出会う確率が高いから」と背中を押してくれたのは夫のティロだった。

彼自身100人からのオーケストラに所属している一方で、誰も気遣う必要のないプライベートな時間を大切にしているため、パーティーのお誘いは、さり気なくお断りすることが多いのだけれど、その彼が珍しく後押ししてくれた今宵の集いは、やはり心地のよいものだった。

2月25日　もう何も、できない

10：00から衣装合わせが行われた。

初演と再演で用いた衣装は耐用年数もとうに過ぎ、すでに破棄されたようで、衣装担当のヴィクトリアが生地を見繕って持ってきてくださった。

3人の女性を演じるに際し、一度も舞台袖に退くことがないため、早替えのための仕掛けも合わせて、下着をどうするのか、ファスナーの位置は前回と同じでよいのか、慎重にフィッティングがなされる。

ヴィクトリアはこちらにしっかりと内容の理解できる声量であるものの、常に囁き声で話す。

それは、ヨガの指導者や、マッサージセラピストのような心地よい語り口で、彼女の勧めに全て「ＯＫ」あるいは、「All right」または、「I trust your idea」と返答したくなる不思議な力を持っている。

そこへ、フランソワが10分ほど遅れてスタイリストを生業とするご夫人のユナさんを伴ってやって来て「ごめん、髪の毛を切りに行っていたら、タクシーがなかなか捕まらなくて。

あ、美紀、もし、美容院に行く必要があったら、素晴らしい日本人の美容師さんを見つけたから、いつでも言って」と、チャーミングな笑顔を皆に振りまいていた。

まさに、明日、『ローエングリン』のプレミアを鑑賞するにあたり、美容室を探さなくてはと思っていた矢先のことで、渡りに船だった。

さて、スカートの生地が変わったことにより、お線香に着火するためのマッチを擦った際に、衣装に火が燃え移ってしまう可能性が生じた。しかし、防火コーティングを入念にすることをヴィクトリアが即座に約束してくれた。

衣装のすり合わせが終わると、ユナさんは帰って行き、3人目の登場人物、彩子のお稽古が始まった。

着物を着付けながらの台詞は、まだおぼつかず、台詞と動きのタイミングをスムーズにする練習が必要で、もう一度彩子をお稽古しようとした、その瞬間にミッシャが現れた。

何と2時間も早いお出ましに、皆驚いていたのだけれど、気配を消して、ひっそりとウォーミングアップをするべく窓際に設置されたバーへ向かったミッシャを、フランソワが呼び止める。

「ミッシャ、今から美紀が彩子を通して演じるから、良かったら、僕の隣で見てみない？」

皆がミッシャの席を用意すべく立ち上がると、黄色いバランスボールを持って来たミッシャが、それを椅子代わりにして、フランソワの隣に腰掛けた。

偉大な表現者が高みの見物をするのでもなく、品定めをしようとするのでもなく、息を潜めて事の一部始終を観察していた。

何かのインタビューで、彼が「身体を見れば、その人がどんな人物かがわかる」と言っていたことを思い出した。

また、坂東玉三郎さんと日本でコラボレーションをなさったこともあり、能楽や歌舞伎をはじめとする日本の文化にも深い理解を示すミッシャが、目の前にいることを思うと、彼を失望させたくなくて、着物を着る所作が慎重になりすぎてしまった。

台詞に対して所作が遅れ気味になり、望み通りのタイミングで着付けをすることができなかったのだ。

それでも、ミッシャの存在感は、決してこちらに威圧感を与えるものではなく、オーラを消して、私が彩子の気持ちに集中しやすい環境をさり気なく作って下さっているものだから、彩子の諦念と、悔恨、そして深い哀しみが自然に込み上げて来た。

遺書をしたため、服毒する彩子の最後の言葉を述べた後、しばらく稽古場は静寂に包まれ、その沈黙を遠慮がちに破るかのように、フランソワが静かに拍手をしてくれた。

そして、バランスボールの上に息を潜めて腰掛けていたミッシャもまた、ご自身の胸に手を当てるジェスチャーの後に、音もなく拍手をしてくれた。

台詞の精度は完璧ではなかったものの、心の動きは2人に伝わったようだった。

これにて1時間30分の休憩となる。

午後はミッシャのお稽古を見学させていただくつもりだったけれど、「美紀、今日はミッシャのお稽古をする間、美紀も一緒に演じてみよう」とのこと、彩子で二度死んだ気になって、身も心もくたくたに疲弊していたけれど、初めてミッシャと合わせることができるならと了承した。

フランソワは「日本食レストランに行こう!」と私たちにひととおり声をかけて出かけて行った。

午後も台詞を発するのなら、のんびり食事などしていては、頭が回らなくなるため、稽古場に残った。

ナッツとMCTオイルにプロテイン、いくつかのサプリメントさえあれば、事足りるのだ。

ミッシャも同様のようで、ひとりバーに寄り添ってご自身の身体とゆっくり対話をしていた。

稽古場には、日本から日本茶のセットを持ち込んである。

佃眞吾さんの神代杉の丸盆と、開化堂さんの真鍮、銅、ブリキのお茶筒には、伊藤園の緑茶、玄米茶、黄金桂がそれぞれ入っており、内田鋼一さんの急須と湯呑みで、お茶を振る舞っている。

さらには、ありがたいことに伊藤園の北米支社の本庄社長より大量の「お〜いお茶」をご恵贈いただき、私たちは、いつでも好きなときに喉を潤すことができるようになっている。

2011年の初演時には、稽古場にて、まるで儀式のようにフランソワが緑茶を淹れてくれていた。

5時間のお稽古のうち1時間以上は、フランソワがお水の種類やお湯の温度にもこだわって淹れてくれた緑茶をいただきながら談笑することが常だった。

その時間に、冗談を交えて緊張をほぐしつつ人物像をアナライズし、実際の演技に活かすことができたことは、今思えば、大変貴重だったと思う。

この度は、ミッシャの稽古にも多くの時間を割いており、お茶のために休憩を挟むことはなくなったものの、お稽古をしながらそれぞれが手元のお茶を楽しんでいる。

フランソワたちが昼食から戻ると、ミッシャのお稽古がゆっくりと始まった。

動きの精度と、猟銃の重さによる腰への負担を天秤にかけながら、少しずつ、少しずつ、シークエンスを作っていく。

山深い森の中で狙いを定め、天に向かってミッシャが弾丸を放つと、またしても虚空に鳥の羽ばたく様が見えた。

私たちは、ミッシャが心の中で見ている情景をありありと見せつけられるのだった。

そして、何回かその動作が繰り返され、動きが決まったところで、私も参加して、薔子の台詞を述べる。

何度も、何度でも、ああでもない、こうでもないといいながら、三杉穣介という人物の心の動きと動作を探り、その度に薔子を同じ熱量で演じる。

独白でありながら、時折そこにいるミッシャに向けて演じると、75歳でありながら少年のようなイノセントな表情をたたえるミッシャの瞳に様々な感情が喚起させられる。

彼を目の前にして、口先だけで台詞を述べるような手抜きなどできず、毎回本気で演じるものだから、もう、絞りかすも残らぬほど、疲れてしまった。

フランソワは、初めて私たちが共に演じたことを大変喜んでいた。

もう何も、できない。ただただ、疲れていた。

そして、屍(しかばね)のように肉体をベッドに横たえる一方で、ミッシャとの血の通った心と心の交わりに、背中がゾクゾクするほど興奮していた。

2月26日　フランソワ・ジラール版『ローエングリン』

お稽古が再び休みとなったのは、フランソワがメトロポリタンオペラにて、リヒャルト・ワーグナーの歌劇『ローエングリン』のプレミアを迎えるからだった。

メトロポリタンオペラでは、ボブ・ウィルソン演出の公演が20年以上続き、その後長い空白期間を経て、16年ぶりにようやくフランソワ・ジラール版『ローエングリン』が制作されたのだった。

当初はモスクワのボリショイ歌劇場とメトロポリタンの共同制作で、本来は２０２０年に上演されるはずだったところ、新型コロナウィルスのパンデミックにより延期となった。

ようやくモスクワにてプレミア上演が叶った２０２２年の2月24日、今度はプーチンによるウクライナへの侵攻が始まり、共同所有のはずだった美術セットや衣装は、そのままモスクワに留まり、歌手たちもまた、自国に留まらざるを得ず、全てを一から作り直さなければならなかったという。

様々な困難を経て、フランソワ・ジラール版『ローエングリン』は、いよいよ幕が開けるのだ。

昨日フランソワの髪の毛をカットなさったというニューヨーク在住のTomohiroさんが、宿泊中のホテルにて、私の髪の毛をセットしてくださった。

日本人にしては、細すぎる私の髪は、ハリもコシもなく、後頭部が絶壁でボリュームが出にくい上、自分でセットをすると片側が少しだけはねてしまう。

しかし、アン・ハサウェイを筆頭に、要求の高い顧客ばかりが訪れるというニューヨーク屈指の美容室にお勤めのTomohiroさんの鮮やかなテクニックにより、瞬く間に素敵に仕上げていただいた。

異例のマチネのプレミアで、休憩を入れて4時間30分後には、ガラディナーもあるという長い一日は、お稽古の日々には少々負担が大きい。少しでも時間があれば睡眠と台本を読むことに充てたいと思い、プレミアに先がけて23日に行われたドレスリハーサルを鑑賞することも考えた。

日本で言うところのゲネプロに当たるドレスリハーサルなら、身繕いを整える必要もなく、デニムであろうがジョガーパンツであろうが、失礼には当たらない。

しかも、作品そのものを楽しむというよりは、社交場としての色合いが濃いプレミアと比較して、時にテクニカルな問題が発生したりもするドレスリハーサルの方が、ステージマネージャーが突然走ってどこかへ消えて行ったり、新作の作曲家がしかめっ面で一部始終を見守る姿がみられたりと、スリリングで楽しかったりもする。

もちろん歌手たちは本番に向けて、省エネモードで歌うため、完全なるパフォーマンスとは言い難いものの、職業柄それでも楽しめる要素はいくらでもある。

フランソワに「私はドレスリハーサルで十分だから、もしよかったらプレミアの貴重な席をどなたか他の方に譲って差し上げて」と伝えてみたのだけれど、「メトロポリタンオペラの総支配人のピーターがわざわざＶＩＰ席を用意してくれて、ガラディナーのテーブルにも君の名前を入れてあるのに…」という悲しそうな顔を見た上、「ＭＥＴのプレミアなら、世界屈指の歌手たちがこぞって招集されているはずだし、そのガラディナーなら、きっと興味深い出逢いがあるはずだから、行っておいで」と言う夫の言葉を信じて、参加を決めたのだった。

14：00から始まり、18：30で公演が終わるものの、間髪入れずにガラディナーが始まるため、何を着ていくべきか迷いに迷った。

念の為、ウィーンから持って来ていたワードローブには、付下げ着物やワンショルダーのイヴニングドレスもあったのだけれど、フランソワの夫人でスタイリストでもあるユナさんに尋ねると、

「着物やフルレングスのイヴニングドレスでは、頑張りすぎかもね」

とのことだった。

かつてパリでピアニストのベルトラン・シャマユ夫妻に誘われてバスティーユのオペラに出かけた際に、友人もその他の人々も思いのほかカジュアルで驚いたことを記憶している。昼のコンサートとなったら、なおのこと、多くはカジュアルな出で立ちとなる。

もちろんヨーロッパでもアメリカでも他人が何を着ているかなど気にしない一方で、ある一定の社会階層やオケージョンでは、男性なら、モーニング、ブラックタイ、ホワイトタイ、女性ならカクテルドレス、イヴニングドレスなどと、ドレスコードは今もなお存在している。「どうぞ平服でお越しくださいませ」などと、儀礼的に招待客を慮(おもんぱか)りながら、自分たちは正礼装で身を固め、客人にも密かにそれを求めるような、まどろっこしいことはしない。必要ならば、ドレスコードはしっかりと明記されるのだ。もちろんそれをお約束通りに守るか、あえて崩すかは本人次第だけれど、場合によっては入場を断られることもある訳で、スタンダードを把握しておく必要はある。

ましてや、見ず知らずの他人の作品ではなく、フランソワの携わる作品のプレミアで、公演のみならず、ガラディナーにもお声がけいただいた理由は、彼がチケットセールスのために、周囲の人々に紹介したかったのだろうから、身につけるものもとても重要になる。

ディオールのスーツにネクタイでマスキュランに装うか、同じくディオールのブラウスにジレ、パンツで少し外すか、あるいはシンプルにディオールのワンピースにするか。ドレスコードの記載がなかったがゆえに散々迷った挙げ句、奇をてらわずに、黒いレースのワンピースに編みタイツと手持ちのヒールを合わせ、マイクロサイズのバッグを携えることにした。

13：30にＭＥＴに着くと、予め指示のあったスポンサーと定期会員専用の入口に並んだ。劇場スタッフではなく、総支配人ピーター・ゲルプさんの秘書で、席次の采配を握るケリー・デイヴィスさんが、受付に立っておいでで、お手ずから貴重なチケットの入った封筒を渡してくださった。そこにはガラディナーのテーブル番号が1と書かれたカードも同封されていた。

オペラやコンサートで面倒なのが、コートをクロークに預けなくてはならないことで、帰り際に行列に並ぶ手間を省くため、こっそりコートを持ち込もうとしようものなら、係の方に止められることがしばしばある。

「寒いので膝掛け代わりに使いたいのですが」と伝えると、そのままスルーしていただけることもあれば、「公演中ずっと着ているなら許可します」と言われたり、「クロークに預けないなら着席できない規定です」と行く手を阻まれることもある。

この度は、１００名ほどのガラディナー参加者のためのクロークが別途設けられており、帰りに列をなす必要はなさそうだった。

赤いカーペットにシャンデリアの、映画でよく見るMETのロビーを通ってホールの中へ入り、自らの席を探していると、白いブラウスに黒のジレを合わせたパンツ姿のユナさんとバッタリ会った。私のチケットを見て、「すごい偶然、もしかしてニーヴの隣じゃない?」と彼女が示した先には、フランソワが監督し、私もマダム・ブランシュという娼館のオーナーとして出演させていただいた映画「シルク」のプロデューサーのニーヴ・フィチマンさんがそこにいらした。

プレミアのチケットは争奪戦であり、演出を手がけるフランソワとて、席次を決める権限はないといい、全ては秘書のケリー・デイヴィスさんのパズルによる偶然、あるいは気の利いたご差配によるものだった。

ニーヴとは「利休にたずねよ」にてモントリオール世界映画祭に参加した際のお茶会で会って以来久々の再会を喜び、現在ウィーンで暮らしていることを伝えると、「僕の友人というか、もう息子に近い人物がウィーンフィルにいてね」と話し始めた。

そうだった、彼もフランソワの「レッド・ヴァイオリン」をプロデュースしていたので、当時5歳だったクリストフ・コンツさんとは20年来の仲なのだった。おまけにベルリンフィルのチェリストで、夫の所属するPHILHARMONIXのメンバーでもある兄のシュテファン・コンツさんのことも、彼らのご両親のこともよく覚えており、数奇なご縁に驚いていた。

そうこうするうちに、彼の友人のニューヨークフィルの理事、タンさんご夫妻がやって来た。フランソワと懇意で、『猟銃』の初演を2011年に東京で観ているニーヴは、すかさずタンさんご夫妻に、このプロジェクトの宣伝をしてくれた。するとタンさんのご夫人のアリスさんが、就任したばかりのニューヨークフィルのディレクターと、フィラデルフィア管弦楽団のディレクターに「美紀は、今日の演出のフランソワと一緒に、まさに今『猟銃』のお稽古中なんですって」と紹介してくださった。

夫の所属するウィーンフィルのような音楽家の自主運営による楽団は稀で、多くはこの度お目にかかったニューヨークフィルのゲイリー・ギンストリングさんや、フィラデルフィア管弦楽団のマチアス・ターノポルスキーさんのように、数字に長けたビジネスの専門家が運営を任されているのだった。

ニューヨークフィルハーモニーは、新たにグスターヴォ・ドゥダメル氏が音楽監督に就任することが発表になったばかりである。そして、フィラデルフィアの音楽監督は、「ローエングリン」をまさにこれから振る指揮者であり、METの音楽監督を兼任するヤニック・ネゼ=セガンさんである。

ガラディナーまでは、ミッシャ以外に挨拶をすることもないだろうと、完全に油断していた私の脳味噌は、突如として始まった、挨拶の嵐にお名前とお顔を記憶することに必死だった。

今度はそこへ、気配をできる限り潜めたミッシャが、ご夫人のリサさんを伴ってやって来た。

リサさんとの出逢いはこれが初めてになり、「ようやくお目にかかることができて嬉しいです」と、社交辞令ではなく、本心から伝えた。何故ならお稽古中も、ミッシャが度々リサさんについて話題にしており、かつてCNNのラリー・キングとのインタビューで「結婚という制度を信じていないのです。私の両親の結婚も幸せな結婚とは言えませんでしたから。ある人は言っていました。アーティストは結婚してはならない。それは極めてエゴイスティックな職業なのだから」と述べていた彼が、婚姻の契りを結んだお相手で、彼の表現者としての人生においても、ひとりの人間としての人生においても、大切な女性であることは明らかだったから。

リサさんとの会話に夢中になっていると、ふと背後で視線を感じた。ニーヴがミッシャとの会話に加わるタイミングを見計らっていたのだ。

そういえばそうだった。彼は周囲の人々に紹介をしてくれたのに、私はリサさんの魂の美しさに目が眩み、失礼なことにニーヴの存在を忘れていた。そして同時に、本来はシャイで静かな人なのに、チケットセールスのためには、社交の場にも顔を出すことも厭わず、見ず知らずの人と写真を撮って来たであろうミッシャの人生を思うと、一瞬ためらいもあった。

しかし、フランソワの友人のニーヴであり、ミッシャの尊敬する坂東玉三郎さんと、ヨーヨー・マさんのコラボレートムービーを作ったこともある人物なら問題はないだろうと、橋渡しをしてみた。

「私にとって、あなたとのただならぬご縁をお話しさせてください。１９７４年に、僕はトロントで両親と一緒にあなたの公演を拝見しました。あなたの踊る姿に、どれほど深く感銘を受けたことでしょう。その夜でした。あなたがエスケープして亡命を試みたのは」

なんと驚くべき事実であろうか。

「あの時のことは生涯忘れられません。そしてあなたは、カナダに留まるかと思いきや、アメリカへ行ってしまいました。しかしこうして、今僕の目の前にいらっしゃる。しかもフランソワと仕事をしているなんて！」というニーヴの溢れんばかりの想いに、シャイで人見知りなミッシャが、破顔したのは言うまでもない。

「よく練られた計画だったんですか？　あるいは衝動的な行いだったのですか？」とすかさず尋ねると、「追々話すよ」とミッシャが微笑んだ。

舞台を正面に見て14列目、近すぎず、遠すぎず、絶妙な席に腰掛けると、黒い幕には月が投影されていることにようやく気付いた。

左隣にはニーヴが腰掛け、右隣に座っていらした方にお声がけすると、考古学的見地から美術を研究する美術史家のご夫妻とのことだった。

チケットの入手が困難なプレミアにわざわざ出かけて、新制作のオペラを鑑賞しようというお方がどのような属性の方なのか、単純な好奇心で私から話しかけたのだった。

ボストンで暮らすリズ・マクゴーウェルさんと、ガイ・ヘドリーンさん夫妻は、ギリシャでのフィールドワークに出かける直前に、どうしても16年ぶりに刷新される「ローエングリン」を鑑賞したくてニューヨークに立ち寄ったという。

すでにニューヨークタイムズでは、「ボブ・ウィルソンの作品があるのになぜ刷新するのか」という辛辣な前批評が書かれていたことについて述べると、「ニューヨークタイムズの批評家たちは、悪評を書くのが仕事だから。現に我々は、その刷新された作品を観たくてここに座っている」とのこと。

誰かが付与した価値ではなく、ご自身の審美眼でその価値を見定めるのだという姿勢が、仮説を立て、考察し、結論に導くことを常とする美術史の研究者らしかった。

「猟銃」が同じ演出家によって創作のプロセスにあるという話をすると、社交辞令ではあろうけれど、「ギリシャから戻ったら、必ず観に行くから」とおっしゃった。

やがて劇場の灯りが落ち、指揮者のセガン氏が登壇すると、繊細なミルフィーユのように弦の音が重なる序曲が奏でられ始め、幕がゆっくりと開くと、丸い穴の空いた壁のようなものが天井からぶら下がっていた。

ドイツのハインリッヒ王がブラバント公国に現れ、ハンガリーに出陣するための兵を集めよというシーンから始まるこの物語は、端的に述べるなら、男女の信頼関係にまつわるロマンティックな作話である。

ブラバント公国の亡き王にはエルザと、その弟のゴットフリートがいたのだけれど、ある日ゴットフリートが神隠しに遭ってしまう。

実は、ブラバント公国の実権を握るフリードリッヒとその妻の魔女オルトルートによって、弟のゴットフリートは白鳥にされてしまったのだけれど、こともあろうに彼らは、エルザが自ら弟を殺めたと、濡れ衣を着せたのだった。

彼女の潔白を証明するためには、代理騎士による決闘が必要となる。

そこへ現れたのが、白鳥の騎士だった。

白鳥の騎士は名乗ることもなく、どこから来たのかも告げず、出自を明らかにしないことを条件に、エルザのために決闘で勝利すると、見事に彼女の疑いは晴らされたのだった。

そのまま恋に落ちたふたりは、結婚の契りを交わすものの、魔女オルトルートにそそのかされたエルザは、ついに疑心暗鬼に陥り、夫となった白鳥の騎士に名前と出自を尋ねてしまう。

「あれほど約束したのに、君はなぜ、そんなことを尋ねるのか？」と嘆きつつ、自分の名前がローエングリンであり、聖杯の王パルジファルの息子であることを明かす白鳥の騎士。

ほどなくして白鳥が迎えに来て、彼を連れ去り、エルザとは永遠の別れとなる。

この白鳥がくせ者で、「ローエングリン」の資料を探すと、目を覆いたくなるような白鳥による迎えのシーンが数多とあり、この度フランソワが、この難題をどのようにクリアするつもりなのか、固唾を呑んで見守ったのは、決して私だけではないはずである。

さて、3900名のキャパシティーを誇るメトロポリタンオペラは、オペラハウスにしては大きすぎる嫌いがあり、どのような素晴らしい歌手でも、METで歌うと負けを見ることもあると言われているほど、全ての席に声を届かせることは至難の業であるという。

それを、フランソワのアイディアで壁状のセットを設けることにより、音を反響させ、客席に音が広がるような設計を、映画「グリーン・デスティニー」にて米アカデミー賞受賞歴もある美術兼衣装のティム・イップ氏に依頼したのだという。

マイクのサポートのない生声で歌わなければならないオペラ歌手たちにとって、容赦無く金管楽器や打楽器がかき鳴らされるワーグナーの作品で、6階のファミリーサークル席まで声を届かせることはどれほどの体力と気力を要することだろう。

フランソワ曰く「ワーグナーの曲は、人間が歌うために書かれたものではなくて、もはや、奇人変人というか怪物のために書かれたんだろうね」とのこと。ローエングリンを演じるテノールの大スター、ピョートル・ベチャワさんなど、後ろ向きで歌っても、しっかりと歌詞が聞こえてくるほど、とてつもない声量をお持ちであった。

それでいて、ソプラノと声量のバランスを取る粋な配慮もあるところが、なんと素敵であろうか。

どのように素晴らしい作品でも、テノール歌手のエゴが強過ぎると、ソプラノ歌手が必死で歌っていても、その美声がかき消されてしまい、デュエットが台無しになってしまうことがある。

しかし、ピョートル・ベチャワさんは、人を踏み台にしてまで自らの立ち位置を主張する必要もなく、周囲とのバランスを図っていたことに感激した。

昨年のザルツブルク音楽祭にて、彼が「アイーダ」のラダメス役を演じた際にも同様で、タイトルロールを演じたエレーナ・スティヒナさんを絶妙なバランスで引き立てていたことを記憶している。

愚かな花嫁エルザを演じたのは、本作がメットデビューとなった、ソプラノのタマラ・ウイルソンさん。

ハインリッヒ王を演じたのは、指揮者のクリスティアン・ティーレマン氏からの信頼も厚いオーストリア人のギュンター・グロイスベックさん。

魔女オルトルートを演じたのはソプラノのクリスティーン・ガーキーさん。

魔女の夫フリードリッヒを演じたのは、ヘヴィーメタルバンドも組んでいるというエフゲニー・ニキティンさん。

いずれのお方も、もはや人間の能力を遥かに凌ぐ超人的な歌声の持ち主であった。

合唱団の衣装が幾重にも重ねてあり、布をめくることで、衣装の色が緑、赤、白と変化し、それによって、舞台袖に退くことなく第一幕の場面転換が行われるという見事な仕掛けとなっていた。

軍を招集するハインリッヒ王が歌う「我が主なる神よ」の歌詞は、左記の通りである。

「我が主よ、神よ、
私の祈りを聞いて下さい。
我が主よ、神よ、
私のすることを祝福して下さい。
私はもはやためらうことはできません。

私は聖戦にかりたてられている。

ドイツの土地と名誉のために、ドイツ人の妻と子供のために戦うのだ！」

かようにドイツへの愛国心を高らかに歌うもので、勝利を目指して大衆扇動のために発する言葉の数々は、もはや恥ずかしいほどなのだけれど、ヒットラーが反ユダヤ主義者でもあったワーグナーの曲をプロパガンダに用いた理由が改めてよく理解できた。

第二次世界大戦後の建国以来、ワーグナーの曲をイスラエルで演奏することは忌避されたとのこと。

指揮者のズービン・メータ氏やユダヤ人である指揮者のダニエル・バレンボイム氏が何度か演奏を試みたものの、イスラエル政府の抗議や、聴衆の暴動により、全てを演奏することは叶わずじまいだったという。

しかし、2000年にホロコーストの生存者であった指揮者、メンディ・ロダン氏が「ジークフリート牧歌」を演奏したことで、禁忌が破られたことになる。

2001年には、ダニエル・バレンボイム氏がアンコールにて、「トリスタンとイゾルデ」の序曲をゲリラ的に演奏したことで物議を醸したことが知られている。

現在も、プーチンの侵略戦争により、ロシア作品やロシア人芸術家へのボイコットが各地で生じていることは言うまでもない。

芸術作品とそれを生み出した人物、政治的背景を切り離して考えるべきなのか、あるいは全て包括して考えるべきなのか、私たちは、常に答えに窮する問いをつきつけられている。

幕間にはミッシャとリサさん、ニーヴと共に、総支配人のピーターさんの執務室で開催されていたレセプションに招かれた。

執務室への道中で、聴衆の一人が盲導犬として連れていたジャーマン・シェパードを見つけたミッシャが、「君はドイツ語を話すの？」と尋ねた。

「必死で学んでいたのですが、しばらくは『猟銃』の日本語にかかりきりなので、せっかく学んだドイツ語を忘れてしまいそうです」

「ラトビアではね、僕らもドイツ語を学んでいたよ。ラトビア語、ロシア語、そしてドイツ語とね。ミッシャ・マイスキーが同じクラスの隣の席でね、ギドン・クレーメルは一つ学年が上だった」

チエロのミッシャ・マイスキーさんとミハイル・バリシニコフさんが机を並べて学び、ヴァイオリンのギドン・クレーメルさんが同じ学校の先輩とは、何と芸術家密度の濃い学校だろう。

ピーターさんの執務室は主要スタッフと、ゲストでごった返していた。

フランソワがピーターさんと共に私たちを招き入れ、美術のティム・イップさんに紹介してくれた。

しばしの談笑の後、再開のベルが鳴ると、私たちは急ぎ劇場へ戻り、静かに着席した。

久々の刷新プロダクションとあり、贅沢なまでの歌手達が勢揃いしているものの、出色は魔女を演じたソプラノのクリスティーン・ガーキーさんで、あまりの迫力と表現力に耳も目も釘付けになった。

第2幕の彼女の悪巧みのシーンなど、ヒロインがあまりに愚かなため、むしろ魔女に肩入れしてしまいたくなったほど。

第3幕の冒頭の『結婚行進曲』では、合唱団がゆっくりと歩きながら歌う姿が2枚の壁の隙間からわずかに垣間見える演出となっており、その照明と、壁越しの彼方から聞こえて来る清廉な合唱が、とてつもなく美しかった。

そして、第3幕のハイライト、白鳥の騎士がついに名前を名乗り、白鳥に誘われて、もと来た場所へ帰って行く際には、エルザの愚かさにもかかわらず、2人の歌声と演技が素晴らしく、思わず涙してしまった。

その愚かさとは、つい相手の行動を知りたくなったり、携帯電話の着信記録を見たくなったりという、男女の信頼関係にまつわる普遍的なテーマなのだ。

懸念材料だった白鳥も、映画監督でもあるフランソワならではのさり気なくエレガントな方法での登場となり、私たち聴衆の溜飲が下がった。

カーテンコールは、スタンディングオベーションが10分以上続き、それぞれの歌手たちも、指揮者のネゼ＝セガン氏も演出家のフランソワも、照明のデイヴィッドや、脚本家のセルジュもステージ上で大喝采を浴びていた。

中でもタイトルロールを演じたテノールのベチャワ氏と、魔女を演じたクリスティーン・ガーキー氏への歓声はロックスターやポップスターへのそれのようだった。

後ろを振り返ると、ミッシャはすでに席を立ち、身を潜めて出口に向かっていた。ニーヴはHBOの新たなドラマシリーズの撮影のためにタイへ旅立って行った。

ガラディナーの会場は3階ロビーに設けられていた。

手元にあったテーブルの番号を入り口で示すと、総支配人のピーターさんと指揮者、演出家、歌手たちの座る長テーブルで、記名された席につくと、数人がすでに食事を始めていた。

数十ある丸テーブルは、メトロポリタンオペラの通年のスポンサーと、今回の公演を単独で支援するスポンサーの席で、パンフレットとは別に、スポンサーの名前が印刷されたカードが配布されていた。

その中には、数十名の大口スポンサーの名が全て個人名で記載されていることに驚いたと共に、先日ノアのハウスコンサートでお宅に伺ったジェニファーとジェフリー夫妻の名前も記されており、彼らも丸テーブルのひとつに腰掛けていた。

カーネギーホールでも、メトロポリタンオペラでも、パンフレットの最後に篤志家の名前と、数十万円から億単位に至るまで、支援金額がずらりと列挙されていることに毎度驚かされる。

日本人の感覚では、寄付金額を知られることなど気恥ずかしくて、慣れないものだけれど、これほどの公演が、国からの助成金ではなく、個人のフィランソロフィー、あるいはメセナ活動のもとに持続可能な形で成り立っていることに羨望の眼差しを隠せなかった。

ヨーロッパ諸国でも芸術振興のために国からの助成金が拠出されている上、企業による協賛、篤志家による支援の土壌がある。

日本でもある程度大きなイベントは企業による協賛なども見込めるかもしれないけれど、個人による直接の支援に関しては、優遇税制が設けられておらず、ある一定の文化振興財団などを通して間接的に行われるのみである。

そして、これほど大きな公演ですら、数百人の支援者によってようやく成り立っているのだと思うと、いわゆる私たちが日本で出演するような舞台の興行を助成金や支援者なしで開催することが、いかに無謀で、どだい無理な話なのか、現実を突きつけられて絶望してしまった。

ミッシャ曰く、旧ソビエト連邦やナチスドイツなど、専制主義の国ほどプロパガンダのために芸術を保護する傾向がある一方で検閲も厳しい。民主主義国では自由な表現が保障されている一方で、政府からの援助は乏しくなるとのこと。資本主義の原理に則れば、市場が必要としないものは淘汰されてしかるべきであることも事実ある。それでも芸術の価値は市場価値に限定されるものではなく人類にとって大きな意味を持つものであると個人的に思っている。

悲しいかな現実には、チケット収入だけでスタッフや出演者の生活を保障することは難しい。

主演ならば初日や最終日にお弁当の差し入れをすることも暗黙の了解となっており、友人であろうが、お世話になっている企業のスポンサーであろうが、プロデューサーであろうが、お客様をご招待したければ、そのチケット代を出演者が自腹で満額負担しなければならない。また、著しく体力を消耗することから、マッサージやパーソナルトレーニングをお願いすることもあるだろう。私の場合は、酸素カプセルと、鍼灸師や理学療法士の先生による毎日の施術が必要になる。もちろん私をサポートしてくれている大切なスタッフへの給与の支払いや、エージェントへの支払いもある。

従って、演劇に携わる度に、収支はマイナスになるのが現実であることは、どんぶり勘定の私でも理解ができる。

　ありがたいことに、広告や映像のお仕事をいただいているお陰で、スタッフへの給与を支払うことが成立しているのであって、舞台の出演だけでは、自ら劇場へ向かう交通費を捻出することすら危ぶまれる。

　演じることを夢見て、あるいは良質な作品に裏方として携わることを夢見て集まる人々の大半は、演劇だけで禄を食む(はむ)ことは不可能に等しく、多くは善意のもとに才能や労働力を差し出す傍らでアルバイトに従事しなければならないのが現実だろう。

　幸い、ニューヨークにおける「猟銃」の公演は、スパゲッティで名高きBARILLAのエマニュエラ・バリラさんが、スポンサーとなって開催される。

　衣装の白装束は、大変ありがたいことに、長年お世話になっている伊藤園さんのご厚意により誂えていただいたものだった。

　水晶の玉かんざしは、てっさい道の貴道裕子さんと、昴KYOTOの永松仁美さん母娘(おやこ)からの贈り物、陶芸家の内田鋼一さんや木工作家の佃眞吾さんもお茶道具にご協力をくださった。

　しかし、演劇のみならず、日本の芸術全般の未来を思うと、暗澹(あんたん)たる気持ちが押し寄せて来た。

　創造に携わる人々が、失敗もしながら新たな表現に挑戦する土壌が、日本にもまだ残され

ている と信じたい。アーティストばかりか、それを鑑賞する聴衆も観客も共に育って行くことが理想的で芸術は一部の特権階級のみならず万人に開かれたものであって欲しい。しかし現実はいか程だろうか。

私の憂慮をかき消すような屈託のない笑顔でフランソワ夫人のユナさんがやって来て隣に座ったので、彼女の労をねぎらった。

「これで、ようやく少しは肩の荷が降りたでしょう？　縁の下の力持ち、お疲れ様でした。Great Job!」

「私は何もしていないの。フランソワが皆と一緒にがんばっただけ」と謙遜するものの、ユナさんの大きな愛情の支えなしに、フランソワとてこの大役を全うできたとは思えない。

時に夢を実現する子供のようにアイディアが溢れるものの、現実の技術や、歌手の声の限界、予算の限りと闘わなければならないフランソワの孤独を受け止めることができるのは、ユナさんだけであることは、想像に難くない。

そうこうするうちに、同じテーブルに腰掛けている周囲の方々ともひととおり挨拶を交わした。

目の前に座っていた男性はただ一言「I' m Joe」といって私たちと握手を交わしたのだけ

れど、ユナさんが昨年のモスクワでの歴史的なプレミアについて話し始めると、とても注意深く耳を傾け、「あなたはその時一緒にいたんですか？　どうやってロシアを脱出したんですか？」と静かにいくつかの質問をした。

いよいよ開戦間近となった時点で、ユナさんはモスクワへの渡航を諦めたという。

フランソワは、24日のプーチンによるウクライナへの侵攻のその日にプレミアを迎え、「直ちにロシアを去るように！」という大量のメッセージに従って、フライトを探したものの、翌日にはすでにカナダへの直行便は途絶え、スイス経由でようやくロシアから逃れることが叶ったのだという。

思わず、昨年の同じ頃、ウィーンフィルもゲルギエフの降板問題で、右往左往していたことを話題にすると、「そういえば、あの時は前日ギリギリにネゼ＝セガンが代役を務めることが決まりましたね」とジョーがつぶやいた。

「どうやら、あなたは事情通のようですが、音楽関係の方ですか？」と尋ねると、小さな声で「ニューヨークタイムズに勤めています」という。

「それではアートセクションの記者さんですか？」と掘り下げてみると、「元々は海外特派員で、中国に駐在していました」という。

まるでローエングリンのように、多くを語らないものだから、お隣のポールさんというご高齢の紳士が「君はどこで学んだの？」と聞くと、これもまた控えめに「ハーバードです。たまたまマサチューセッツ州で育ったので」とだけ答えた。

ユナさんがしびれを切らして、

「今はどちらの部署にいらっしゃるんですか？」

と尋ねると、「編集部の主幹です。つまりヘッドということです」と、自身が編集長であることを、さらに小さな声でおっしゃった。

「それでは、今日の公演の批評を左右する権限をお持ちだということですね？　すでに辛辣な前評判が出回っているようですが」と私が冗談めかして尋ねると、「各記者にその権限を委譲しているから、残念ながら私には批評を操作する力はありません」と笑みを浮かべながら答える編集長。

記者の独立性が保たれているということは、健全なジャーナリズムに基づいて紙面が作られていることの証しではあるけれど、果たしてその言葉がどこまで真実かもわからない。当然ながら、一筋縄ではいかない、どうしてなかなか手強いお相手である。

私の隣には、その彼が北京駐在時代に出逢ったというご夫人のSさんが腰掛けていらした。同じアジア人らしく、プッチーニの「マダムバタフライ」は、西洋人から見た東洋人女性への幻想であり、全く感情移入できないという。

私も同感である。歌劇版の作曲をしたプッチーニはもとより、原作者のジョン・ルーサー・ロングとて、一度も日本を訪れることなく想像上で創作したであろうご都合主義の物語に、どうしても共感できないながら、鑑賞するとつい感涙にむせぶという矛盾を抱えている。

そこへ突如として拍手が上がり、フランソワと、指揮者のネゼ＝セガン氏、歌手たちがやって来て着席し、総支配人ピーターさんの挨拶が始まる。

やはりそこで話題になったのは、ボリショイとの共同制作がご破算となり、セットも衣装も作り直しとなったため、少なからぬ痛みを伴ったこと、それでもこのプレミアを迎えることができたのは、こちらにお集まりのスポンサーの皆様のご支援のお陰に他ならないことが述べられた。

「ピョートル演じるローエングリンの衣装が、白いシャツに黒いパンツというリーズナブルなものであったことに大いに助けられた」とジョークを入れることも忘れない。

続いてネゼ＝セガン氏の挨拶では、メトロポリタンオペラが、こうして新たな演出でプレミアを迎えたことは、常に挑戦をし続けるというマニフェストであり、同じモントリオール出身のフランソワと共に、この機会を与えられたことを誇りに思うという趣旨の言葉が述べられた。

ピーターさんが乾杯の音頭を取ると、ガラディナーは正式に開会となった。

私たちのはす向かいに座っていた、今宵のビッグスター、クリスティーン・ガーキーさんは、喉のコンディションなど全く気遣う様子もなく、ワインを飲みながら、ケラケラと笑い、周囲の人々と分け隔てなく談笑している。

私が、思わず、「あんな声量で歌った後に、数日後の本番のことも気にせずにしゃべりまくって大丈夫なのかしら？」とフランソワに尋ねると、どうやら耳のよい彼女にそれが聞こえたらしく「そんなの気にしてたらやってられないわ」と言って、またあっけらかんと笑っている。

これほどまでに、大らかだからこそ、のびのびと大音量で歌うことができるのかも知れないと、目から鱗が落ちた瞬間だった。

そういえば、綾瀬はるかさんも、とてつもなく美しい肌に、よく鍛錬された美しい肢体を持っているのだけれど、好きなだけ食べたいものを食べ、甘いものを控えることもなく、アイスクリームだろうが、チョコレートだろうが、何を口にしても罪悪感に苛まれている様子を見たことがない。

何ものにもとらわれず、自由な心で、好きなだけ好きなことをして、それでいて最高のコンディションを保つことのできる方々のなんと羨ましいことか。

フランソワの紹介により、話し始めたクリスティーン・ガーキーさんが、

「東京でも『エレクトラ』を歌うから、もし東京にいたら、聴きに来てね」と言う。彼女の唱う母親殺しの『エレクトラ』なら、ぜひとも聴いてみたいものだ。

ジョン・ウー監督や、アン・リー監督の映画でも美術を手がけ、『グリーン・デスティニー』ではオスカーにも輝いたティム・イップさんも、控えめな態度で宴に参加していた。

彼とは、昨年亡くなった衣装デザイナーのワダエミさんのことで話が盛り上がった。

ワダエミさんには、舞台『メアリー・ステュアート』で衣装をデザインしていただいたのだけれど、稽古にも何度もおいでくださり、本番中も、衣装が客席からどのように見えるか、動きに不具合がでていないかと、ご心配くださった。

末期癌で床に伏せっていたエミさんを慮り、草笛光子さんが度々お弁当を携えて訪問し、お手伝いさんに全てをお任せしている草笛さんにしては珍しく、お味噌汁まで作って差しあげたそうで、重い衣服を身に着けることが困難になったエミさんのために、軽いショールを見繕ったのも、死に化粧を施して差し上げたのも草笛さんだったことをお伝えすると、世界に誇る才能を失ったことをティム・イップさんも嘆いていた。

ネゼ＝セガンさんには、「昨年のウィーンフィルの致命的な危機を救っていただき、ありがとうございました」と、差し出がましいながら感謝の意を伝えた。

コンサートは2月25日だった。ウィーンフィルのニューヨークへの移動日であったと同時に、エッセンからプライベートジェットでニューヨークへ出発するはずだったゲルギエフ氏が、「今ニューヨークに行っても何の意味もなさないだろう」と辞退を申し出たのは、2月22日のことだった。

そのわずか数日前には、急遽ウィーンからドイツのバーデンバーデンへ飛んだゲルギエフ氏は、ロシアのオリガルヒ御用達のプライベートバンクにて、資産が凍結される前に、全てをロシアに移す手続きを秘密裏に済ませていたらしい。

存命の指揮者の中で、最も優れていると言っても過言ではないほど豊穣な音楽体験をもたらしてくれるゲルギエフ氏の不在は、純粋に音楽を愛する者たちにとっては大きな喪失感を伴うものである。

尊い人命が奪われる現実を前にして大変不謹慎ではあるものの、2月22日の決断を境に、恐らくゲルギエフ氏はもう二度と西側で指揮棒を振ることは許されないだろうと思うと大変に哀しく、戦争の終結を心から願うと共に、いつの日かモスクワまで彼の奏でる音楽を聴きに行きたいとまで思えたほどだった。

ワーグナーの音楽しかり、上質な音楽は、それほどまでに人の心を惑わす魔力を秘めているのだ。

ことほど左様に、ゲルギエフ氏の代役に見合う指揮者を探すことは決して容易ではなく、メットの音楽監督として、耳の肥えたニューヨークの聴衆の心を掌握しているネゼ＝セガン氏が快諾して下さったお陰で、事なきを得たのであった。

1月から、1日も休みを取っていないというフランソワが、明日はようやく休息を取ることができるという。

「ワインも1年以上口にしていなかったけれど、今宵は楽しむことにしたよ。たまにはいいよね？」

足かけ3年も費やしてあれだけの作品を創作したのだから、フランソワには存分に楽しんで欲しい。

脚本家のセルジュもこれで一度モントリオールへ帰るという。いつまでも終わることを知らない宴を一足お先に後にしたタイミングが、照明のデイヴィッドと一緒になった。

「ミッシャとはね、90年代から2000年代にかけて10年ほど、ツアーで世界中をまわってね、家族ぐるみのつきあいになったんだ。彼が、アメリカン・バレエ・シアターを辞めて、コンテンポラリーダンスをするために自分のカンパニーを作った頃だった。マース・カニングハムとか、トリシャ・ブラウンとか、あらゆる振付師と仕事をしてね。ウッパダールで開催されたピナ・バウシュのダンスフェスティバルにも呼ばれたんだ。ピナの作品を全て上演するチクルスの合間に、ミッシャのようなゲストダンサーたちの作品も上演されてね。おかしなオーナーが営むクールなB&Bに泊まったら、毎日インテリアのコンセプトが変わって、あるときは、床もテーブルも砂だらけになっていたり、あるときは、椅子が逆さまに置いてあったり、めちゃくちゃなんだけれどクリエイティブで、素晴らしい宿だった。主催者のピナが自ら、僕たちを毎晩もてなしてくれて、宴には、タンゴやフラメンコダンサーが来たり、音楽の生演奏があったり、いい時代だったな」と、ミッシャとの豊かな想い出を語ってくれた。

クラシックから、モダンを経て、コンテンポラリーへと、バレエの歴史の変遷の渦中にいた、偉大なるダンサーであるミハイル・バリシニコフさん、そして溢れる創造の泉を持て余すフランソワと共に創作の現場にいることのありがたみを改めて実感した夜であった。

2月27日　どうしたら、自由を獲得することができるのか

昨日は1日がかりで夢のような時間を過ごしたものの、その疲れがまだ抜けず、ベッドから起き上がることができなかったため、午前中は、ベッドの中に留まっていた。

昼頃、ようやくルームサービスでアボカドトーストと、少量のベリーを頼んだのだけれど、これもまた椅子に腰掛ける気力と体力がなく、フランスの貴族のように、ベッドの上での朝食(プチデジョネ・オウ・リ)ならぬベッドの上での昼食(デジュネ・オウ・リ)を摂った。

14：00に理学療法士のDさんが訪れ、初めてのセッションを受ける。

中部アメリカ出身者とのことで、高校生までは野球に没頭していたという。ご自身の肩の故障から理学療法士の存在を知り、資格を取ってからは、2年ほど地元で野球選手やバスケットボール選手を診ていたという。

ニューヨークにやって来たのはつい最近のことで、ダンサーや『シカゴ』などのミュージカルの出演者のサポートをしているクリニックに勤めている。

「自分の経験上、ダンサーや役者もアスリートと同じなので、施術方法にあまり違いはないと思う」

と言って現在の喫緊の課題であった、顎、首、肩周辺の拘縮と、肺と、横隔膜周辺の過緊張を解くための施術に入った。

もともと扁平胸といって、肋骨の内径が狭く、人より肺活量が少ない身体で生まれている上、生来の臼蓋(きゅうがい)形成不全を起因とする股関節の不具合により、全身のバランスが悪く、可動域が狭い上、どんなにストレッチをしても、緩まない領域がある。

その上、フランソワのアレクサンダー・テクニークの応用メソッドにより姿勢をあえて崩しており、登場人物の心情作りには大変役立っているものの、首も肩も頬も顎も、ガチガチに固まってしまい、このところ滑舌にまで影響を及ぼして困っていた。

何とかその拘縮と過緊張をリリースしていただきたかったのだけれど、一生懸命施術してくださった彼には申し訳ないながら、東京にていつもお世話になっている理学療法士の先生と比較して、経験が不足していることは明らかだった。

プレイのパターンを彼自身が熟知しているスポーツ選手や、美しく踊るダンサーとは異なり、あえて姿勢を崩すことでキャラクター作りをする特殊な環境下にある私のコンディションを理解し、快方に導くには、正直なところ、彼では知識と経験が浅い上、料金は1時間で＄２５０と、日本でお世話になっている理学療法士の先生の約4倍であった。

日本の先生が人づてにご紹介くださり、ニューヨークでも何人かが間に入って出張施術を丁寧に交渉してくださった手前、この先の施術を彼に委ねるべきか、それとも新たな方を探すべきなのか、正直なところ答えに苦しんでいる。

15：00からは、現地で日本関連の情報を発信するウェブメディアのインタビューを受けた。拙（つたな）い英語で物語の概要と、フランソワやミッシャとの創作が、どれほど充実しているかお伝えし、着物を舞台上で着付ける旨も話すと、インタビュアーのジェシカさんは、とても興味深そうに耳を傾けてくださった。

次の予定まで少し時間が空いたので、『猟銃』の台詞を練習してみたのだけれど、やはり滑舌の問題は解決されていない。首の緊張が頬や顎と連動して、動きが制限されていることを顕著に感じて不安になった。

どうしたら、自由を獲得することができるのだろうかと、以前ロルフィングの施術で受けた、口腔内のマッサージを自ら施してみる。

口の中に指を入れるなんて、決して心地のよいものではないのだけれど、粘膜の側から、頬や顎をマッサージすると、外側からマッサージするより筋膜が緩みやすいのだ。

それでもやはり、筋膜や筋肉の方向を熟知しているプロではないため、自分で緩めるには限界がある。

焦りと不安にかられながら、電気鍋に白菜と舞茸、えのき茸、お豆腐を入れて、少ないお水で炊き、夕食の準備をするうちに19：00を迎え、Zoomミーティングとなった。

フジテレビのプロデューサー、成河さんと、佐々木さんとの打ち合わせで、10月クールの連続ドラマのお話だった。

12月24日から25日にかけての一日を巡るグランドホテル形式の群像劇を想定していらっしゃるとのこと、キャストが決まってから当て書きをしたいために、企画書もあくまでも大枠しかなく、詳細はこれから詰めて行くのだとおっしゃる。

人間は誰もが社会的なペルソナを被って生きており、子供の前で見せる顔、夫婦間で見せる顔、仕事場で見せる顔は全て異なるものであると。

たった1日の物語を連続ドラマで見せることで、一人の人間のペルソナの変貌を描きたいという主旨だった。

『猟銃』のモントリオール公演を秋に考えているフランソワの意向もあり、即答はしかねるものの、興味深いお話ではある。さて、どうなることやら。

打ち合わせ終わりで、準備してあった、簡単なお鍋にしゃぶしゃぶ用の豚肉を加えて、ポン酢のみで食した。料理をする手間すら惜しく、切ってお鍋に放り込むだけ。更には身体への負担がかからぬよう、食事はあっさりしたものがよい。

明日からはまた稽古の日々が控えている。果たして最後まで体力が持つだろうか。

2月28日　二人の魔女

10：00からの稽古は少々身体に応えるけれど、アメリカのユニオンの規定に従うしかない。ところが、タクシーの運転手さんが、反対方向へ車を走らせたため、5分ほど遅刻してしまった。

アメリカでは、英語を母国語とするタクシードライバーは稀で、多くを世界各国からの移民が担っているため、時折とんでもない方向へ走り出す御仁もあらせられる。

遅刻を詫びながら稽古場に入ると、限界知らずのフランソワは、もちろんすでに到着していた。

一昨日のプレミアを改めて祝うと、フランソワは早々にモードを変更し、隣にいた華奢な女性を紹介してくれた。

シェリーさんは、プロダクションマネージャーのトリシアが日頃お世話になっているというアレクサンダー・テクニークのプラクティショナーで、フランソワの自己流のメソッドを補完し、より効果的なものとするために来てくださったのだった。

「フランソワの求めていることは理解できました。しかし、自分自身の身体を痛めることなく、緊張を緩めながら同時に姿勢をゆがめることはできます。ちょっと私の肩を触ってみて」と、シェリーが極限まで緊張させた肩に触れると、その姿勢を崩した状態のままで、少しずつ筋肉の緊張をゆるめる過程が顕著に感じられた。

「ほらね、見た目は歪んでいるけれど、身体はとても楽なの。この状態に気付くことが大切で、アレクサンダー・テクニークは、意識の技術なの」

「それでは、私が今抱えている過緊張による滑舌の障害も改善されますか？」

「もちろん。創始者のアレクサンダー自身も役者で、舞台上で叫びすぎて声を失ったの。そこから身体の使い方を研究し始めて、このメソッドを編み出した人だから、あなたの状況に最も適しているはずだと思う」

これまで、ヨガやピラティスにジャイロトニック、フェルデンクライスメソッドや、ヤムナなどありとあらゆるものをかじっては長続きせず、アレクサンダー・テクニークにも興味はあったものの、本当に相応しいプラクティショナーに出逢えるか否かでその印象が変わってしまうため、二の足を踏んでいた。

果たしてシェリーの指導が私の身体を本当に助けてくれるかどうかは、半信半疑だった。

しかし、シェリーの軽い手のタッチと静かで柔らかな囁き声によってニュートラルポジションを探すところからはじめただけで、ずっと負担となっていた頭蓋骨の重みから首や肩が解放され、負担なく真っ直ぐに立てていることに気付いた。

骨盤を前傾気味に立っていた重心を少し後ろにかけ、ハムストリングスと臀筋群の起始と停止部分で支えることをシェリーの手が教えてくれる。

そこから薔子の姿勢を体現してみせ、台詞を述べながら歩き出すと、ダンサーでもあるシェリーがその動きを捉えて、手を添えながら、「ここは力を抜いてみて」、「ここはもう少し楽に伸ばせるはず」などと、耳元で囁き、力みすぎている箇所を少しずつ解放してくれた。

この心地よさは、何だろう？　自分でもどうしようもないほど、固めてきた身体が、彼女の声と手を素直に受け入れ、そんなに力まなくてもいいのだと、脳が理解した途端に、全身のあちらこちらが、自由に羽根を広げ始めたような、あるいは卵の殻を破って、この世に初めて現れた雛のような気持ちになり、薔子の気持ちと、私自身の解放感が重なって、止めどなく涙が溢れた。

これまでの人生でも何度か経験したことのある、施術によって筋緊張が弛緩した際のえも言われぬ心地よさは、何ものにも代えがたき喜びで、ともすると、筋弛緩剤による安楽死とは、このような心地よい境地なのではないかと想像してしまうほどであった。

この度の体験も、至上の解放感だった。かつて夫が重度の怪我を負った際に、硬膜外麻酔をしなければならず、その下準備としてプロポフォールを処方された瞬間、それまでの苦渋の表情から解放されて、ほんのつかの間、多幸感に満ちた表情をたたえるのを目の当たりにしたことがあるのだけれど、あの多幸感は、このような気分なのではないかと思えるほどだった。

ミッシャが稽古場に現れ、フランソワと何やらプランを話し合っていたけれど、私は脇目も振らずシェリーとのセッションに集中していた。

今、まさに私が必要としていたのは、このメソッドだった。緊張とともに呼吸が浅くなっていたことを訴えると、シェリーが背中側の最下部の肋骨にそっと触れ、「あなたの肋骨はここまであるのよ。ここにも空気が入るはずよ」と促してくれた。すると、全く動くことを忘れてサボっていた組織が覚醒し、総動員で呼吸のサポートをし始めた。

「あなたの正体は魔女ですね。フランソワ、彼女は魔女に違いないから、万が一『ローエングリン』でクリスティーンの代役が必要になったら、彼女に頼むといいんじゃない？」

すると、「美紀、君も魔女だとおもうよ」と悪戯（いたずら）っぽい笑顔でミッシャが言った。

「もちろん、いい意味でだけれど」と念のためフォローすることも忘れない彼の繊細さが、丁寧な感情表現の源なのだと改めて実感する。

あぁ、何と楽に呼吸ができることだろう。

そして口の周囲の筋肉もいつの間にか緩み、滑舌の障害も消失していた。

こんなに力んで自縄自縛となっていたことを、わずかな手のタッチと、ささやきだけで脳と身体に気付かせ、困難を取り除いてくれたシェリーの技に驚かされた。

ご紹介者の手前、大変心苦しくはあるものの、昨日のDとの約束を全てキャンセルし、腕が良い上、料金も幾分リーズナブルなシェリーに、公演前のサポートをお願いすることに決めた。

Dの予約は24時間前までの告知により無償でキャンセルできることになっている。当初のセッション開始予定だった本番まであと2週間少々あるのだから、契約違反にはならない。間に入って下さったご紹介者には大変申し訳ないけれど、万全なコンディションでパフォーマンスをすることが、何よりも大切なのだから仕方ない。

この数日のお稽古と『ローエングリン』のプレミアで、疲弊していることを理解しているフランソワは、「美紀、しばらくミッシャと2人でセッションをしたいから、お昼の休憩後まで自由時間にしていいよ」と気遣ってくれた。

あまりに疲れており、台本を読むことがせいぜいで、この記録を書く気力も体力も時間も不足していたため、大変にありがたい申し出であった。

4階のフリースペースに降りて行くと、プロデューサーのCもMACで仕事をしていた。隣同士の離れたテーブルで仕事をしながら、様子を窺ってみると、2つのプロジェクトを同時に抱えながら、予算削減のためにアシスタントを雇えなかったため、彼女ひとりにかかる負担が大きく、大変そうだった。

「あなたのお陰で、この作品が空中分解することなく、実現できました。本来なら、ニューヨーク在住の日本人を使えば、私とアシスタントの往復の渡航費もホテル代も、食事代も、酸素カプセル代も発生せず、報酬も安価で済んだはずなのに、あなたに負担をかけて申し訳ないと思っている。契約では毛利さんが間に入って私の立場を守って下さったし、私のマネージメント側も条件が整うまで簡単には承諾しなかったから」と、素直に伝えてみた。

アートを愛するCは、作品の成功のために尽力してくれているものの、当初は経費のかかる私の登場を好意的に見ていた訳ではなかった。

「私は、私の仕事をしているだけ。でもね、やっぱり、美紀、あなたでよかったと思っている。日本の伝統を理解して、所作や言葉のひとつひとつをあれだけ大切に演じることができるのはあなただからよ」

思わず涙が溢れそうになり、手元にあった「お〜いお茶」を飲んでごまかした。

午後は、ミッシャとのお稽古で、薔子の部分までは固まっていたミッシャの動きが、午前中に少し前進したようで、二人目のみどりに合わせたシークエンスを探っている最中だった。

何度も、何度も、要求の高いフランソワが納得するまで、ミッシャの動きを検証し、動きが定まれば、それに感情を乗せる。

私もそれに合わせて、何度も繰り返し同じくだりを演じてみせる。

「Don’t kill yourself. Keep your energy until Saiko kills herself」

と、ミッシャが軽口をたたきつつ、気遣ってくれた。

フランソワもマーキングモードで演じていいと言っていたはずなのに、いざ演じてみるとご不満で、「コアが抜けている。みどりの官能的な倦怠感と、怒りと諦念と、嫉妬と、哀しみが全てないまぜになった複雑な感情を一方向だけでなく、丁寧に表現してみて」とのこと。

完璧主義のフランソワを満足させることは難しい。これが才能溢れる人々と共に創作をする苦しみでもあり、喜びでもある。

これ以上絞れないほど、身も心も捧げてクタクタになったころ、「今日はここまでにしよう」と声がかかり、珍しくまだ明るいうちにお稽古が終わった。

何もできないほど疲弊しているにもかかわらず、いつもに比べたら、身体が軽く楽に感じられたのは、シェリーのお陰にほかならない。

さて、帰りのタクシーの運転手さんの不注意でデリバリーサービスの自転車にごく軽微な接触をしたようで、自転車の男性が鬼の形相で追いかけて来てタクシーを拳で殴る。

すると、粗暴なタクシードライバーは、謝ることもなく「Fuck you!」と叫ぶなり車を加速するも、路上駐車の車に行く手を阻まれて減速する。すると、先ほどの自転車の男性が猛追して先回りし、路上にあった三角コーンをタクシーの車輪目がけて投げつけて来た。

車を止めて謝罪をしないタクシードライバーも相当に悪いけれど、ダウンジャケットを擦られた自転車の男性の執念も凄まじく、車がスリップして横転するのではないかと肝を冷やした。

ニューヨークの街全体がギスギスしていて荒廃している印象を受けるのは私だけではないはずだ。

明日は夫がウィーンフィルのアメリカツアーでニューヨークにやって来るはずなのだけれど、深夜にフライトがキャンセルになったと連絡があった。

昨年は、コロナ禍の厳戒態勢の上、ゲルギエフのキャンセル問題が発生した。

そして今年は夫を含む12人の楽団員に加えて、指揮者のティーレマン氏の搭乗便がキャンセルになったとのこと。

ツアーマネージャーを担う夫は、準備の段階からツアーが終了し、全ての人員と楽器が無事にウィーンへ戻る瞬間まで心労が絶えない。

果たしてこの度はどうなることやら。

3月1日　ミッシャと私の共通点

朝一番で夫からのメッセージを確認すると、チューリッヒから4時間遅れで出発したスイス航空のフライトに指揮者のティーレマン氏を含む13人が、何とか席を確保することができたとのことだった。

11時からのお稽古ギリギリに到着すると、ミッシャがすでに着替えを済ませていた。私も慌てて着替えをし、昨日のアレクサンダー・テクニークを受けて、過剰な緊張をもたらすことなく、3人の身体のコアを作り、フランソワにその状態を確認してもらった。

なぜか、フランソワが忘れ物をしやすいという話をし始めた。作品に集中していると、お財布や携帯電話をよくなくすらしい。「日本ではお財布はすぐみつかるだろうけれど、ニューヨークでなくしたら諦めるしかないからね。気をつけなくちゃ」とのこと。それは私も同じであると答え、「ウィーンでも、お財布やクレジットカードを忘れるけれど、ありがたいことに大概誰かが追いかけてきてくれるの」と話すと驚いていた。

ミッシャも同様に鍵や携帯電話、お財布をあちらこちらに置いてきてしまうようで、彼がいくつも連ねている鍵には、Appleのエアータグが付けられていた。

旅の多い私たちは、飛行機の日時を間違えて逃したことがあることも共通しており、ミッシャは空港を間違えたという。ニューヨーク周辺には、JFK、ラガーディア、ニューアークと3つの空港があり、JFKに到着してチェックインをしようとしたものの、ニューアークからの出発であったことに気付き、慌てて向かおうにも間に合わなかったというようなことが何度かあったらしい。

私も、1日日付を誤って、飛行機を逃したことが、これまでの人生で3回ほど。1日早く空港に行って「お席のご予約がございません」と言われたことも数度ある。最も酷いのは、インド旅行の折、空港に着いてチェックインをしたにもかかわらず、カフェで見知らぬ方とのお喋りに興じているうちに飛行機を逃したことだった。さらには、ウィーンの空港にて、ゲートの待合いで待っていたにもかかわらず、読書に集中し過ぎて搭乗が始まったことに気付かず、ゲートが閉じられたという愚かな経験もある。

しかし、彼らの経験を聞くに、飛行機を逃したことのあるアーティストも作品に集中し過ぎて身の回りの物を忘れる人間も、私たちのみならず、星の数ほどいるとのこと、さほど気にすることではなさそうだ。

実は、東京からドキュメンタリーのディレクター白井さんが訪ねて来てくださったものの、フランソワから撮影の許可が下りなかった。ミッシャの動きと、私の繊細な心の動きを作る過程を安易に公開することははばかられるとのことだった。

　今日は、昨日までに決定した薔子とみどりの動きを通しで演じてみる。

　これまで、断片的に繋いできたものを通して演じてみると、タイミングが合わず、フランソワがフラストレーションを募らせる場面もいくつかあった。

　しかし、こうして一緒にひととおり演じてみると、身体表現に留まらないミッシャの内側から滲（にじ）み出る哀しみの表情に、心を揺すぶられ、かき乱され、薔子の気持ちも、みどりの気持ちも自ずと引き出されるのだった。

　休憩中に食事をしないのはミッシャも私も同じで、窓際にひとりたたずむミッシャに声をかけてみた。

「あなたは今もなお痛みとともに生活していますよね？」

「痛みは、仕方がないね。右膝は7回、左膝は1回手術をした。足のつま先も左右それぞれ、肩も左右。そういう人生だから。腰は細菌が入り込んだらしくてしばらく抗生物質を飲んでいたけれど、今は少しずつ快方に向かっている」

　西洋、とりわけアメリカでは日本と異なり、痛みを忌避する傾向があり、無痛分娩は当たり前である。重度の怪我に対しては、ショックを和らげるために救急隊員が痛み止めの注射をする権限を持っている。

多少の痛みに対してもすぐにモルヒネ様の痛み止めが処方されることが多く、近年ではオキシコドンやフェンタニルなどのオピオイド系鎮痛剤への依存が社会問題となっている。したがって、年間5万人を超えるというオピオイドに起因する死者を抑制するために、バイデン政権が15億ドル規模の拠出を決定したほどだった。

万が一ミッシャが痛みの緩和のためにオピオイドを用いているとしたら、薬で痛みをごまかしながら、知らず知らずのうちに腰に無理を強いているのではないかと、心配だったのだけれど、どうやら軽い痛み止めで済んでいるらしい。

過去の怪我での経験もあり、自分の限界に気づけるはずだろうと察しがついて安心した。

休憩を挟んで午後には、3人目の登場人物彩子に合わせてミッシャの動きを付ける。

フランソワの予定では、地面に両膝をついた彼が、あの世から手紙を通じて語りかける彩子に向かって手を伸ばし、嘆きを表現するはずだった。

演出家の要求には100%、否、120%応えたいと思うのが演じる側の常で、多少それが困難なことであろうとも、自分自身を鼓舞し、洗脳しつつ限界を超えてみようとするものだ。

ミッシャもご多分に漏れず、長年の華麗なジャンプで痛めた膝を震わせながら、椎骨をツイストさせ、更には右手を前に伸ばすのだけれど、「どう？　これ2分くらい続けられそう?」というフランソワに、「2分は難しいけれど、1分以内なら、何とかできるかもしれない」と何としてでも自分の持てる限りのものを差し出そうとしている。

しかし、彼よりも30歳近く若い私とて、股関節に生まれつきの障害を抱えており、無理な姿勢を続ければ、たちまち歩行が困難になることを知っている。

ましてや、数多の才能ある振付師たちの無理難題に120%応えて来た結果、満身創痍となったミッシャが、今、この瞬間を乗り切ったとしても、この先2週間ほぼ毎日のお稽古と、週6日、27公演を限界を超えて続けることができるとは、とても思えなかった。

「フランソワ、彼は両膝で合計8回も手術をしているの。ミッシャはあなたに全てを捧げたいと思っているかもしれないけれど、この姿勢は、あまりにも無理だと思う」

演出家の理想と、ミッシャの自尊心を思うと、差し出がましいことはわかっていたけれど、口出しをせずにはいられなかった。

せめてもの救いは、ミッシャが度々ご夫人のリサがどう思うかと、自ら口にしており、髪型のプランについても「妻に叱られるかもしれないけれど、この役はGIカットにしようと思っている」と言っていたことで、女性に意見されることはやぶさかではないようだった。

フランソワも理解してくれたようで、「じゃあ、膝をつくのはやめよう。椅子に座ったらどうだろう。美紀、台詞を最初から述べてみて。ミッシャ、僕がキューを出すから、そこから手を伸ばしてみて」と、演出プランが変更となった。

が、しかし、「やっぱり、これだと椎骨にねじりが入る時間がちょっと長すぎて、難しいかもしれない」ようやくミッシャが本当のことを言ってくれた。

何しろ昨年の1月頃からずっとこの作品を心待ちにしていたというミッシャは、途中でプーチンのウクライナ侵攻により、随分気落ちしていたものの、それでもこの作品に期待をかけていたという。

しかし、今年の1月になって、今度は細菌の侵入により、彼自身の身体が動かなくなり、降板も危ぶまれたほどだったものだから、せっかく回復しつつある今、再び無理をして、彼のQOLが著しく低下しては元も子もない。

フランソワが一瞬席をはずした合間に「ミッシャ、お願いだから、本当のことを言ってくださいね。フランソワが良質な作品を創作するためについ要求が高くなってしまうことは仕方のないことなの。今まで4回仕事を共にして来たから、それはよくわかっているつもりです。もちろん彼もあなたの身体のコンディションを心配してはいるものの、作品に集中すると、あなたの痛みについて、あなた自身ほど敏感ではなくなってしまうことは仕方のないことです。だから、自分の身体は自分で守らないと、誰も守ってはくれない。あなたの痛みを知っているのは、ただひとり、あなただけなのだから」

そのような訳で、ミッシャの体調と、フランソワの演出プランを天秤にかけながら、少しずつ、少しずつお稽古がなされた。

私たちの疲弊具合を察したフランソワが「今日はずいぶんといいところまで進んだ。十分収穫があったと思う」と言って、16：30には解放してくれた。

18：00過ぎにJFKに到着したという夫から連絡があった。疲れに身を横たえて、部屋でダラダラと無為な時間を過ごしているうちに、入国審査も思いのほかスムーズに進んだようで、カーネギーホールからほど近いウィーンフィルの宿泊先へもすでにチェックインしたとのことだった。

「今回は、とても広い部屋だったから、気分転換に泊まりに来たら？」という夫の勧めもあり、トートバッグに寝間着や最小限の基礎化粧品などを詰め込んで、タクシーに飛び乗った。

エレベーターに乗ると、カードキーがなくては希望階に行けないことに気付いてフロントへ向かおうとしたその時、運良くウィーンフィルのチェリストのエディソン・パシュコさんが現れたため、カードキーをかざしていただき、無事に35階へのアクセスが叶った。

ベッドルームとリビングルームが分かれており、ニューヨークにしては随分と広い部屋だった。

高橋恭司さんによる写真集で初めてニューヨークを訪れた19歳の折に宿泊したのは、確かフィリップ・スタルクが内装を手がけたパラマウントホテルだった。

とても小さな部屋には、部屋の広さギリギリに収まるベッドしかなく、スーツケースは、ベッドの上に置かなければ広げることができなかった。

バスタブもなく、シャワーが固定で使いづらかったように記憶している。暗い中庭に面した窓の外にはエアコンの室外機がぶら下がっており、一晩中けたたましい音を立てていた。

その頃は、こんなに長くこの仕事を続けるつもりもなかったし、ましてやニューヨークで舞台を踏むことになろうなどとは全くもって想定外だった。

室内に留まることが苦手な夫は、早々に外を散歩しようと言う。カーネギーホールから徒歩圏内の大好きなインド料理店、インディアンアクセントの予約は20：30にしており、まだしばし時間があった。

ニューヨークにいるというのに、オペラを鑑賞した以外は、ニューヨークらしいことを何ひとつしていなかったもので、久々の散歩はとても新鮮だった。

首席コントラバスのヘルベルト・マイヤーさんにばったりと出くわすも、高齢女性を連れていらしたので、てっきり親孝行をしているのかと思いきや、亡くなったコントラバスの同僚の未亡人が時折こうしてツアーに帯同しているのだという。

稽古中は少量のナッツしか口にしていないため、空腹に堪えかねて、早めにインディアンアクセントを訪れ、「ダンニャワット（ありがとうございます）」と唯一記憶していたヒンドゥー語を交えてダメ元でお願いしてみると、すんなりと席を用意していただけた。

インドの人々も認めるフュージョン料理は、野菜を多用している上、全粒粉の無発酵パン「ロティ」も、とても薄くて直径8センチほどの小ぶりのため、糖質を控えている私には大変ありがたい。

実に久々の外食では、餃子風のスープと、ラムのカレー、アスパラガスのスパイス炒めに、海老とカリフラワーをギーとスパイスで仕上げたお料理を堪能し、大満足だった。

3月2日　夫と稽古場へ

夫が一日休みだったため、一緒に徒歩で稽古場を訪れてみた。ミッシャはすでに10：00からお稽古を開始しており、邪魔をしたくなかったため、11時になるまで、ドアに設けられた小窓から夫と共に中を覗(のぞ)いていた。私たちが覗き見していることなど全く気付かずに稽古が進んでいたお陰で、気兼ねなく事の次第を見守ることができた。

11：00になると、フランソワがドアを開け、「どうやら誰かに出逢う時がやってきたみたいだね」と言って、私たちを中に招き入れようとすると、ミッシャもそこに現れた。「夫のThiloです」と紹介すると、彼の手を握ったミッシャが、「さぁ、遠慮なく敷居をまたいで中へ入って！　でなければいつまでも敵陣に留まるか。どっちにする？」とチャーミングな笑顔で夫を内側に引き寄せた。

挨拶を境界越しにするものではないのだと、私たちは、彼に教えられて初めて知った。ソビエト連邦下のラトビアに生まれ、国境を越えてカナダに亡命し、果てはアメリカ国籍を取得した彼に言われると、その言葉の重みが増す。

フランソワが「ツアーの調子はどうですか？」とティロに尋ねると「問題ばかりですよ。フライトはキャンセルになって、４時間も待たされた上、指揮者はファーストクラスなのに、食事の用意が間に合わなかったんですよ。コントラバスの箱は、なぜかロサンゼルスに行ってしまって。ファゴット奏者ソフィーの荷物はタグが外れてまだフランクフルトにあるようで、不運にも自作のリードがスーツケースの中にあるから、今、同僚の予備のリードを自分で削っています。まあ、昨年のゲルギエフの降板問題に比べたら、幾分ましですが」。

「シャイセ！（クソ！）」

とドイツ語で感情をこめてミッシャが言い放つと、私たちは大笑いした。

ラトビアでの少年時代、第一言語はラトビア語で、第二公用語がロシア語、そして外国語としてドイツ語を学んでいたという。

「きっとロサンゼルスフィルハーモニーがあなた方のコントラバスを使って演奏してみるんじゃない？　そうしたら、もっといい演奏ができるかもしれないね」と悪戯っぽい顔をしたミッシャが言う。

「僕はね、カラヤンがまだ生きていた頃１９７５年だったかな、ウィーンの国立歌劇場で踊ったことがあるよ」とも話してくれた。

フランソワの『ローエングリン』に話が及ぶと、先日ニューヨークタイムズの編集長が目の前に座っていたにもかかわらず、批評があまり芳しくなかったことに、彼自身気落ちしているようだった。「ティロは批評を読む？」

「父は逐一報告してくれますが、自分ではまず読みませんね。音符も読めない批評家か、音楽家になりたくてもなれなかった批評家の辛辣な記事を読んで落ち込んでいる時間がもったいないので」

そういえば、友人のピアニスト、ベルトラン・シャマユが言っていた。

オランダのあるラジオ局が、批評家を集めてある実験をした。ブラインドで同じ曲を5パターンほど聞いてもらい、それぞれの評価を求めるというものだった。

どの批評家も、「1番目は少しテンポがスローで情緒が豊かすぎたと思う。2番目は、ピアニッシモが大きすぎて、ダイナミズムに欠けていた。3番目は、テンポが少々速すぎたように思う。4番目は、ヴァイオリンのカデンツァは評価に値するものの、ティンパニの間合いが悪かった。5番目は、ユニゾンに多少の乱れはあったものの何とも言えない恍惚感のある素晴らしい演奏だった」といった具合に、それぞれを批評してみせたという。

ところが、意地の悪いことに、5パターンは、全て全く同じ指揮者による同じ演奏家の同じ録音で、何一つとして変わりなく、テンポも音量も全く同じなのだった。

それを訳知り顔で、ああでもないこうでもないと、こねくり回して、それらしい批評をしてみせた批評家たちは、とんだ恥さらしとなった。

ベルトラン曰く、「幸い僕は、高評価をいただくことが多いし、真摯でフェアな批評家ももちろんいるけれど、概ね音楽の発展に貢献するために存在しているのではなくて、自分の知識をひけらかすために、目の前の演奏を批判して、過去の演奏がいかにすばらしかったかを延々と述べるのが目的だから、たとえ悪評を書かれたとしても気にしなくてもいいということ」とのことだった。

夫が「5分だけお邪魔して、すぐに帰ります」と言って遠慮がちに腰掛けると、ミッシャが、「こちらは全くかまわないから、好きなだけいていいよ」と言う。

フランソワもまた「今から通すから、率直な意見を聞かせて欲しい」と言う。

そして、いつものように、3人の身体のフォルムを作るエクササイズから入り、今動きが決まっている薔子とみどりを通して演じることになった。

ティロという家族が稽古場にいることで、やはり少なからず空気が変わり、私は現実に引き戻されて物語に没入できないのではないかと不安もあった。

しかし、常々ウィーン国立歌劇場のオーケストラピットにて、オペラやバレエの伴奏者として、息を潜めて演奏することに慣れている彼は、見事に気配を消し去って、壁の一部のように存在していた。

その上、フランソワの考案したアレクサンダー・テクニークの応用と、ミッシャの感情表現の貢献はすばらしく、私の最も身近な家族がその場にいたにもかかわらず、心は芦屋へと旅立ち、2人の女性の痛みを呼び起こすことができた。

それでいて世阿弥の言う「離見の見」の境地とでもいうべきか、100%没入するのではなく、冷静なもう一人の自分も、常に現状を俯瞰していた。

これにてしばし昼食休憩となり、夫は街歩きに出かけて行った。

午後は、ミッシャの動きを更に進める作業となった。

彩子のシークエンスを何度も繰り返すうちに、ミッシャが一瞬「Oh!」と小さな声を上げて腰に手を当てた。

きっと、ねじりの動きが激しい痛みをもたらしたのだろう。

その後も辛そうだったけれど、高いプロ意識からミッシャは最後まで弱音を吐くことはなかった。恐らく本音を言うことがためらわれたのだろう。

16時には衣装のヴィクトリアがやってきて、すでに仮縫いをしてある衣装を身体にフィットさせるべく、ピンを打ったり、線を描いたりしてくれた。

小さなスタジオでは、衣装部屋やパーテーションなどはなく、ジェンダーフリーの3畳ほどのトイレで、伊藤園の「お〜いお茶」の入っていた段ボール箱を開いて敷物を作り、その上で着替えをした。

ほんのつかの間スリップドレスを脱いで裸に見える瞬間があるのだけれど、ボディースーツも数種用意してあり、肩紐の形状や臀部のサポート具合を調整するために、二つのボディースーツを縫い合わせて、この作品のためのオリジナルを作ってくれることになった。

舞台の仕事では、俳優が目の前で着替えをしたり、裸になることに慣れているかと思いきや、ボディースーツのフィッティングの際には、「これなら半裸で歩き回らなくていいでしょう」と上に羽織る物を用意する配慮のあったことに驚いた。

1時間ほどでフィッティングは終わり、ティロが迎えに来てくれたので、バリシニコフ・アーツセンターのすぐ近くだというのに一度も訪れたことのなかったハドソン・ヤードを訪れ、そのまま大好きなハイラインをそぞろ歩いた。

かつての高架鉄道路線跡を遊歩道に転用したハイラインは、周囲に現代的な建築が立ち並び、独創的な建物を眺めることも楽しい一方で、足下には敬愛するガーデンデザイナーのピエト・オウドルフによるメドウガーデンが広がっている。

冬にまで色彩豊かな花を無理矢理植え込むのではなく、季節の移ろいによって、様々表情を変える宿根草が、色彩や高低、開花時期など、緻密な設計によって植えられており、冬枯れの姿さえ楽しむことのできる趣向となっている。

まるで自然にある草原のようなメドウガーデンの傍らでは、自生の待雪草(マツユキソウ)やクロッカスが開花しており、春の訪れを告げていた。

夕暮れのハドソン川はブルーから紅の美しいグラデーションに染まりなんと美しかったこと。

夕食には、ホテルから徒歩圏内のお鮨屋さんを訪れた。さすがは、ビーガンにグルテンフリー、レクチンフリー、コーシャー、ハラルなど、食習慣も多様性溢れるニューヨークとあって、玄米にも対応してくださったことがありがたい。

こちらでもまた春子鯛(かすごだい)が春の気配を連れてきてくれた。

3月3日　困難な山

朝お稽古場を訪れると、フランソワがすでに到着していた。

「美紀、ミッシャも君も、ずいぶん疲れているようだから、5日の日曜日は休みにしよう。とりわけミッシャには休息をとることが必要だと思う」

なんとありがたいお申し出だろう。

フランソワの『ローエングリン』のスケジュールのために稽古の出だしに度々休みがあったため、ここへ来て7日連続休みのない予定だったのだけれど、正直なところ現在の密度で何度もお稽古を繰り返していては、体力が持たない気がしていた。

映像の仕事では、5〜6時間の労働時間など瞬く間で、若かりし頃など働き方改革が喧伝される気配は微塵もなく、24時間労働どころか、30時間労働といったことも常態化しており、スケジュールに27時だとか、30時などと予め記載されていることは日常茶飯事であった。

ある映画では、朝6時からメイクをして、一日かけて散々号泣した挙げ句、顔のアップを撮ったのは、翌朝の8時だったこともある。

スケジュールが前日の深夜にようやく知らされることもままあり、「カット割りは役者に見せるな」とか、撮影した映像の断片をスタッフ全員で確認するラッシュという試写に我々は呼ばれず、「役者に人権などない」というのが常識だったもので、長時間労働に異議を唱える余地もなかった。

しかし、演劇こと『猟銃』においては、わずか4時間でも疲弊が激しく、毎日朝起きても疲れが抜けないため、5日にお休みをいただけることはなんとありがたいことだろう。

程なくしてインドの布を裾からチラリと覗かせたニットにデニム姿のミッシャがやって来たので、「体調はどう?」と尋ねると、「まぁまぁだね」と彼が応じた。恐らく、私たちに心配をかけまいと、本来の体調よりも、よいフリをしているだろうから、実は昨日の痛みがかなり響いているのではないだろうか?

それでも、「なぜインドの綿布をお持ちなんですか?」と尋ねると、ハイダラバードの近くの小さな村で、女性グルのもとダンスを極める女性たちのグループを訪れたことがあるという。

インド風に首を左右に動かす踊りも交えながら、「洋の東西を問わず、踊りには全て関心があってね。いかなる流派にも敬意を持っているよ」とのことだった。

フランソワも私もそれに混じって首を左右に動かそうとするものの、身体表現のプロであるミッシャには遠く及ばない。

戯れもほどほどに、いつものように3つのキャラクターを通しで演じることになった。

薔子、みどりを終え、彩子のくだりを演じ始めると、ミッシャが定位置の椅子から立ち上がって、窓際のバーにもたれかかってしまった。

鏡に映る彼の辛そうな姿が気になってはいたものの、フランソワからはカットの声がかからないため、台詞を止めることなく、最後まで演じてはみたものの、ミッシャが共に演じる気配はない。

「午後は、もう一度通しでやってみよう」というフランソワに対して、「どうだろう？　果たしてできるかな？」と自嘲気味につぶやいて「じゃ、のちほど」と7階のオフィスに戻って行ったミッシャ。

そこでフランソワは事態の深刻さに気づき、「美紀、今日はこれでおしまいにしよう。どうやらミッシャと膝と膝をつき合わせて話し合わなくてはいけない時が来たようだ」

「ずいぶんと辛そうでしたね。ウィーンフィルのチケットはどうしたらいいかしら？　ミッシャとリサの分は、キャンセルした方がいい？」

今宵のコンサートは、アーノルト・シェーンベルク作曲の『浄(きよ)められた夜』で、お稽古中とは言えど、どうしても聴きたかった一曲で、入手困難ながら、ミッシャ夫妻と、フランソワ夫妻のチケットも何とか確保してあった。

「コンサートよりも、重大な決定をしなければならない局面に来たかもしれない。ミッシャと話し合った後、16時までには必ず連絡する」

フランソワがミッシャをオフィスへ追いかけて行った後、プロダクションマネージャーのトリシアが言った。

「40分以上座っていることが困難だとしたら、27回の公演をどうするか、演出プランを変更しなければいけないかもしれない。場合によっては、ミッシャと同じクラスの代役を探すことも視野に入れた方がいいのかもしれない」

演出補のソレンヌも心配そうにため息をついた。

この作品にひとかたならぬ情熱を注ぎ、2011年の初演のビデオを何度も繰り返し観て研究したというミッシャ。

2016年の再演時に、もう二度と演じる事はないだろうと、『猟銃』を封印した私も、彼の存在があったからこそ、再び困難な山に登ってみようと思えたし、実際彼の身体表現と悲痛な表情から受け取るものは筆舌に尽くしがたいほどであった。

しかし、この公演のために彼が自らの身体を犠牲にすることなど私たちの誰も望んでいないし、ましてや、お客様も望んではいないだろう。

最悪の場合は、映像を撮影して投影するか、あるいは何もなしで私が一人で演じるか、それとも代役を探すのか。

「ロドリーグはどうなのかな？」モントリオール出身のソレンヌが言う。

真面目で几帳面で、頑固な彼の性格上、引退したと言い切ったのだから、もう戻っては来ないだろう。

フランソワ曰く、「演出アシスタントとして『ローエングリン』と、『猟銃』を手伝って欲しいとロドリーグを誘ってみたけれど、彼は首を縦には振らなかった。『もう演劇の世界からは足を洗ったから』って。むしろミッシャがこの役を引き継いでくれたことを喜んでいたよ」とのことだった。

「ロドリーグが演劇界を去った今、私にはミッシャ以外に三杉穣介は考えられない。彼のあの表情がどれほど3人の女性を演じるための助けとなっているか。代役を立てるくらいなら、中止にするか、ミッシャが完全に回復するまで延期にしたほうが良いと思う。もちろん、そういう訳にはいかないことも重々承知しているけれど」

渋々BAC（バリシニコフ・アーツセンター）を後にすると、セントラルパークを散歩中の夫と合流し、アッパーウエストサイドにあるシンガポールレストランにて昼食を摂った。

楽器は無事に全て届き、タグがはずれて迷子になっていたファゴット奏者ソフィーの荷物も到着し、幸い傷病者もいないという。

食後は腹ごなしに歩いてホテルへ帰る。

夫が修士課程でジュリアードに留学していた頃、今ほど人気ではなかったアッパーウエストサイドのアパートで暮らしていたそうで、彼の通学路を辿って、今まで見たこともなかった19世紀の建物を見上げながら歩いた。

メトロポリタンオペラやリンカーンセンターの目の前に位置するジュリアードスクールには、練習のための個室が数々設けられており、卒業生はかつての指導者をいつでも訪ねることができるという。

東京藝術大学で5台のピアノが売却処分されたとの衝撃的なニュースが飛び交っていたけれど、個人の寄付も多いであろうジュリアードスクールでは、現在のところそのような必要はなさそうだ。

曇り空の下、ミッシャの体調を心配しつつ、ホテルへ戻ると、しばし酸素カプセルの中に身体を横たえて午睡にまどろんだ。

そもそもロングスリーパーではあるのだけれど、舞台に携わる度に、過度なストレスのために副腎疲労に陥り、毎晩8時間寝たくらいでは疲れは全く癒えず、完全な復活には10時間どころか12時間以上の睡眠を要する。

夕方になって、フランソワから電話がかかってきた。

「美紀、明日もミッシャはリハーサルに来るから安心して。僕らは今日、いくつか演出プランを変更して、今のミッシャの身体で表現出来ることを優先することにした。

　怪我の功名で、身体表現というよりは、より芝居に近づいて、むしろ情緒的なものになったと思う。明日一緒に合わせてみよう」

　午前中には、彼の降板さえもよぎったものだったから、フランソワの言葉にどれほど安堵したことだろう。

　75歳にして、往時の身体能力を持たないことにもどかしさを感じているだろうに、今もなお限界に挑戦し続け、決して音を上げないミッシャの表現者としての姿勢に平伏するよりほかない。

「コンサートにもミッシャは来ると言っているから安心して。チケット、無理して取ってくれたんでしょう？」

　ツアーマネージャーという立場があろうとも、６枚の良席を確保することは決して容易ではなかったことを察してくれていた。

　招待枠など設けられておらず、容赦無く全て自腹でご招待しなければならない演劇とは異なり、ウィーンフィルには、毎公演わずかに無料の招待枠が割り当てられている。

　その招待枠とて10枚という限りがあり、１００名ほどいるツアーメンバーが、それぞれ家族や友人のためにチケットを希望するものだから、招待枠などないに等しい。

例えばその希望枚数の合計が40枚だった場合、10枚の無料枠を差し引いた30枚分を一般の販売価格（一枚当たり約＄３００）でオーケストラが買い取り、その合計＄９０００を40で割り、チケット希望者が一枚当たり＄２２５を支払うという仕組みになっている。

それも、前もって申し込めば席が確保できる可能性もわずかにあるものの、希望者全員が席を確保できるとは限らない。ましてや直前ではすでにソールドアウトとなっており、カーネギーホールが特別に確保している席を有償で融通していただけるよう、ホールの担当者にこっそりお願いすることになる。

少し早めにカーネギーホールに到着し、楽屋口に回ると、夫と同僚が外気に触れるために外へ出て来た。

そこへ奇遇にも、フランソワ演出の『ローエングリン』でハインリッヒ王を演じているバスシンガーのギュンター・グロイスベックさんがやって来た。

彼は、指揮者のティーレマン氏からの信頼が厚く、ワーグナーが自らの歌劇を上演するために建立したバイロイト祝祭劇場にて毎年盛夏に開催されるバイロイト音楽祭の常連アーティストでもある。

「ティーレマンがリヒャルト・シュトラウスの『薔薇の騎士』を指揮する際には、オックス男爵は彼以外に考えられないね。至上最高のオックス男爵だよ」とティロが言うと、大スターであるにもかかわらず、嬉しそうな顔ではにかんでいらした。

「君はどこから来たの？」と尋ねるギュンターさんに「ベルリン出身です」と夫が答えると、たちまち冗談交じりに失望した素振りを見せるのは、プロイセンがオーストリアで残した遺恨ゆえなのだろうか。

とにかく几帳面かつ合理的なドイツ人は、几帳面でありながらどこか大らかで控えめなオーストリア人にとっては目の上のたんこぶのように、目障りな存在なのだ。

そこへ、寒さで顔の青ざめたミッシャがリサを伴ってやって来た。

何かの行き違いで、ミッシャがチケットを受け取れず、あちらこちらを探したあげく楽屋口を尋ねて来てくれたのだった。

無事にチケットの受け渡しが叶い、ホール内に案内すると、しっかりと席が用意されたことに安堵したミッシャが「なんと素晴らしいご招待だろう」と嬉しそうに微笑み、金銭では計れないその価値をよく理解しているリサが「ゴールデンチケットをありがとう」と、満面の笑みでチャーミングに首をすくめた。

「もし、辛かったら、ご存知の通り1曲目は30分ほどだから、そこで遠慮なくお帰りくださいね」と声をかけると、フランソワとユナさんもやって来て、ミッシャ夫妻の隣に腰掛けた。

同じ頃、私の隣の席に腰を沈めた刑事コロンボに似た御仁は、ウィーンフィルのチームドクターであるDr.シュテルツだった。

１００人以上いる楽団員とその家族の健康状態を把握し、常に臨戦態勢で緊急事態に備えているDr.シュテルツの存在はありがたく、もはや家族のようである。

ヨーロッパにおいて三番目の規模を誇るウィーン州立大学にて救命医療の教授でありながら、とても謙虚で慎ましく、それでいて懐大きく温かく、困ったら何でも相談に乗ってくださる。

主に内科の症状にはDr.シュテルツが対応し、その他脳神経外科や、形成外科や、神経科など、楽団員の悩みに合わせて、彼がＡＫＨ（ウィーン大学病院）の専門医に引き継ぎつつ、経過を見守ってくれると同時に、ウィーンフィルの楽団員を被験者として、音楽家特有の傷病の研究もしている。

日本が入国規制をしていた間、面倒なことに、欧州の医療機関発行の陰性証明が認められず、日本独自のフォーマットに手書きで記載しなければならなかったため、検査に証明書の記入と、何度も彼の手を煩わせたのだけれど、嫌な顔ひとつせず、いつでも快く応じてくれた。

この度のニューヨーク出発前には、万が一新型コロナに感染した時のためにと、気を利かせてパキロビッドを準備し、税関のために英語の処方箋を書いてくれたのも彼だった。

さて、ウィーンフィルが奏でるシェーンベルクの「浄められた夜」を初めて聴いたのは、フランツ・ウェルザー＝メスト氏の指揮によるもので、夫と出会って間もない２０１７年の2月、同じカーネギーホールでのことだった。

その折に、臨終の際に流す3曲のうちのひとつにこの曲を定めたのだった。

ちなみに、残りの2曲はマーラーの交響曲第9番と、未完の第10番を希望している。

この度、コロナ禍を経て5年ぶりのニューヨークにて、ティーレマン氏の指揮のもと再びあの名曲を味わうことができるとは、なんと幸運なことだろう。

オーケストラと聴衆を制し、ゴムをたわませたり伸長させたりするような、絶妙なテンポで私たちの呼吸のタイミングまで操るティーレマン氏の指揮では、ピアニッシモが極限まで小さく抑えられるからこそ、クレッシェンドの盛り上がりがドラマティックで、全身、とりわけ首から耳にかけてビリビリと、電気が走るかのような、えも言われぬ興奮に襲われる。

ホール全体を巨大な扇子でかき回し、竜巻を起こすかのように、音のうねりがグワングワンと巻き起こって、それに身体と耳を委ねているだけで、至福の時間を過ごすことができるのだった。

最後の密度の濃い余韻と静寂を味わいたくとも、ここはニューヨーク。直下の地下鉄の地響きが、ティンパニのロールのように聞こえて来ることが何と惜しいことか。

30分は瞬く間に過ぎた。それでもミッシャの腰の具合が心配で、すかさず駆け寄ると「これはね、アメリカン・バレエ・シアター時代にアントニー・チューダーというイギリス人の振付家のコレオグラフで踊ったことがあるよ。この曲こそ、こうした素晴らしいオーケストラによって演奏されるべきだね」と懐かしそうに追想していた。

現在はアート系のジャーナリストで、かつてはアメリカン・バレエ・シアターで踊っていたというリサもそのことを記憶していた。

「長くなかったですか？ 無理せずお帰りくださいね」と再び念を押すと「何言ってるの。最後まで聴くに決まっているよ」と言い、決して社交辞令ではなく、本心から美しい音色を楽しんでいるようだった。

シェーンベルクに傾倒しており、いつかは歌劇「月に憑かれたピエロ」を演出してみたいという夢を抱くフランソワもご満悦のようだった。もちろんフランソワのよき理解者であるユナさんも。

休憩後はリヒャルト・シュトラウスの「アルプス交響曲」で、映画「007 スペクター」の舞台にもなったオーストリアのアルトアウス湖に着想を得て作曲されたものだという。アルトアウス湖では、マーラーも交響曲第3番を作曲し始め、ブラームスも長逗留して数々の名曲を書き上げたという。

街並み協定により、美しい木造建築が今もなお保たれる別荘地帯となっており、透明度の高い澄んだ湖の水面に水鏡となって映るアルプスの山が美しい。

その自然の有り様を見事に描いた「アルプス交響曲」では、「バンダ」と言って、舞台上のオーケストラに加えて、舞台袖の彼方からホルン、トランペット、トロンボーンが奏でられ、自然の雄大さを感じさせることに寄与している。

さらには、高原のアルム（牧場）にて牧草を食む牛たちの存在を感じさせるカウベルが、優しく鳴らされることもこの曲の味わい深い特徴となっている。

「夜」にはじまり「日の出」や「森の入り口」や、「滝」、「高原の牧場」、「立ち上る霧」などを経て、再び「夜」で終わるこの曲の最後も、ティーレマンさん独自の求心力で統制を維持し、腕を少しずつすくめ、指揮棒を胸の内に隠してまでオーケストラの静寂を保ち、客席とその余韻を分かち合おうとしている最中に、最後の一音が完全に消え去る間際に2階席から大きな拍手が起こり、指揮者の企ては見事に崩壊した。

早急な拍手に追随したのはわずか数人で、それに抵抗して微動だにせず、沈黙を貫くティーレマン氏と楽団員たちに気付いて、瞬く間に静寂は戻り、数秒の沈黙の後に、ティーレマン氏の身体が弛緩して両手を開くと、割れんばかりの拍手と歓声がホールを覆った。

カーネギーホールには難解な現代音楽にも寛容な姿勢を示すような理知的で教養に溢れ、

耳の肥えた聴衆がいたはずだった。歴史的な名演と言っても過言ではないほど素晴らしかったこの度の公演では、残念ながら物がドサリと落下する音がそこかしこで聞こえた。拍手のタイミングも、まるで長すぎる演奏の終わりを待っていたかのように最後の音の余韻をかき消してしまった。

もちろん次の世代の聴衆を招き入れることは大歓迎であるし、音楽は万人に開かれたものであるべきだとも思う。

しかし、わずかこの数年で聴衆の質が顕著に様変わりしたのは、YouTubeやInstagram、ティックトックといったSNSの影響が少なからずあるのではないだろうか。

小さな画面での倍速視聴により、インスタントな娯楽に慣れてしまった人々が、貴重な生演奏の醍醐味を感じ取る繊細さを失ってしまったのではないかと、一抹の寂しさを覚えた。

終演後は、各々解散し、夫と共に、アフターコンサートにも対応しているイタリアンレストランを訪れた。

ニューヨークによくある、オールドファッションのイタリアンで、芽キャベツのオリーブオイル炒めと、トマトソースで煮込んだミートボールが美味しかった。

3月4日　夜のニューヨーク

本来10時開始予定だったリハーサルがこのところ11時からになっただけでも随分ありがたい。

昨晩リサの耳元で「ミッシャは少々お疲れのご様子だから、よかったら稽古場に応援に来てくださいね」と囁いたところ、フサフサの毛をたたえたゾラを抱いて様子を見に来てくれた。

ミッシャは黒のMA－1にツイードのハンチング帽を被ってずいぶんと若々しい。「あなたのジャケットが素敵ね」と褒めると、照れ隠しなのか、ラッパーの真似をして裏拍子で踊り始めるミッシャが大変チャーミングだった。

昨晩はいつもより深く眠ることができたとのこと、何よりだった。

昨日のうちに、ミッシャとフランソワが彩子の背景でミッシャが行う動きのプランを綿密に打ち合わせたそうで、薔子、みどり、彩子を通して演じる。

リサという新たなお客さんも加わり、本番のようなつもりで、演じてみると、最後の彩子のシークエンスで、私のテンポを保つために、フランソワが日本語のリズムと合わない指揮をして見せる一方で、貧乏ゆすりをしていることが気になって仕方がない。

最後まで一通り演じリサに駆け寄り「長すぎて退屈しませんでしたか？　特に最後は感情を乗せずに平坦に台詞を述べるようにという演出だけれど、フランソワが貧乏ゆすりをしていたから、初めて最後までご覧になったあなたがどう思うか、忌憚なき意見を聞かせてください」と尋ねてみた。

「大丈夫、安心して。私たち観客は、着物の所作に目を奪われて興味津々だし、彩子の最後の手紙を理解して、その悲劇に気付くのに、時間が必要だから」とのことだった。

午後は、ミッシャの全ての動きを一から再び検証し、みどりのくだりでミッシャが私に猟銃を照準する際の動きを分解して、丁寧に合わせていった。

「今日は、スタジオの引っ越しだから早く終わろう」と、15：00には解散となった。

私はひたすら部屋で疲れた身を横たえて、夫の帰りを待った。

コンサートを終えた夫と共に32丁目の韓国街へ赴き、ミシュランのビブグルマンに掲載されていた韓国風焼き肉店を訪れてみた。

メインのお肉よりも、サービスで提供されたお惣菜がとてもおいしかった。お豆腐とほうれん草の和え物や、きゅうりとタマネギのピクルス、浅漬けのキムチなど、あっさりした野菜料理に飢えていた私たちには大変ありがたかった。その一方で、空腹に任せて注文してみたものの、11時過ぎにハサミで切ったかたまり肉をいただくのは、私たちの年齢では少々負担が大きく、ソルロンタンなどのスープにすればよかったと後悔することとなった。

ジュリアーニ元ニューヨーク市長の政策により、治安が改善されたはずだったニューヨークも、2020年のパンデミックにより、ずいぶんと様子が変わってしまった。

夜のニューヨークの目抜き通りには、以前にはいなかったような不審者がそこかしこにいるし、コンビニエンスストアのようなお店には、解禁になったマリファナが当たり前のように販売されている。

そうしたマリファナなのか、もう少々ヘヴィーなドラッグによるものなのかはわかりかねるものの、正常ではない神経で、何かを叫び、そこら中の物に当たり散らす人を見たのは1度や2度ではなかった。

夜半にもなお緊急車両のサイレンが鳴り響くこの街では、真の静寂は望めず、やはり私たちの暮らす場所ではなさそうだ。

3月5日　美しく引かれたアイライン

久々の稽古休みに心底安堵している。

ティロは早々に荷物をまとめてウィーンフィルの宿泊ホテルに戻って行った。12時には全員のチェックアウトとスーツケースのバスへの積み込みを済ませ、コンサート直後の出発に備えるのだという。

ブルックナーの交響曲第8番を演奏するという、14：00からのコンサートのチケットをなんとか融通していただくことも可能だったのだけれど、ホテルの部屋から一歩たりとも出たくはなかった。

寸暇を惜しんでセントラルパークを散歩していた夫から、桜の写真が届き、ニューヨークにも春が訪れたことを知る。

ルームサービスでいつものアボカドトーストを受け取ると、コロンビア人の女性スタッフが、ウォータープルーフのアイライナーを贈ってくれた。

なんとありがたいことだろう。いつも美しく引かれたアイラインが印象的で、どこのメーカーの物か尋ねたことを覚えてくれていたのだ。舞台に立つ際には、彼女からのアイライナーを使わせていただくことにしよう。

結局一日中ホテルの部屋から一歩も出ることなく、ベッドの上でこの日記をしたため、また台本を読み、持ち帰った着物で動きの検証をするに留まった。

明日はいよいよジェローム・ロビンズ劇場に移って初めての舞台稽古となる。

3月6日　ハプニング

朝一番でフランソワから電話が鳴った。

「美紀、元気？　今日の調子はどう？」

「私は元気ですが、ミッシャは元気。リハーサルは14：00からの予定だったのに、彼もすでに劇場に来ていて、今話していたところ」

ひとまず安心したのもつかの間、フランソワが続けた。

「皆体調は万全だけれど、実は、技術的な問題が発生してね。セットの水が何らかの理由で漏水してしまって、朝から皆で水を掻き出す作業をしている。まだ原因がわからないけれど、とりあえず今日のステージでの稽古は中止にしよう」

「では、今日は中止にするとして、明日は復旧できそう？」

「それも今はなんとも言えない。取りあえず今日は中止。それだけ」

これまでお稽古をしてきたものを、今日舞台上で繋げて、セットの転換と共に確認できるはずだったのにそれができなくなった。

本番まではあと10日。果たして間に合うのだろうか。

ただ悲観していても仕方がないので、明日に予定していたインタビューを前倒しできるか否かを打診していただき、今日できることを片付けてしまうことにした。

アッパーイーストサイドのアパートの最上階の眺めのよいラウンジにて、白井さんによるインタビューを行い、その足で劇場のあるバリシニコフ・アーツセンターへ様子を窺いに向かった。

薄暗い劇場には、建て込んだはずの舞台が一度解体され、浸水の残滓（ざんし）が至るところに見られた。

このプロダクションのためにモントリオール、サンフランシスコ、ニューヨーク、そしてウィーンから集まった私たちは、一様に嘆息し、「Osti de Chris de Tabarnak!（オスティド クリス ド タバルナック）」とケベック州特有のスラングを吐いて自嘲気味に笑うほかなかった（カトリック教会の絶大なる影響力に反発する市民たちが、カトリックの聖杯（タバルナック）を揶揄して、「畜生」や「クソ」といった意味で用いている）。

フランソワ曰く、「万が一の場合には、水なしで上演しなければならないかもしれない」とのこと。

この建物を運営するのは、エマニュエラ・バリラ婦人と、ミハイル・バリシニコフさんを筆頭理事とするＮＰＯであり、漏水によって著しいダメージがあった場合、保険の複雑な手続きが発生し、訴訟問題となる可能性も大いに秘めていた。

とは言え、睡蓮の繁茂する水面、そして黒光りする石、最後は木材の床と、三者三様の美術セットの転換があるからこそ、観客の皆様をこの物語の真髄に誘うことができる訳で、最初の水面なしに、この作品を上演することなど全くもって考えられない。

しかし、時間は刻々と迫っており、照明のデイヴィッドはスクリーンに投影する字幕の焦点を合わせ、そのスクリーン越しに浮かび上がるミッシャ演じる三杉穣介の照明を緻密に調整していた。

デイヴィッドの照明は偏執狂的に微細で丁寧なので、その焦点が決定するまでは、私たち演じる者も相応の忍耐を要する。

長時間の照明調整では、スタンドインで代用することも多いけれど、最終的な微調整は私たち自身がその場に立たねばならず、初演の時などは、あまりの長さにクラクラとめまいがしたほどだった。

生ものである演劇に携わる限り、こうした技術的なトラブルはつきものであり、逐一気にしていても仕方がない。

「美紀、今日はもう帰って休みなさい」というフランソワの言葉に従って帰ることにした。

「À bientôt, Tabarnac!（またお会いしましょう、タバルナック）」

と捨て台詞を残して。

3月7日　ない知恵を絞って考えても

今日も朝一番でフランソワから電話が鳴った。

「美紀、聴いて。取りあえず、モントリオールからセットの組立チームがもう一度やって来て、一部のパーツを交換することになった。これで恐らく漏水の問題は解決するだろう」

「本当に？　明日はお稽古できそうですか？」

「確約はできないけれど、これで水を用いた演出を続行することができそう」

「それは、よかった。あの水の演出ができないなら、この作品の視覚的効果が半減してしまうから」

「実は昨日は、我々の間ではかなりシリアスな折衝があった。これ以上水の使用は禁止というのがバリシニコフ・アーツセンターの下した判断だったから。その場にはミッシャもいてね。彼は理事でもあるからチームＢＡＣとチーム『猟銃』の間で板挟みになって苦渋の表情だった。気の毒だったね。でも、僕は一か八かの賭けに出た」

「それはどんな？」

「簡単だよ。水を使えないなら『猟銃』の公演をキャンセルするって言ったんだ」

「ワオ！」

「そうしたら、彼らも、この演出がどれほど大切な要素か理解して、解決策を一緒に考え始め、困難な保険の問題をクリアにしてくれたんだ」

「それでは全ての公演で水が使えると？」

「皆に言ったよ。美紀がどれほどの思いで1時間40分を越える長い台詞を記憶し、感情を掘り起こしているかって。ミッシャは腰の痛みを抱えながらも、最善を尽くそうと１２０％の力をこの作品に注いでくれている。それに比べたら、技術的な問題なんて大したことはないじゃないかって。必ず方法は見つかるはずだってね」

なんと心強いことだろう。この演出家のいかなる困難にも立ち向かい、不可能を可能にしてしまう情熱こそが、私がこの『猟銃』に携わって来た原動力だった。

そして、あのミッシャが、一人の表現者としてだけではなく、バリシニコフ・アーツセンターを司る理事としても苦渋の選択を迫られたことに心が痛む。

ただでさえ、腰の不調により気落ちしているところ、何とかご自身を奮い立たせて来たであろうに、この期に及んで自らの城塞にて漏水騒ぎが起ころうとは、何という災難だろう。

カルフォルニア州のバークレーにて、悪天候の中、休日を過ごしている夫からも連絡が来た。

「ここはまるでディストピア。核戦争が起こった後かと見紛うほど、精気を失って、うつろに虚空を見つめる路上生活者が至るところにいて、ドラッグやアルコール漬けになってゾンビのように彷徨(さまよ)っている。道ばたにはそこかしこに人糞が落ちているんだよ。散歩をしていても、糞尿と汗の臭いにむせるほど」

「そうした記事やアメリカのニュース映像を目にしたことはあったけれど、一部の記者の誇張ではなくて、本当だったのね」

「シリコンバレーの近くのこんなに裕福なエリアで、我々のコンサートを開催する余力もあって、そこに集う聴衆の知的水準も高く、経済力もあるはずなのに、いや、だからこそかもしれないけれど、貧富の格差が桁違いに激しくて、恐ろしいほどだよ。夜中もそうした薬物中毒の路上生活者たちがホテルの周辺で奇声を上げるから眠れないし、窓を開けると腐敗臭のようなものが漂って来て、絶望的な気持ちになるよ。場末のモーテルならまだしも、都会の中心地の5つ星ホテルでね」

シリコンバレーの発展により周辺の不動産価格はコロナ前から急激に高騰し、バブルの様相を呈しているという。それまで平均的な暮らしを享受していた中間層には、そうしたアパートに手が届かなくなったという。ＩＴ系で技術職にありつくことができ、残業もいとわず不眠不休で働き続ければ、それなりの暮らしができるものの、サンフランシスコ界隈では、年収$10万では低所得者とみなされるらしい。

それなりの職業に就いていても、いつレイオフに遭うかは知れず、また定収入があったとて、中間層には周辺アパートの家賃が支払えず、車で寝泊まりしたり、路上で生活する人々が続出しているという。

同時に、コロナ禍以前から全米で問題となっていたオピオイド系鎮痛剤の中毒者もまた、社会からドロップアウトし、路上生活に甘んじるようになり、貧困から路上生活者となった人々もまた薬物依存に陥るという悪循環なのだ。

そして、そうした路上生活者たちが利用する公衆トイレが著しく不足しており、路上排泄がはびこっているのだという。

かつてインドを旅した折には、目抜き通りで路上排泄をする女性に出くわしたこともある。しかし、カリフォルニア州のバークレーで起きていることは、決してはるか遠くの発展途上国の見知らぬ街の話ではない。アメリカンドリームを信じて多くの人々が移住を試みる自由の国アメリカの都会で起こっている現実なのだ。

ニューヨークでは、公演初日を目前に控えて頭を抱えたくなるような技術的な問題が発生し、夫の滞在しているカリフォルニア州では、目を覆いたくなるような社会問題が顕在化している。

私がない知恵を絞って考えたところで、何も変わりはしない問題から目を逸らし、ひたすら台本を読んで気を紛らわすより他なかった。

3月8日　ホラーかスリラー

今日もセットの漏水問題は未解決のため、ブロードウェイの貸しスタジオOpenJarにてお稽古をすることになった。

「Hello, Hello, Hello!」と、トラブルなど全く気にしていないという風情で明るくスタジオのドアを開けると、ミッシャとフランソワが何やら真剣に話し込んでいる。

プロダクションマネージャーのトリシアがアイコンタクトで入室を控えるようにとのサインをくれた。

外でしばし待っていると、トリシアがやって来て「今、少しセンシティブな議題について話しているから、もう少しだけ待って」とのことだった。

渡りに船とばかりに、ホテルに忘れて来たお稽古用の帯を取りに帰り、再びスタジオに戻ると、フランソワが私を待っていた。

「美紀、アメリカではつい2週間程前に、ミシシッピで男が元妻とその家族を含む6人を射殺した事件があった。我々は、アメリカ全体を覆っている、この銃によるドメスティックヴァイオレンスや虐殺について、もう少しセンシティブに考える必要がある。キャンセルカルチャーについてもね」

確かに、ミッシャは、表現者であると同時に、BACの理事でもあり、セットの漏水事件に加えて、再びご自身の立場が板挟みとなって苦しんでいることが窺えた。

「だから、演出を少し変更して、三杉穣介がみどりに銃を照準し続けることは控えようと思う。あくまでも偶然みどりに照準したものの、三杉がそれにはっとして、狼狽するという芝居にしようと思う」

フランソワが説明する傍らで、早速ミッシャがその動きを演じてみせてくれた。

物語の中では、人間どころか動物さえも、銃弾に倒れることはないものの、銃社会であるアメリカにて、今この時代に『猟銃』という、銃が象徴的に用いられる作品を演じることは、困難を伴うことなのだった。

ポリティカルコレクトネスが求められる昨今の風潮では、芸術においても倫理的な正しさが問われている。

実際、私自身も、動物愛護団体の理事を務めるジェニファーに『猟銃』の話をすることは、少々ためらわれた。

自由の国アメリカに住みたいと思えない理由も、この国が銃社会であり、国民の約半数は銃が蔓延していることを未だに容認していることに起因している。

それでも、井上靖さんの美しい文学とて、表現方法に配慮しなければならなくなったことは、何とも複雑な思いである。

むしろ、『ローエングリン』でドイツ礼賛を声高に歌い上げる、パトリオティックなワーグナーの歌詞がそのまま上演されていたことは、どのように捉えたらよいのだろう。

いずれにせよ、私たちは、この作品を上演するために、いくばくかの変更を余儀なくされることは確かなようだった。

昼休憩を利用して、フランソワと、ミッシャと共に、テレビ朝日のニューヨーク支局のインタビューを受けた。

インタビュー嫌いなミッシャが珍しくテレビの前で質問に回答していることに驚き、また腰も全快ではないながら、「東京公演を楽しみにしている」とおっしゃったことに、更に驚かされた。

フランソワは朝から白熱した議論の最終的な結論を急いで出すことをためらい、ミッシャに帰宅を促した。

いつもよりは狭く、窓の開口部も小さなスタジオで、この度もまたフランソワ自ら床の枠組みをテープで貼ってくれた。

「revision」とは通しで演じることを意味する演劇用語であることをこちらに来てから初め

て知った。

2011年の初演の際には、主要スタッフがフレンチカナディアンであったため、主にフランス語が飛び交い、英語の演劇用語に触れることは少なかったのだ。

蛍光灯を消して、窓からわずかに入る光のみで、3人の女性を演じると「素晴らしい！美紀、もうほとんどできあがっているね。何の心配もないよ。ブロードウェイでも上演できるよ！」とのこと。

眼下のブロードウェイを指差して「ここでセットもなくストリートパフォーマンスをしろということ？」と尋ねると、

「もちろんブロードウェイの劇場で！」と言うけれど、同じスタジオの数ある部屋のいたるところから聞こえて来るミュージカルの華やかな歌声と、若きダンサーたちの笑い声を聞けば、私たちの『猟銃』がブロードウェイ向きではないことは明らかだった。

そして、フランソワがハグをしながら褒めてくれる時、それを額面通りに受け取って有頂天になってはならない。

「美紀、我々はこのまま本番のステージに立てるほど、いいところまで来ている。だからこそ、みどりの怒りを持続させて、そのままクレッシェンドで爆発させて欲しいんだ。君の今の演じ方では、テンションが一度落ち着いてしまう」

「全てが同じ方向で怒りに向かっていくのではなく、声色にも、リズムにも緩急をつけるために嵐の前の静けさを表現して、そこから徐々にクレッシェンドと考えているのですが」

「君の言っていることは理解できる。コントラストを明白にしたいんだね。しかし、もうあの時点ではティンパニのロールが少しずつ始まっているんだ。あそこから高めていって、最後にシンバルと銅鑼、金管楽器を大きくかき鳴らすイメージなんだ」

どうしても、台詞のリズムとボリューム、そして、根底に流れる怒りに緩急をつけたい私は、彼の意図を汲みながら、感情と音量をコントロールする方法を探る。

稽古が終わって食事をしていると、フランソワから電話が鳴った。

一瞬無視をして食事を優先する考えもよぎったものの、彼がわざわざ電話をかけてくるには何か理由があるに違いない。

「美紀、今大丈夫？　今日も素晴らしいセッションだった」

「それで、何があったの？」

「いや、実は、明日もやはり一日かけて排水のテストをしなくてはならなくなった。今日、我々は素晴らしい稽古をすることができた。進捗としては満足している。だから、明日は休みにしよう」

「なるほど。おっしゃりたいことは理解しました」

また一日稽古日が削られたことに焦りを覚えると同時に、このスリリングな状況を楽しんでいるもうひとりの自分もそこにいた。

「これは、ほぼホラーかスリラーに近い状況だけれど、大丈夫。きっとうまくいくから」

どんなに最悪な状況でも決して諦めず、ユーモアと前向きな姿勢を保つことのできるフランソワは、私たちのモチベーションを常に鼓舞してくれる素晴らしいリーダーである。

3月9日　トラブル解決

早朝に目が覚めたものの、全身が気怠く、二度寝をしつつ睡眠学習を試みる。東京で録音してあった『猟銃』の台詞をリピート再生しながらまどろむのであった。

しかし、9時頃にフランソワから電話があった。

「美紀、今日は調子はどう？　あ、もしかして、まだ寝ていた？」

「ちょっとウトウトしていただけなので大丈夫です」

「これから排水のテストをするけれど、恐らくうまくいくと思う。今日はミッシャの自宅で稽古をして、動きを固めたいと思っている。申し訳ないけれど、君は身体を休めつつひとりで自分の台詞を練習してくれるとありがたい。セットの状況については、また後ほど連絡するよ」

と、こちらを気にかけてくれていた。

本番まであと1週間。焦りがないと言ったら嘘になる。ミッシャは、動きのキューを耳からではなく、視覚的情報から得るため、私は即興で無用な身振り手振りを入れることは許されず、極力同じ動きをする必要がある。一方で、その動きが、演出家に付けられた段取り臭いものになってはお客様が白けてしまう。いかに自然に、感情を乗せながら、ミッシャにキューを送ることができるか、共にお稽古をしてもっと精度を上げたいのだけれど、それが叶わない状況がもどかしい。

身体は極限まで疲れていて、いつまででも眠っていられるほどで、しばし台詞のお稽古をした後に午睡を貪っていると、再びフランソワから連絡があった。

「排水テストをしたところ、セットからの漏水は解消され、ステージは完全に乾いた状態となった。急で悪いけれど、17：30にＢＡＣに来られる？　ミッシャも来るから」

ミッシャと一緒に動きを合わせられるなら、そんなありがたいことはない。もちろん喜び勇んで出かけた。

ＢＡＣに到着し、真っ先に劇場へ向かうと、懐かしいセットがそこにあった。水が抜かれ、艶のある石が露わになり、睡蓮の装飾がその上に張り巡らされていた。

シルク・ドゥ・ソレイユの「ZED」や「ZARKANA」でもフランソワとの創作に携わって来た美術デザイナーのチェスコは、漏水事件に翻弄され、すっかり疲弊している。

プロデューサーのＣは、度重なるトラブルに頭を抱えつつも、これまでの経験則に従って、希望を捨てずにいる。

着替えをすべく、稽古場から楽屋へ荷物の引っ越しをして以来、久々に楽屋を訪れると、あまりにも散らかっていることに驚いた。

2つあるドアは、全て開けっぱなしで、劇場から延びたホースが水道の蛇口に繋がれており、お水が流れる音がけたたましく轟いている。部屋に設置された洗濯機も、誰かが使用中のようで、ガラガラと音を立てていた。

私の荷物だけでなく、劇場スタッフの私物やかつての作品の出演者の忘れ物もそのままになっており、もはや物置小屋と化していた。

楽屋は2つあり、ステージ袖の小さな部屋か、こちらの大きな部屋か、私が自分で選択できることになっていたのだけれど、アレクサンダー・テクニークのための施術台が入る大きな部屋をどうぞと、ミッシャのマネージャーのFさんが気を利かせて、こちらを譲って下さり、ミッシャには小さな方の部屋があてがわれたのだった。

それでも、鏡前には、数々の化粧品にドライヤーなどが置きっぱなしになっており、こんなに雑然としたプライバシーのない部屋で支度をし、本番に向かわねばならないのかと思うと、憂鬱になった。

すると、楽屋にしつらえてあるトイレから、髪を真っ赤に染めたかわいらしいステージスタッフが出てきて、「あら、あなたが今日はまだ来ないと思っていたから、ここで支度をしていたの」と、のんきに口紅を塗り、フレグランスを振りかけると、鏡前に置いてあった化粧品やドライヤーをバッグに詰め込み、「友人がブロードウェイショーのチケットを取ってくれたから、これから行ってくるの。じゃ、またね！」

と悪びれもせず去って行った。

日本の感覚では、スタッフが主演女優の楽屋に入り込んで堂々と化粧をし、その間主演女優が所在なげに待っているなんて、考えられないことだけれど、「ここは自由の国アメリカなのだ」と、頭を切り替え、多少のことは気にしないことにした。

3月10日　アレクサンダー・テクニーク

稽古前に、アレクサンダー・テクニークのセッションをすべく、シェリーが楽屋に来てくれた。

こちらが何も言わなくとも、外で靴を脱いでから入室しようとする配慮は、彼女のデリカシーある指導そのものを表している。

彼女がバッグから取り出したのは、パンチータと名付けられた小ぶりの骨格標本と、下顎を外した頭蓋骨の模型だった。

そして、「美紀、あなたにとっての首はどこから始まる？」、「胴体とは、どこからどこまで？」と数々の質問が投げかけられ、その度に全身の各部位を意識するように誘導される。

シェリーの解説により、首は私が考えていたよりもはるかに長いことを知り、胴体もまた同じだった。

肩関節の始まりだと思っていた部位は、肩甲骨の突端だった。

手首の位置も、想像していたよりもずっと、手のひらに近かった。

首の始まりが、耳と鼻を繋いだ高さの中心に位置することにも驚かされた。

そしてその首の緊張が、パフォーマンスを阻害することに朧気ながら気付いてはいた。その緊張を解決すべく、マッサージをしてみたり、2つ繋げたテニスボールを当ててみたりと20年以上にわたり、様々な方法を試みたものの、その場では緩んでも、瞬く間に緊張が戻ってしまうのだった。

「しばらく目を閉じて真っ直ぐ立ってみて」

真っ直ぐ立っているつもりが、微妙に動いてしまう。

「誰一人として、目を閉じたまま動かずにいられる人はいないの。呼吸をすれば身体にその振動が伝わるのは当然だから。身体は骨と筋肉、筋膜と靭帯が複雑に絡み合い、繋がってサスペンションを作っているの。ブルックリンブリッジのようにね。しなやかに動くからこそ、ブルックリンブリッジは強風でも倒壊することがないでしょう？　竹や柳のように、人間もしなやかさを保つことが大切」

「日本にも『柳に雪折れなし』ということわざがあります」

「まぁ、何て美しいことわざなの！　それでは、肘を曲げて右手を握ってみて」

言われた通りに拳を作ってみる。

「ほら、よく見て、手を握ると、筋肉と腱が収縮するのが見えるでしょう？　手を握ってというと、誰もがギュッと握りしめて、筋肉を拘縮させてしまうの。武道は知っているでしょう？　この状態で筋肉を硬直させていると、外敵に襲われた時にすぐに倒されてしまうの。でも、拳を握りながらも余分な力を抜くと、敵の攻撃をすり抜けることができるの」

しかし、手を握ってと言われたら、どうしたって筋肉が縮むのは仕方がない。

「でも、その手の中に、美しい蝶がいて、その蝶を殺さずに手を握ったらどうなるかしら？」

蝶を想像すると、心なしか、手の平の内側から拳が弛緩した。

「そうそう、手を握っているように見えても、過剰な力を逃がして、不要な筋肉の拘縮が自然に緩むように導くの」

「なるほど」

「たとえ姿勢を悪くして演じることを求められたとしても、こうして不要な筋緊張を避けながら、自分の身体を痛めずに演じられるようになるはずなの」

アレクサンダー・テクニークは、何かをしようと働きかけることをやめ、「許し」と「手放す」ことを学ぶメソッドなのだという。

「それらはまさに、私が今必要としていることです」

「大丈夫、あなただけではないから。私たち人間は、全てこの難しいテーマを抱えているの。とりわけ執着を手放すことは、多くの人にとって困難なこと」

身体の正しい使い方を学ぶメソッドだと思っていたものの、身体だけにフォーカスしたものではなく、人間が無意識のうちに作り出している誤った認識に気付かせ、無駄な習慣を手放すことを促すものだった。

舞台の上で演じたくて仕方がなく、水を得た魚のようにのびのびと演じていらっしゃる多くの方とは異なり、人前で演じることを決して得意としてはおらず、長年この仕事が不向きだと思いながら続けて来た。

それでもフランソワのような素晴らしい演出家からご依頼をいただいたからには、最善を尽くし、演出家の求めている領域へ辿り着くべく励もうとするものの、身体は正直で、そこかしこの筋肉が緊張していた。

フランソワは人心掌握に長けており、初舞台の2011年の時から、決して私を緊張させないよう、安心して心を開くことができるよう細心の配慮をしてくれていた。

それにもかかわらず、私の誤った認識が、身体を緊張させていたのだ。

シェリーとの前回のセッションから、頬の筋肉や顎の緊張が解消され、ずいぶんと楽に演じる事ができるようになっていた。

原稿を書いたり、本を読んだりで、ストレートネックとなった首は常に緊張状態にあった。しかし、この数日は、何か作業をしている時、ただ立ってフランソワやミッシャの話に耳を傾けている時、頭と首の位置に突然気付くようにもなった。

わずか一回のセッションで、数十年間の誤った身体の使い方に気付くきっかけを与え、その効果が10日以上続いていることに驚き、「やはりあなたは魔女ですね！」

とシェリーに言うと、

「ええ、よく言われる」

とのことだった。

「ピラミッドを想像してみて。しっかりした土台から頂上に近づくにつれて面積が小さくなっているでしょう？　あの形状なら安定しているのは当然でしょう？　でも、残念ながら私たちの身体は、重量のある頭を華奢な首が支え、さらに頭と胴体を、小さな足で支えているから、バランスをうまく取ってあげる必要があるの」

それからヨガマットの上に横たわり、全身を脱力させるためにシェリーがひとつひとつの部位に触れるに任せることになった。

優れた施術者は、こちらに警戒心を抱かせないことに長けている。

「これから私の手があなたの身体に触れるけれど、もし不快だったら遠慮なく言ってね」

と囁くと、小胸筋が緊張して内側に入りがちな肩をそっと緩めてくれた。

「いま触れた右側と、なにもしていない左側で感覚が異なることを意識して」

との囁き声に従って、自分の身体の状態に意識を向けると、もう片方の左側もシェリーが緩めてくれた。すると、途端に呼吸が楽になった。

「そう、胸や肩の緊張が肺の動きを妨げていたのね。この状態が作れれば、楽に呼吸ができるし、台詞も楽に言えるようになるはず」

とシェリーが囁く。

「目を閉じてセッションを受けることも素晴らしいことだけれど、劇場では目の前に客席があるでしょう？　意識は常に視覚と連動しているから、できるだけ目を開けたまま、何かを見て」

これは、前回のセッションでも何度も言われたことだった。

シェリーの触れ方があまりにも心地よく、目を閉じて陶酔感に浸っていたいのだけれど、ご自身もダンサーであり、パフォーマンスの向上のために手助けをしてくれている彼女から、意識を内側だけでなく、外側にも向けることを促される。

上半身が緩むと、今度は脚に移り、両脚がいつの間にか立て膝の状態に導かれ、しばらくその状態で、リラックスしてただ呼吸をすることになった。

これまで様々な優れた施術者に出逢って来た。鍼灸しかり、理学療法士しかり、インドのアーユルヴェーダや、タイのチネイザン、ロルフィングなど、熟練の技を持つ方に対しては、脳と身体が瞬時に警戒を解き、頑固な首も、可動域の極端に制限されている股関節も、施術者の意のままに動かされるのだった。

この度のシェリーも、決して何かを強要することはなく、自分の腕前をひけらかすのでもなく、あくまでも「あなた自身の意識がそうさせているのよ」と、きっかけを与えているに過ぎないのだという控えめなスタンスを崩さなかった。

当初の1時間の予定から随分と時間が経った頃、衣装のヴィクトリアが申し訳なさそうに部屋にやって来た。

「セッション中にごめんなさいね。でも、そろそろかつらを試してみてもいいかしら？」

予算削減により、ヘアメイク担当者は不在で、ヴィクトリアがヘアも兼任して、かつらを探してくれたのだった。メイクは自己流で施すことになっている。

ヴィクトリアの横では、本番中の衣装とかつらを担うことになるマースが、ヴィクトリアの一挙手一投足を見つめている。

マイクを付ける位置も、音響担当のジョーダンが加わって、ああでもない、こうでもないと試行錯誤する。

先方の要望は、頬に沿わせるように肌色の極小マイクを装着することだった。

しかし、審美的な問題と、滑舌の双方の点から、顔にテープを貼ることを望まない私は、何とか初演時のようにかつらにマイクを仕込み、額にマイクのヘッドを装着することをお願いしてみる。ところが、音響システムが旧型のため、かつらの中に仕込むには大きすぎる送信機しか用意できないという。しばし押し問答を重ねた挙げ句、今日は先方の希望に添って頬にマイクを貼り付けることにした。

こちらの気持ちを敏感に察するヴィクトリアは、「今日はこれでやってみて、また明日別の形で試してみましょう」と囁く。

本番用の衣装を初めて身に着け、舞台上での通し稽古が初めてなされた。

本番前のアナウンスが入り、トリシアが、「暗転5分前」、「暗転3分前」とカウントするうちに、次第に劇場が暗くなり、日本語が投影されたスクリーン越しにミッシャが猟銃を担いで鳥を撃とうとする姿が見える。

その間、ナレーションが流れ、私も睡蓮の張り巡らされた池の中へそっと足を踏み入れ、ミッシャの動きに注意を払う。

彼が銃をゆっくりと机の上に置くと、私がマッチを擦り、お線香に火を点すのだった。

デイヴィッドの暗闇に人物だけが浮かび上がる、陰影の美しい照明、鐘の響きや、ノイズ、フランソワによるピアノの即興で構成される音響、そしてお線香の香りが、たちまち『猟銃』の世界へと私を誘ってくれた。

フィジカルパフォーマンスを通じて、象徴として存在してくれていたかつてのパートナー、ロドリーグ・プロトーさんも大変素晴らしかった。

しかし、ミッシャの哀切溢れる表情は、この物語をより味わい深いものにしてくれているのと同時に、ミッシャの表情を拠り所に3人の女性を演じればよいのだと安心感を与えてくれる。

蕾子の手紙を終えると、ステージ上の水は消え去り、水中に隠されていた石が現れる。本来消えゆくべき睡蓮は、技術的なエラーにより舞台上に残ってしまった。

足下に敷き詰められた石の上を歩くという、不安定な状態で演じることも、みどりの心の揺らぎを表し、人生が足下から崩壊していく様を表現するのに一役買っている。

みどりの最後には、石の下に敷かれた床板が一列ずつゴー、バタン、ゴー、バタンと音を立ててひっくり返り、石を床下に落としていく。それはまるで荒波か雪崩のようであり、みどりの心情そのものを代弁しているかのようである。

しかし、その床板の動きが途中で止まってしまう。

どうやら、BACのハウススタッフが、はじめて携わったために、私が足を怪我するのではないかと心配して止めてくれたようだった。

舞台一面が床板に入れ替わると、赤いドレスを脱ぎ捨ててスリップ姿になり、彩子の手紙を語り始める。

やがて頭上から木製の乱れ箱が降りてきて、私のすぐ横に着地すると、その箱から長襦袢や腰紐、伊達締めなどを取り出して、着物の着付けをしながら台詞を述べるのだけれど、乱れ箱は一向に降りてくる気配がなく、しばし待つこととなった。

7年ぶりに客席に向かって演じてみると、まだ目の前の視界に慣れない。

目の前の現実の視界に、物語で描かれる事象の絶え間ないイメージを重ねながら台詞を述べ、物語を生きるのだけれど、鏡に向かってミッシャの動きを見ながら演じていた稽古場とは全く異なり、また、2011年、2016年と演じて来た劇場とも目の前の景色が異なるため、脳が戸惑っているのを感じる。

脳内のイメージを劇場の視野に合わせてアジャストする作業をしつつ、稽古場でのミッシャの表情や動きも目の前に思い浮かべる訓練をこの数日ですることになるだろう。

美術転換の技術的な問題はいくつか発生し、デイヴィッドの微細な照明に合わせてシビアに決めなければならない立ち位置も、20センチほどずれることが度々あった。

台詞も前後することが何度かあった。

それでも、フランソワを筆頭に、この作品に携わるスタッフが皆満足そうな笑顔を浮かべていたことは何よりだった。

プロデューサーのCは言った。

「なんて美しい作品なの！　途中から字幕のトラブルで、何を言っているのかまるでわからなかったけれど、３人の女性の人物像が際立っていて、もはや字幕なしでも十分に物語を堪能できたわ。日本女性特有の所作も美しいわね。あなた以外にこの役は考えられない」と。

トラブル続きのこの数日間で、ともすれば座礁しかけた船は再び、沖へ出ることが叶ったのだ。

3月11日　化学反応

あれからすでに12年の歳月が過ぎたとは。

12年前は、ドラマ「JIN-仁-」の撮影をしていた頃で、白金の畠山記念館で雑誌の撮影をした直後にアスファルトが波打つかのような激しい揺れに襲われたのだった。

今日は舞台用のメイクを施し、生まれて初めてつけまつげを自らの手で貼り付けてみる。初めてのことで、糊の分量がわからず、いつまでも白い糊が見えていた。この上から黒いラインを乗せるべきなのか否か迷っていたものの、数分後には白い糊が透明に変わり、どうやら上からアイラインを書く必要はないことを知った。

ヴィクトリアがかつらを載せに来てくれたのだけれど、1時間後にならないとマイクが来ないという。

13：00からお稽古のはずが、12：30の時点でなぜかマイクが来ていない。

「ここの劇場付のスタッフは、どうやらあまりプロフェッショナルではないみたい。あなたは我慢強いわね」とヴィクトリアが遠慮がちに囁く。

「実は、私もそれは感じていたけれど、ここは自由の国アメリカだからと自分に言い聞かせていたの」

「ちょっと待って、アメリカの全てがこんなではないから！　ここは、ダンスのわずか数日の公演が多いから、繊細な芝居を演じる役者の扱いには慣れていないのね」

「なるほど、非営利団体で利益を上げる必要がないから、皆さんのんびりしているのかもしれない。楽屋に初めて来たときにあまりに雑然としていて驚いたの。ナターシャなんてブロードウェイのショーを見に行くからって悠長に自分の身支度をしていたほど。きっとダンサーたちは若いから、普段から気を遣う必要がないんでしょうね」

「でもさすがにミッシャには気を遣わないのかしら？」

「もちろん誰もが彼をリスペクトしているはずだけれど、ミッシャは優しいから。若者たちにチャンスを与えるためにこのバリシニコフ・アーツセンターを設立したほどだもの」

「マイクをかつらに仕込んでテストするはずだったのに、本当にごめんなさい」

と、ため息をつくヴィクトリアは、演じる者の心の動きに敏感に反応し、緊張と闘いながらステージに上がる者のためにコンディションを整え、作品に貢献すべく最善を尽くしているからこそ、誰かの不届きな仕事ぶりを許せないのだろう。

劇場へ下りて行くと、フランソワがミッシャと2人で真剣な眼差しで、折衝を繰り返しながら細かい段取りの調整をしており、しばし息を潜めて事の次第を見守っていた。

しばらくすると「10分だけ休憩して通し稽古をしよう」という。

しかし、マイクがまだ到着していない旨を伝えると、「え？　なんでマイクがないの？　昨日はあったのに。どこにあるんだ？　なんでそんなことが起こるんだ？」と不服そうだった。

つい先日までメトロポリタンオペラで500人のチームと創作に携わり、想像し得る限りのハプニングやトラブルを解決してきたであろうフランソワでも、こうした無駄な時間には、苛立ちを隠せないようだった。

漏水の問題により、すでに我々の進捗は数日間、予定より遅れている。それでもフランソワは、自制心を失わず、「仕方がない。今のうちに、ミッシャと今詰めた段取りを一緒に復習しよう」と、前向きに話題を切り替えた。

しばしミッシャと段取りを合わせていると、ようやくマイクが到着し、楽屋に戻る時間を惜しんで、その場で簡易的に装着し、通し稽古となった。

客席全体を、脳内の様々なイメージを投影するスクリーンのように考えて、物語の中の温度や湿度、着物に触れた感触や、丁寧に磨かれた廊下の質感、陽の傾斜などを感じながら演じる。

2番目の登場人物であるみどりの手紙では、お客様の数名へ射るような視線を送り、客席の緊張感を高めるような演出となっている。

怒りと、嫉妬と哀しみと後悔がない交ぜとなった激しい感情でみどりを演じきると、「素晴らしい！　一度ここで休憩を入れよう」と声がかかった。

次の課題は彩子の手紙で、動きながら感情を乗せて台詞を述べる蕾子やみどりと異なり、着物の着付け以外はずっと同じ場所で座りっぱなし、立ちっぱなしの演出で、台詞も極力感情をこめずに、クリムトの『ベートーヴェンフリーズ』のような浮遊感と共に演じなくてはならず、大変な集中力を要する。

立ち位置や着物を着付ける際の前身頃の開き方も、そこに投影するあざみの花の映像の焦点の都合上、大変シヴィアである。

さらには、自分の譲れないこだわりで流麗な所作にも常に気を配っており、着物の所作に囚われて芝居の意識が散漫にならぬよう、綱渡りのような感覚で演じているのだ。

しかし、私が最終的なチェックを怠ったがゆえに、着物一式のセッティングが定位置とは逆になっており、一瞬心が動揺して台詞が滞った。

また間の悪いことに、劇場にたまたまいたスタッフが用もなく入って来ては、貧乏ゆすりをしたり、足音に配慮する気配もなく無神経に立ち上がって2階席との間を行ったり来たりしていた様子が、否がおうでも視界に入ってしまい、大変に目障りだった。

本番を控えて演出家も、携わるスタッフも、ミッシャも、そして私も、次第に心臓がキリキリと痛むような思いで稽古を進める中で、とりわけ彩子を演じる際には、誰もが私の集中を邪魔せぬように静寂を保ってくれていたのに、この作品に貢献する気のない部外者がバタバタとその場の空気を乱すことは、正直なところ腹立たしかった。

その一方で、実際の公演では、咳き込む方もいらっしゃれば、体調を悪くして退出なさる方もいるはずで、稀ではあるものの、最前列でいびきをかくお客様もいらっしゃる。残念なことに、近年はクラシックのコンサートでも携帯電話の着信音が鳴り響くことさえある。

パリでは映画だろうが演劇だろうが、気に入らない作品にはブーイングをしながら、他のお客様の視界を堂々と遮って途中退席する観客も珍しくはない。ましてやニューヨークでは、緊急車両のサイレンが聞こえる可能性もあるわけで、あの無神経で無粋な青年は、私にそうした想定外のハプニングを平常心でやり過ごすための試練を与えてくれた幸運の使者なのだと、前向きに考えることにした。

フランソワは、舞台上の私たち2人の強固な結びつきを感じられたようで、感激していた。

「僕の予想通りだった。ミッシャと美紀の絶妙な化学反応を目の当たりにしたよ」

ミッシャは少々お疲れのご様子だった。ご夫人のリサが数日間メキシコへバカンスに行ってしまったため、寂しいのかもしれない。

明日はお休み。何と嬉しいことだろう。

ホテルへ戻ると、フランソワから電話が鳴った。また、何かトラブルが起こったのかと思い、恐る恐る電話を取る。

「美紀、この一週間は困難に次ぐ困難の連続だった。本番を控えてなすすべもなく、不安だったと思う。しかし、この2日間で、我々はとても生産的かつ建設的に進歩することができたと思う。月曜日からいよいよ怒濤（どとう）の日々が始まる。明日はとにかく身体を休めて」

3月12日　一歩も外に出ることなく

休日といっても、もはや散歩をする気力すらない。ニューヨークに滞在しているにもかかわらず、美術館からも足が遠のいているなんて、初めてのことである。11：00に部屋のドアをノックする音があり、扉を開けてみると、レセプションのシェラブが満面の笑みで佇んでいた。手には熱々のモモを携えて。チベットからの移民である彼女は、私がかつてインドのレー・ラダックにてダライ・ラマ法王の説法を聴いたことがあること、そして、そのレー・ラダックでは、チベット仏教のゴンパ（寺院）を訪れ、僧侶たちによる荘厳な読経を聴いたことがあることを話すと、とても喜んでいた。

これは、何の取り柄もない私の唯一誇れる特技なのだけれど、多様性に富んだ人種のるつぼである欧米において、出身地を話していただければ、何かしら、その国の文化に敬意を示す言葉をかけることにしている。それによって得た有形無形の恩恵は計り知れない。

この度は、私の休日であることを知ったシェラブが、懇意にしているチベットレストランから、モモをテイクアウトして届けてくれたのだった。

スープの入っていない大ぶりな小籠包と言ったらいいのだろうか。豚肉ではなく、牛肉が用いられ、バターの香りがしっかりと感じられるそれを、チリソースに付けていただくのだけれど、舞台に携わっている間は、喉の炎症を避けるために、刺激物は御法度である。苦肉の策で、ポン酢でいただいたのだけれど、まだ熱々のそれは、本当においしかった。

13：00には、アレクサンダー・テクニークのセッションをすべく、日曜日を返上してシェリーが部屋に来てくれた。

理学療法士の施術のために用意してあった施術ベッドを広げると、軽々と持ち上げるシェリーの身体の使い方に驚嘆する。

ジョン・ケージとのコラボレーションで知られる革新的な振付家トリシャ・ブラウンの作品などで活躍している現役のダンサーでもある彼女は、大変小柄でスリムな体型なのだけれど、重い物を動かすときに、余分な力を入れず、軽々とエフォートレスにこなしてみせる。

「これがアレクサンダー・テクニークの実用化なの。何かをするよりも、何かをすることをやめる。難しいけれど、それで得られるものは大きいの」

ベッドの上に仰向けに横たわると、「手が冷たくてごめんなさい」と何度も確認しながら全身の各部位に少しずつ触れ、無意識のうちに身体を支配している緊張を解いていく。

私の脳も身体も、彼女を信頼しているので、瞬く間に身体がとろけたようになり、心地よい倦怠感に襲われる。

「重力に対して、降伏する感じ。横になったら、もう重力に抵抗する必要はないでしょう。ただただ身体を床に預けて、身体の上を川の水が絶え間なく流れているイメージをしてみて。もちろん、呼吸はできる前提で」

本番を間近に控えて、稽古場の雰囲気もキリキリと緊迫感に包まれる中、心も身体も身構えていたのだけれど、シェリーの手技と声は、それが不要な緊張であると気付かせてくれる。

「昨日、劇場で静寂をぶち壊して私の集中力をかき乱す、不届き者がいたのですが、実際の公演では、いくらでも可能性のあることだと思います。どうしたらいいのでしょう」

「そうね、私がトリシャ・ブラウンの作品でミラノでカルテットを踊った時は、客席のそこかしこから『音楽はどこへいった！』、『音楽がないなんて、こんなのはダンスじゃない！』って、野次が飛んで、半分以上が客席を立って出て行ったの。

その一方で『静かに！』、『楽しんでいる私たちの邪魔をするな！』って、もはや乱闘騒ぎにならんばかりだったけれど、それでも私たちは踊り続けたわ」

集中を妨げる事象が発生した場合、まずは自分の足下の感覚に意識を向け、次に全身の動きに意識を向け、「私は今、石の上にかかとをつけ、つぎに土踏まずで石を覆い、さらにつま先を着地した」といった具合に、動きを分解して認識すると、「客席の愚かなAsshole（くそったれ）のことなんて気にならなくなる」とのこと。

まさかシェリーがAsshole(アースホール)なんて言葉を用いるとは思わなかったけれど、舞台に立つことの緊張感や、恐れを深く理解している彼女と感覚を共有できたことが嬉しかった。

ベッドの上でのセッションを終えると、今度は床の上に『猟銃』で用いられるセットの石と同じような障害物を用意し、その上を歩きながら台詞を述べるという実験をしてみる。

シェリーの手が私の腰を支え、前傾しがちな骨盤が、シェリーの手から離れないようにすることで、正しい身体の軸を見つける手助けをしてくれる。

イレギュラーな舞台上での動きでも、身体を犠牲にして痛めてしまうことのないように。

身体が本来の使い方を見出した際には、そっとシェリーが褒めてくれる。

「Beautiful! Very good!」

「今度は、声の練習をしてみましょう。私の首に触れてみて」

彼女は、首を意図的に緊張させ、発声してみせる。それが苦しそうであることは誰が見ても明らかである。

しかし、首の緊張を解き、頭蓋骨の位置を正しく調整すると、とても楽に声が発せられることが顕著であった。

「大きな声を出す際に、首に力をいれなくてはいけないという思い込みを捨ててみて。その思い込みが、首に過剰な緊張を作り出して、むしろ声量を阻害するの。赤ちゃんはあんなに大声で泣いても喉の炎症に悩んだりしないでしょう？」

「確かに」

「創始者のF・M・アレクサンダーは、優れたシェイクスピア俳優だったにもかかわらず、首に力を入れて叫びすぎたために声が出なくなってしまったの。そのお陰で、このメソッドが開発されたのだけれど」

「なるほど」

「今から私が声のボリュームを次第に大きくしていくから首に触れてみて」と、ピアニッシモで言葉を発しながらクレッシェンドし、フォルティッシシモで絶叫してみせてくれた。その間、首の筋肉が緊張することもなく、軽々と、それをこなしてしまう。

シェリーに促されて私もそのように声を出す実験をしてみると、なるほどおっしゃる通りであった。

誰もいない自室でシェリーのあたたかい指導のもとに声を出すことは何とかできた。しかし、劇場で衆目にさらされた中、役を演じながら首の力を抜くことが果たしてできるものだろうか？

「大丈夫、脳と身体が今の感覚を記憶しているはずだから、きっとできるようになると思う」

夜は、デリバリーサービスのDoorDashにて、イタリアンのミートボールとほうれん草のガーリックソテーをオーダーした。

滞在中のホテルではパンデミック以降、ルームサービスを縮小した都合上、5つ星であるにもかかわらず、外部のデリバリーサービスのスタッフを部屋の前まで通すことを許可するようになったのだという。

結局今日は一歩も外に出ることなく、もはやニューヨークにいるのか、東京にいるのかわからなくなってきた。

3月13日　問題は山積み

14:30に劇場に到着し、楽屋へ入ると、化粧台に一冊の写真集が置いてある。『Looking for the dance』と題するその写真集は、ミッシャがレンズを通して世界各地で見つめたダンサーの姿で、ご本人直筆のサインも添えてある。インドの民族舞踊や、アルゼンチンのタンゴなど、それぞれに異なる身体の使い方に興味を示すミッシャは、スローシャッターでその躍動感を捉えたのだった。

彼は時折インド舞踊の真似をして首を左右に振ってくれるのだけれど、それは表面だけのモノマネに留まらず、2週間ほど、インドの小さな村に滞在して、女性の舞踊家に手ほどきを受けたのだという。日本を訪れた際にも、能楽や歌舞伎を鑑賞し、坂東玉三郎さんの優美な踊りに魅了されたのだった。

さて、いつもの儀式で着物一式を乱れ箱にセッティングしようとすると、技術的な問題で、まだ着物を仕込むことはできないという。しばし準備をした後、ミッシャと細かい段取りのすり合わせをする。

今日はロイターの取材もあった。３人で一緒の取材と聞いていたものの、一人一人の単独インタビューだった。ジャーナリストは日本人の我謝さん。日本人の女性で、ロイターで活躍なさっているなんて、私が取材を受けている場合ではなく、むしろこちらが取材をしたいくらいだった。

拙い英語で質問に答える。

「この作品でニューヨークの観客に伝えたいことは何ですか」

「西洋の方々の中には、私たち日本人女性に対して誤った認識をお持ちの方が多いように思います。

プッチーニの『マダムバタフライ』に代表されるような慎ましく、謙虚で、従順で、男性の３歩後ろを歩くような女性像を未だに描いておいでの方もいらっしゃるかと思います。表情がない、意志がないと。しかし、井上靖さんが書かれたこの作品をご覧いただければ、私たち日本人女性にも確固とした意志があり、たとえ表情には出さなかったとしても、そこには秘められた感情がありますし、生き方を自ら選択する決定権があることをご理解いただけることと思います」

舞台稽古では、本番を目前に控えてフランソワが苛立っていることが感じられる。

「メイクさんちょっと前髪直して」だとか、「衣装さんこのボタンを付け替えて」などとスタッフを職業名で呼ぶことはなく、「ナターシャ、睡蓮が消えるスピードを少しゆっくりにしてみて」「サラ、今のミッシャへのキューは早すぎる」といった具合に全てのスタッフを名前で呼ぶ配慮が彼にはある。

常に自制心を保とうとしているフランソワだけれど、それでも芝居のキューと音のキューを担当する、プロダクションマネージャーのトリシアに対していつもより語気が荒くなっていることは感じられる。

出演者のパフォーマンスだけ精度を上げたとて、劇場の照明、美術転換、音響と、全てのタイミングを合わせなければショーは完成しない。

失われた数日を取り戻すことは決して容易ではなく、それでいて、75歳のミッシャに徹夜でのお稽古を強いる訳にもいかず、私とて徹夜だと言われれば、不平をこぼすだろう。いや、その前に、ユニオンでしっかりと守られているスタッフがストライキを起こすに違いない。

ランスルーは、ロイターのカメラが入ることで、場の空気が変わったのを感じ取り、この緊張感を本番だと思って訓練することにした。

本番は刻一刻と迫るものの、天井から降りてくるはずの着物の乱れ箱が空中で止まってしまったり、石が床下に落ちて板張りの床が現れるはずが、床板の間に石が挟まって、床板が垂直に立ち上がったままだったり。極め付きは、睡蓮を張り巡らせた池の水はけが悪く、いつまでも床が濡れているため、演じている最中にちりめんの着物が縮んでしまうなど、まだまだ解決すべき問題は山積みだった。

果たして本番までに、間に合うのだろうか。

3月14日　フランソワの魔法

本番まであと2日しかない。

粉雪がわずかに舞うなか劇場へ向かったものの、今日も着物の乱れ箱は、約束の時間にいただけず、どうやらギリギリまで技術的なテストを繰り返しているようだった。

昨日からは本番モードでランスルーをしているため、全てのスタッフに緊張感が走っている。

いつもは穏やかな衣装のヴィクトリアも、現場を担当する劇場付のスタッフ、マースにかつらの付け方、マイクの付け方を伝授するにあたり、言葉は丁寧でありながら、マースの不器用さに苛立っていることが感じられる。

彼女もまた、完璧主義者のフランソワのプレッシャーにさらされており、先日も休日返上で買い物に走り回っては、かつらを改良したり、衣装の不具合を直してくれていたのだった。

演出家としてフランソワの優れた点は、完璧主義者でありながら、決して専制主義には走らず、民主的に皆の意見に耳を傾けつつも、時に子供のような彼自身の魅力で、スタッフが多少の無理をしてでもフランソワの望みを叶えたくなるように導く魔法である。

マースが私のヘアを完璧に作れるようになるにはあと1週間ほどかかるかもしれない。短い私の髪の毛で半がつらの土台を作るには、どうしても編み込みが必要なのだけれど、どうやらマースにとっては生まれて初めての編み込みのようで、手先が器用には見えない彼女には少々難しそうだった。

私も編み込みのようなかわいらしい髪型は苦手なため、自分で編み込みをしたこともなく、マースの気持ちがよくわかるけれど、彼女のかつらの載せ方で果たしてフランソワのお眼鏡に適うだろうか？

案の定、劇場へ降りていくと、フランソワから声がかかり、「ヴィクトリアはいる？　ちょっとかつらが気になるね。ハチが張りすぎているから、ここのボリュームを少し抑えてあげて」とのことだった。

「できる限りのことはやってみます」というヴィクトリアに、フランソワが笑顔でささやく。「ヴィクトリアはどうやら完璧主義者のようだから、さらに良くなるように改善したくて仕方がないみたいだね。君のその高い志は大歓迎だ」

すかさず「これ以上、ヴィクトリアにプレッシャーを与えないであげて！　フランソワだけでなく、私からも改善点を言われて、ただでさえ忙しいヴィクトリアは、もう限界に達しているから！」と冗談交じりに彼女を擁護してみるも、「わかった。何とかしてみる」と、ヴィクトリアが諦念と共に覚悟を決めた。それでも、自己弁護のためにマースに責任を転嫁しなかったヴィクトリアの人間性が素晴らしい。

フランソワは彩子の声をもう少しウィスパー気味にした上、エコーを足したいらしい。

音響のアレクサンダーとマイクのチェックをするのだけれど、本番は同じようにはできない可能性があると伝えた。

なぜなら、みどりの最後で激しい苦悶に苛まれ、絶叫しながら号泣すると、腰を折って上半身をぶら下げてゾンビのように歩くくだりがあるため、涙と鼻水が鼻腔を抜けて耳にまで流れてしまい、耳栓をしたように自分の声が聞こえなくなり、声のコントロールが利かなくなるのだった。

ヴィクトリアが、胸元に隠しポケットを作って極小のハンカチを忍ばせてくれたものの、さすがに舞台上で洟(はな)をかむのもいかがなものか。

「それなら、みどりの最後、後ろを振り向いた瞬間にマイクをミュートするから、轟音が響いているあいだにこっそり洟をかむことはできる？」

「何とかやってみる」

フランソワを筆頭とするアーティスティックチームの焦燥感と、劇場付の若くかわいらしいスタッフたちの悠長な仕事ぶりがどうしても嚙み合わず、それでも迫り来る本番に向けて最後まで諦めずに調整を進める彼らであった。

ランスルーにはFCIのカメラが入っており、大変緊張した。

キャスターの久下香織子（くげかおりこ）さんが御取材にいらしてくださったのだった。もう20年もニューヨークにお住まいだという久下さんは、渡米当初は、おいしい日本料理店がなく、また食材も乏しくご不自由があったという。近年では日本食ブームもあり、お鮨、天ぷらだけでなく、おいしい日本料理店も増えたとのこと。

長く日本を離れていらっしゃるからこそなのか、カメラが回っていないところでも、お話しなさる日本語に省略語がなく美しかった。

BACのスポンサーであるエマニュエラ・バリラさんも初めてご覧下さり、ミッシャの妻リサさんもいらしていた。

エマニュエラは居城とするイタリアのパルマからわざわざ駆けつけてくださった。プロシュートハムとパルミジャーノ・レッジャーノの街からやって来た我らのスポンサーは、拍子抜けするほど気さくで、地に足の着いた方だった。

皆さん、この作品へひとかたならぬ思い入れを持って携わってくださっている。

なんとありがたいことだろう。

3月15日　ドレスリハーサル

明日の初日を控え、今日はいよいよドレスリハーサルである。日本では、ドイツ語のゲネラルプローベ（総合リハーサル）を略してゲネプロと呼ばれているそれは、本番さながらに全てを上演し、関係者や取材のカメラが劇場に迎え入れられる。
劇場に入るとまずはメイクを施す。付けまつげの扱いにも少しずつ慣れてきた。ヴィクトリアの指導のもと、マースが私にかつらを載せるのだけれど、やはりまだ手元がおぼつかない。

それもそのはずで、マースは昨年大学を卒業したばかりで、専攻はプロダクションマネージメントだったため、衣装を扱うのも、人の髪に触れるのも初めてのことだった。
趣味はDJとF1鑑賞で、手先が不器用なマースが一生懸命不慣れなことをしていることも理解しており、この小さなプロダクションにて、誰もがひとり2役、3役を担っていることも知っていたので、レナード・バーンスタイン作曲のピアノ曲を聴いて気持ちを紛らわしていた。

かつらを載せると、ジョーダンがマイクの装着に訪れた。当初私が望んでいたかつらの中にマイクを忍ばせる方法は却下された。より繊細な音を捉えるために、作曲家であり、音響担当でもあるアレクサンダーの望む、頰にテープで貼る方法が採用されることになった。

キャパシティが230席の小さな劇場でマイクが見えることは美しくないと何度もかけ合ってみたものの、「むしろこんなに小さな劇場だからこそ、周囲の雑音を拾いやすいから、マイクは口の傍にあるべきで、これがあれば、彩子の囁き声でも声がクリアに聞こえるから、僕を信じて」と言うアレクサンダーの言葉に従うことにしたのだった。

さらには、毎日マイクチェックをすると言うので、少しでも公演前の負担を減らしたかったために、「『猟銃』の公演はこれで3度目、ほかにもマイクを用いた公演はあったけれど、今まで一度も公演前にマイクチェックをしたことなんてないのに」と不平を述べると「彩子の声を丁寧に表現したいから、どうしてもマイクチェックを毎日させて欲しい」と、慎重を期するのであった。

今日から公演の2時間ほど前に葛根湯加川芎辛夷を服用する。喉の炎症を予防すると同時に、含まれる微量の麻黄の作用により、集中力を高めるためである。

衣装を全て着込み、お線香と、葉巻用の長いマッチを左右のポケットにそれぞれ仕込むと、まだ開始まで40分ほどあり、バーンスタインの音楽を大音量で流していると、「これはプロコフィエフ？」と言いながらフランソワが私の楽屋を訪れた。

「正解はバーンスタイン」と言うと、「Great music!」と上機嫌である。

「美紀、君のパフォーマンスは素晴らしい。皆、このプロダクションを誇りに思っている。「ToiToiToi（トイトイトイ）」と、ドイツ語で舞台に上がる前のおまじないを唱えて去ろうとしたその時、「あ、ミッシャのシャツがなかったみたいだけど？」とマースに尋ねると、マースが「しまった！」という顔をして慌てて持っていこうとする。すかさずフランソワが「僕が持っていくから大丈夫」と言って部屋を後にした。

階下へ降りて舞台袖にスタンバイすると、ミッシャの部屋から灯りが漏れているので覗いてみると、すでに衣装を着たミッシャと、目をキラキラと輝かせたフランソワがおり、フランス語で「Merde, Merde, Merde（クソ、クソ、クソ）」、ドイツ語で「ToiToiToi」、英語で「Break a leg!」、とあらゆる言語で舞台に出る前の願掛けの言葉をかけ合ったところで、トリシアが現れ、新たにイタリア語で「In bocca al lupo!（オオカミの口の中へ！）」が加わった。

「日本語では何て言うの？」と興味を示すミッシャに、日本の演劇界ではそのような願掛けの言葉は存在しないことを伝えると「あなた方日本人の役者は我々よりも優れているから、そんな子供だましの願掛けなど必要ないのでしょう」と冗談交じりに言う。

上演が始まると、早速に男女のカメラマンたちが縦横無尽に積極的に動きはじめ、シャッターの音と靴のすれる音、そして人のうごめく風圧が加わって、いつも演じている環境とはまるで異なることに、大いに戸惑った。

その一方で、このドレスリハーサルでよいショットを撮影していただくことが、この作品をより多くのお客様にご覧いただくためのとても大切なプロセスなのだと、もう一人の自分が囁いており、何とか集中が途切れぬように自らを鼓舞していた。

舞台裏では、ガタガタと様々な雑音が響いている。

今もなお、根性論と、携わる人々の善意の奉仕を礎に成り立っている日本とは異なり、ユニオンで守られているアメリカのスタッフは、労働時間を超えてまで、未消化な点を自主トレーニングするようなマインドは持っていない。

就業時間ギリギリに現れては、契約時間が終了するなり脱兎の勢いで帰って行くのだ。

したがって、漏水問題によって私たちが失った数日間により、スムーズな上演を行うために皆が息を合わせてリハーサルする時間が奪われ、明日が本番だというのに、舞台裏であってはならない音が鳴り響き、セットの転換も学芸会のように杜撰な始末となっている。

石が床下に落下し、床板が現れるはずの転換で、最後の床板3列分が、石を残したまま止まってしまったのだ。

さらには天井から吊られて降りてきた着物の乱れ箱から、吊り紐が外れるはずが、紐がいつまでも接着したままのため、乱れ箱を開けることができない。

「何かトラブルがあったら、歌舞伎の黒衣のように、全身黒を纏ったスタッフがステージ上に修繕に来ればいい」というミッシャのアイディアにより、スタンバイしていた黒衣のサラが2度も出動することとなった。

おまけに、字幕を投影するためのプロジェクターは、熱を帯びて不具合を起こし、どうやら上演時間の半分以上は字幕が表示されなかったらしい。

上演直後に真っ先に舞台袖へ駆けつけてくれたのは、フランソワの妻のユナさんだった。

「美紀、私がこの作品の上演を何度観てきたか知っているわよね？　何て、言ったらいいのかしら？　今まで以上に琴線に触れるお芝居だった、あぁ、もう……」と、止めどなく溢れる涙を拭いながら抱きしめてくれた。

フランソワも、ミッシャの妻のリサも、スポンサーのエマニュエラも、ピアニストのペジャも、私たちのパフォーマンスに感嘆していた。

その一方で、「果たしてこれで、27回の公演を全て無事に終えることができるのだろうか？」という疑念が拭いきれなかった。

フランソワさんが自らデザインを手がけたポスター。

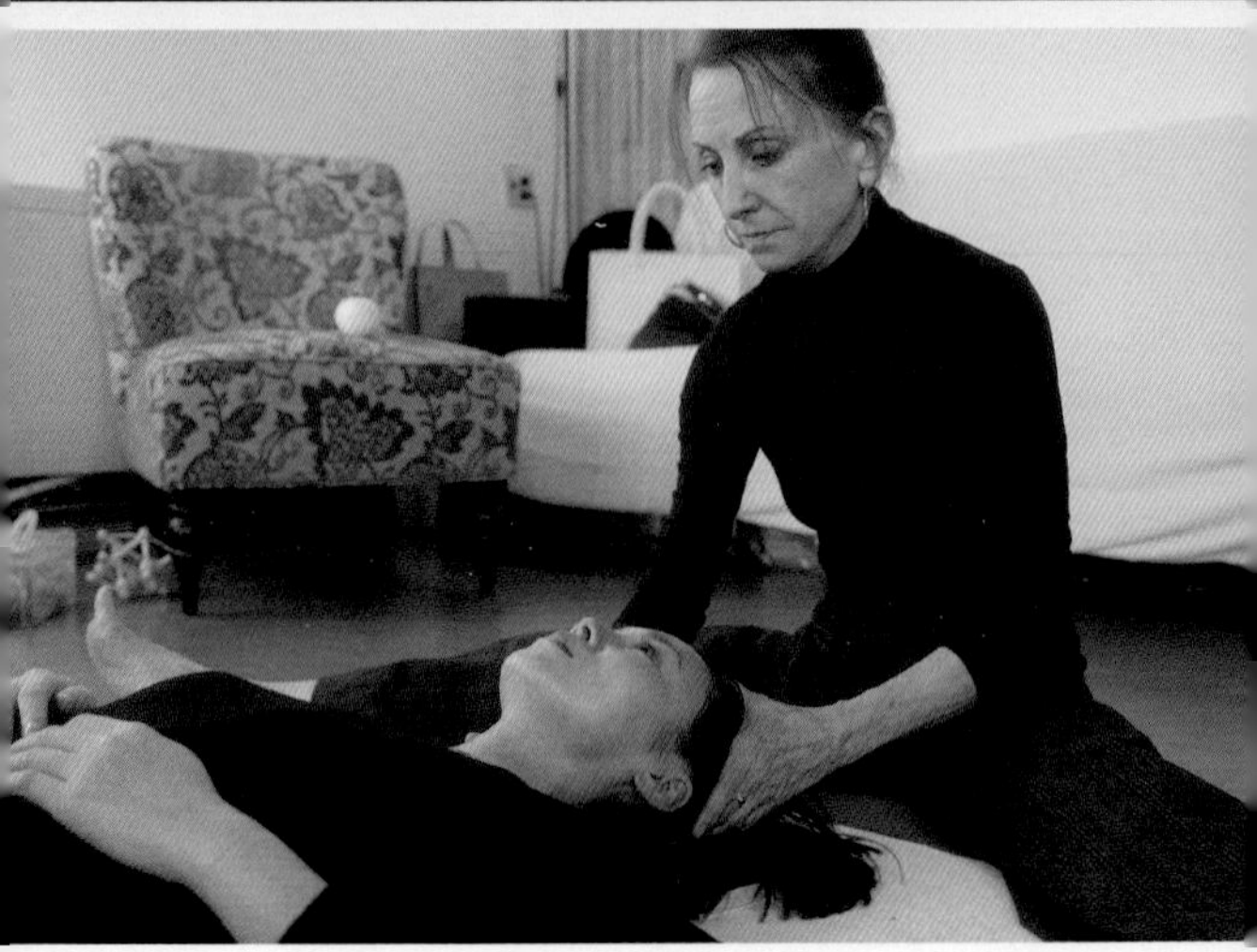

上：アレクサンダー・テクニークは身体と心に同時に働きかけます。

下：何もせず、あるがままに任せ、手放すことを受け入れることを学びます。

上：技術的なトラブルが頻発しましたが、平常心を保つ訓練になりました。
下：インタビュー嫌いのバリシニコフさんと対談を。

上：水を張った睡蓮池に足を浸した状態で始まる物語。
下：ひとりで台詞を述べていても、背後にバリシニコフさんの気配を感じています。

舞台一面に敷き詰められた石が、不安定な心の状態を表します。

着物が左前である理由は、本文からお察し下さいませ。

上：バリシニコフさんの目線の先に、森や野鳥が見えてくるかのようでした。
下：鏡のない舞台上で着付けをしながら演じることは神経をすり減らします。

上：パ・ドゥ・ドゥーを踊るかのような強固な信頼関係が築かれました。
下：もう何も残っていないほど全てを絞り出した千穐楽の静かな感慨。

3月16日　初日

いよいよ初日を迎えた。

初日だからといって、何かが特別に変わる訳でもなく、今まで通り粛々と演じるのみである。

少しでも体力を蓄えようと眠っていたところ、10：00にフランソワからの電話が。

「あれ、もしかしてまだ寝ていた？　今日が素晴らしい一日になるようにって、ただそれだけ。起こしてごめん。昨日の問題点については、スタッフを集めて会議をする。床板の問題も、乱れ箱の問題も、もう一度改良を重ねて、今日は絶対に起こらないはずだから安心して」と言うので「昨日のドレスリハーサルでもまだ改善すべき点がたくさんあって、石の位置と、お線香の位置、登場の際に被っている黒い布を引っ張るタイミングなど、チグハグな点が多いから、フランソワから皆に指示を出して欲しい」と述べると、「じゃあ、劇場で」とのことだった。

『猟銃』の公演中は毎日12時間は眠らないと気力も体力も持たない。

溢れんばかりのアイディアと情熱を持て余し、毎朝5：00に起床しているというフランソワにしてみれば10：00はかなり遠慮した時間だったのだろうけれど、昨晩台本を読むために2：00まで起きていた私には朝の電話はかなり応えた。今夜からは電話をスリーピングモードにして寝よう。

全身を襲う倦怠感に抗って漢方薬の93番と96番を服用する。

二度寝をし、12：00過ぎに再び起床した。

ハイパーボルトで首や肩の筋肉を緩め、ヨガマットの上に横たわって身体を休めたりするうちに、出発時間の15：30は瞬く間にやって来た。

劇場へ到着すると、遠方ゆえに全く期待していなかったお花がいくつも届いていた。何とありがたいことだろう。

演じる側がお互いの楽屋へお花を贈り合う習慣は、共に負担が大きく、そろそろ止めてもいいのではないかと正直なところ思っている。それでも、こうしてはるか彼方のニューヨークの地で奮闘する中、美しいお花をいただいてみると、やはり嬉しいものだった。

ミッシャからは鏡前にマース・カニングハムのダンス公演を捉えた写真集と、心のこもった手紙が届いていた。

初めてミッシャと出逢った日の、あの温かな眼差しや、決して容易ではなかったこれまでの彼との創作の日々が想い出される。

幕が開ければ、舞台上で頼れる存在はミッシャしかいない。この『猟銃』におけるパートナーがミハイル・バリシニコフさんという偉大なるアーティストであることに改めて感謝の気持ちがわき上がると同時に、彼の身を削るような献身に頭の下がる思いだった。

そして、もうひとつ、衣装のヴィクトリアからもペルー産の芳(かぐわ)しきお香と、石鹼のギフトが、心温まるメッセージと共に届いていた。

「あなたの穏やかで寛容な姿勢と芸術性に尊敬の念をこめて」と。

初日だからといって張り切らない、がんばらない、力まない。

「いつもと同じように粛々と」と思っていても、こうしたサプライズに心震わされる。

ヴィクトリアは、最後の最後まで衣装やウィッグの調整をしてくれていた。何も言わずとも、舞台上で演じる私の姿から問題点に気付き、改善の上に改善を重ね、フランソワの高い要求にも果敢に応えてくれていた。

いつも穏やかに囁く彼女の配慮が、私の緊張を解放し、口には出さなかった不満をすかさず読み取っては、善処すべく水面下で皆にかけ合ってくれていた。

楽屋にあった洗濯機と私のスペースとの間に、黒い暗幕を張り、マースがそこで作業をする際には、無駄な音を立てたり、携帯電話で話したりしないようにと働きかけてくれたのも、おそらくヴィクトリアだったのだろう。

おかげでマースは私の集中を邪魔しないよう、見事なほど静かに作業をしてくれている。急ぎミッシャの楽屋を訪れ、日本から持参したノンシュガーチョコレートと手ぬぐいに手紙を添えて鏡前に置いた。

そしていつもと同じようにメイクを施し、乱れ箱に着物一式をセッティングすると、劇場へ降りて行った。そこでは全てのスタッフが最終調整をすべく右往左往していた。

石の配置、お線香を立てる睡蓮の花の位置などについて、改めてフランソワと、スタッフのサラと一緒に確認をした。

他のスタッフ同様に何役もこなす彼女は覚えるべきことがたくさんありすぎて、追いついていないことが気の毒だった。

それでも、たったひとりで台詞を述べる私には、ミッシャという精神的な支柱以外、舞台上に拠り所はなく、セッティングに滞りがあれば、その度に心が動揺し、演技の精度への影響が増すため、「サラ、お願い。これは、本当に大切な要素なので、申し訳ないけれど、毎日必ず確認してね」と強く懇願した。

フランソワも「美紀が余計なことに気を取られることがないように、とにかく我々は、最善を尽くすんだ」と念を押していた。

18：45にはアレクサンダー・テクニークのシェリーが身体の調整に来てくれた。これから週に4回だけ公演前の30分を彼女に委ね、身体の緊張を解いてもらうのだ。

膝に意識を向けるようにと囁き声で促される傍らで、彼女は魔法のように腕や首の筋肉を緩めていく。

これから舞台上で演じるための意識を保つために、目を閉じることなく、天井や周囲の要素に視線を配り、雑音に耳を傾けつつ、シェリーの手が触れた箇所が軒並み緩んでいくのを感じる。

「今日は初日だけれど、より良く演じようとすることを止めて、何も期待せず、あるがままの現実の中で素直に演じてみようと思います」と伝えた。

「そうね。私も若かりし頃、低身長のために何とか手脚を長く伸ばして身体を大きく見せようとしていたのだけれど、そうすると筋肉は収縮してしまって、むしろ小さく見えるのね。だから、無理に自分を大きく見せようとか、舞台で目立つように踊ろうという考えは30年ほど前に捨てたの」

「それは、ストレッチも同じですか？」

「確かに。ストレッチもやり方によっては、むしろ筋肉を拘縮させてしまう。だから、筋肉を伸ばそうとするのではなくて、骨格、関節を意識して無理なくストレッチできるように、いずれ機会がきたら伝授するわね」

「なんだか、この瞬間にも身体がタコのように柔らかくなったような、あるいは、バターが溶けるように、全身が溶けていく感覚があります」

「あなたの意識と身体は、なんて受容的なのかしら。全く抵抗せずに、私の手を信じてくれているのね」

「それは、シェリー、あなたの魔法のかけ方がとてつもなく素晴らしいからです。やはりあなたは魔女ですね？」

「スペインで教えていた時は、魔女を意味するBruja（ブルーハ）ってよく言われたわ」

心地よい30分は瞬く間に過ぎ、名残惜しいものの支度に向かう時間だった。

「初日のお花の代わりに」と言って彼女が手渡してくれたのは、ヴィンテージのタイプライターのBackspaceと書かれたキーだった。

実際には、後退キーとして用いられるその言葉は、今まさしく体得する過程にあるアレクサンダー・テクニークでシェリーが私に伝えようとしている「背中側にも空気が入るスペースが残されている」ということを象徴する言葉だった。

舞台の上でのパフォーマンスは、いかに楽に呼吸ができるか否かにかかっている。

首や肩に力を入れずに、緊張を逃して、楽に呼吸をすることができれば、自然に声も出るはずなのだ。

着替えをし、まずはボディースーツと、スリップドレス、そしてみどりの赤いドレスを着たところで、マースがかつらを載せにやって来る。独り立ちしたマースは、少し手こずりながらも何とかかつらを装着してくれた。

ジョーダンがマイクを取り付ける際に、今日からテープを変えるという。私の肌がこれまで用いていたテープにより皮むけしてしまっていたことに気付いたヴィクトリアが、肌を保護するためのスプレーと、ドイツ製の医療用テープを用意してくれていたのだった。

劇場でマイクチェックをすると、赤いドレスの上に薔子のプリーツスカートとシャツとカーディガンが一体となった早替え用の衣装を重ねて準備は完了となった。

フランソワが私の部屋へやって来て、土下座をして私を拝む。

「ちょっと、そんなことやめて！」と言っても、彼なりの儀式のようで、私の両手を握り、

「昨年亡くなった僕の父にこの『猟銃』を捧げたい。彼は２０１１年のモントリオールでの初演も観に来てくれた。きっと今宵もどこかで観てくれているだろう。美紀さん、素晴らしいショーを！」

と言って、去って行った。

全てはいつも通りに、進んでいる。

20分前に舞台袖に行くとミッシャの楽屋を覗いてみる。写真集と手紙のお礼を述べ、改め

て「あなたと共にこうして演じられることが誇りです。あなたが舞台上にいてくださることが、私の最大のモチベーションとなっています」と述べると「何と大袈裟な褒め言葉！」と謙遜するので「これは私の紛れもない本心です」とお伝えした。

どうやらノンシュガーチョコレートも、手ぬぐいも喜んでくれたらしい。

フランソワも後からやって来て、「これまで私たちは、とても丁寧に稽古を重ねてきた。困難も数々あったけれど、それを凌駕するくらい素晴らしい創作の現場だったと思う。Have a good one!」。

舞台袖で待っていると、プロダクションマネージャーのトリシアから、サラに、舞台の反対側へ渡るようにとの指示が出る。

サラの手引きにより、舞台上に設えてあるスクリーン裏の暗がりの中、足下には水が張り、滑りやすく、また様々な障害物がある中を、静かに、そっと舞台の反対側へ歩いて行く。

この過程で、やはり引き返して帰ってしまおうかとも思うのだけれど、サラの手に促され、反対側の舞台袖に着くと、もう逃げられないと覚悟を決めたのだった。

お客様の声がいつまでも響き、客席の暗転までに明らかに時間がかかっている。何を待っているのかとサラに尋ねると、セット転換のシステムの最終チェックに時間がかかっているという。スタンバイモードで待たされるほど心臓に悪いことはない。

ミッシャも所在なげに椅子から立ち上がってみたり、また座ってみたり、両手を広げて羽根のように羽ばたかせ、肩甲骨を動かしながら深呼吸をしてみたりしている姿が見える。

7分遅れでようやくスタンバイのサインが発せられると、黒い布を被って、舞台の真横へ立ち、スタンバイする。

最初のナレーションが始まると、抜き足差し足、忍び足で睡蓮の張られた池の中へ歩いて行き、身体をかがめ、息を潜めて灯りの中に浮かび上がるミッシャの動きを見つめていた。

ナレーション終わりでマッチを擦り、お線香に火を点すと、心は思いのほか落ち着いていた。

ここがニューヨークであることも、今日が初日であることも忘れて、ミッシャと私、ふたりだけの小さな世界でただ夢中で演じていた。

すると、客席も瞬く間に緊迫した静寂を共有してくれたようで、時折咳き込む声が聞こえる以外は、見事な集中力が保たれていた。

やはり、舞台芸術は出演者のみで完結するものではなく、お客様がいらしてくださって初めて完成し、一期一会の空間を生み出すのだと感謝の気持ちがわき上がってきた。

私自身が最も恐れていた、お線香の煙と、空調による乾燥で、台詞の最中に咳き込むこともなかった。

ミッシャの目を見つめてさえいれば、稽古場での繊細かつ親密な空気感を想い出し、客席に向けて演じるのではなく、三杉穣介という人間に、心の内を吐露すべく手紙を書いているだけなのだと思うことができた。

シェリーからいただいたBackspaceのキーは常に頭の片隅にあり、背中をしっかりと使って呼吸をし、また首や肩の力を抜くことに役立った。

みどりの感情の発露は、無理をせずとも自然に行われ、それゆえに、「熱湯のような血潮のざわめきが全身にざわざわざわと感じられ」という台詞のごとく、全身の血管がはち切れんばかりの感覚を覚え、このまま脳の血管が切れるか、心臓の血管が暴れ出して、昏倒するのではないかという瞬間が何度も訪れて恐ろしくもなった。

みどりから彩子への転換の際、半ば諦めていた床板の反転が、やはり途中で止まりかけ、いっそのこと、そのまま舞台を降りて帰ろうかと思った瞬間に、最後の3列が見事にひっくり返り、事なきを得た。

それでも、みどりの最後で高ぶった感情を落ち着かせ、天上の音楽のような浮遊感のある声で台詞を述べるまでに時間がかかった。

今日もまた靄がかかったかのように、涙で耳が塞がれ、声のコントロールが困難だった。

しかも、ボディースーツの片方のストラップが外れており、下手をすると、上演の途中で胸をさらすことになりそうだった。

乱れ箱が虚空から降りてきた際も、台詞を述べながら、果たして吊り紐の処理がうまくいくのかどうか、冷静に見守っていた。

本来はつつがなく装置が動くべきところ、このニューヨーク公演においてはトラブル続きで、もはや何の期待もせず、毎回トラブルが起こるものだとすら思っていたところ、奇跡のようにするすると紐が天井へ吸い込まれていくのを確認すると、安心して台詞を繋ぐことができた。

ボディースーツのストラップが外れてしまった問題も、スリップドレスの処理の順番を急遽変更し、長襦袢で隠すことで何とか乗り切った。

とてもスリリングな瞬間ではあったものの、こうしたハプニングは生の舞台にはつきものだと覚悟の決まった瞬間でもあった。

着物を全て着付け、「貴嬢は愛することをのぞむや、愛されることをのぞむや」という最後の台詞の一連が始まると、彩子の人生の終わりの哀しさが、さざ波のように押し寄せてきた。

死にゆく彩子にスポットライトが当たり、死に装束がぼぉっと暗がりに浮かび上がると、音楽が鳴り止み、暗転が訪れ、この上なきほどの沈黙に劇場が包まれた。

あたたかい拍手に包まれて、ミッシャと、そしてフランソワを始めとするクリエイティブチームとともにカーテンコールをして、初日の公演を終えた。

着物を脱ぎ、そして、翌日のための下準備をするには少々時間がかかる。

洋服に着替えて劇場へ降りていくと、すでに皆が飲み物を片手に談笑していた。

ユナさんが「皆があなたを待ってるわよ」と迎え入れてくれて、彼女の友人に紹介してくれた。

「三人の女性の演じ分けが素晴らしかった。何て美しい作品なのかしら。私たち観客も年齢を重ねれば、重ねるほど、この作品の良さが理解できるわね」とお褒めの言葉をいただいた。

ミッシャの妻のリサも「今日も素晴らしい公演だった。ここまで来るのに本当に大変だったと思うけれど、この日が来ることをずっと待ち望んでいたわ」と、ミッシャの葛藤を最も傍で見守っていただけに、心から安堵したようだった。

スポンサーのエマニュエラも、昨日のドレスリハーサルに増して上気した様子で「本当にこの作品に携わることができて光栄だわ。ミッシャとあなたのコンビネーションが素晴らしい。これを見届けたからには、次は、ミッシャの生まれたラトビアのリーガで劇場を作ることが私の使命」とのことだった。

フランソワやミッシャの友人たちも数々おり、モントリオールからもわざわざ飛行機で駆けつけて下さった方も数々いらした。

その中にはモントリオールの初演を主催したUSINE Cの芸術監督ダニエル・ド・フラントネさんもいた。

「美紀、まぁ、何年ぶりかしら。2011年にモントリオールで上演して以来、こうしてまたニューヨークで『猟銃』を鑑賞する日が来るなんて！」と抱きしめてくれた。

初演の時に快く迎え入れてくれたダニエルを「演劇界のゴッドマザー」と呼ぶと、嬉しそうにビズーをしてくれた。

現在はオーストリアに住んでいることを伝え、モントリオールと比較してとても保守的な土壌であることをつぶやいてみると、「確かに表面的なウィーンは格調高く、保守的でキラキラしたイメージかもしれないけれど、裏街道を行けば、狂った世界も広がっているから、探してみて！」と、悪戯っぽい笑みでウィンクしてみせる。

合唱団の歌手だという若き日本人女性が近づいて来た。「私はミッシャの友人で、フランソワとも『ローエングリン』でずっと一緒なんです。お芝居は何年やってるんですか？」

「30年ほどさせていただいています」

「へぇ〜。日本語がちょっと古い言い回しだったけど、どうやって練習したんですか？　今時あんな言葉使わないですよね？」

どうやら井上靖さんの書かれた言葉は、お若い方には少々難解だったらしい。「ローエングリン」のプレミアで出逢った、美術のティム・イップさんもフランソワのご招待でいらしていた。

ヤン・リーピンの『孔雀』で観た彼の美術と衣装が忘れられないことを伝えると、「3人の女性を演じるあなたの声の変容に驚きました。いろいろとアイディアが浮かんだので、何かアートムービーを一緒に作れたらいいですね。日本で撮影をしたいです」とおっしゃるではないか。

あくまでも社交辞令かもしれないけれど、世界中を身軽に飛び回るアーティストの創作には垣根がないのだと、つくづく思うこの頃である。

場を移して徒歩3分圏内のイタリアンレストランで主要スタッフと別れを惜しみつつ集った。本当ならば帰って疲弊した心身と、喉を休めたかった。しかし、脚本家のセルジュも、トラブル続きで憔悴していた美術のチェスコも、作曲家のアレクサンダーも、そして、演出補のソレンヌも今宵を最後にモントリオールへ旅立っていく。せめて彼らへ惜別の思いを示したく、ほんの少しだけという約束で立ち寄ったものの、食事が始まったのが23：00で、こっそり席を立った頃には、0：00を過ぎていた。

ソレンヌが、すかさず別れを告げに来てくれた。

「美紀、あなたは真のアーティストであり、私たちにとってこの作品の指標だった。稽古場であなたとミッシャの創造の過程に同席させてくれてありがとう。最終日まで、どうか無事で」

稽古中、彼女の存在がどれほど助けになったことだろう。演出家であり、とりわけコンテンポラリーオペラの演出に力を入れている彼女が、新たな時代を切り拓いていくであろうことが、私にとっては、自分の叶えられなかった夢を叶えてくれる代理人のように思える。

日本人に生まれ、日本語圏を主戦場とする私にとって、若かりし頃にヨーロッパで観て来たような革新的な作品で勝負をすることはほぼ不可能に等しい。

ウィーンの観客と同様に保守的な観客が多くを占める日本の土壌では、自分の本来好きなものはまず企画が通らないし、万が一企画が通ったとしても、誰も関心を示してくれないだろうし、それに携わる人々の生活を保障することは困難だろう。

残念ながら国からの芸術支援が乏しく、また個人や企業によるメセナも活発ではない日本で、この先新たな芸術が育まれ、それを支持する鑑賞者や、聴衆、観客が健全に育まれるかどうか心許ない。

否、それは淘汰されつつある者の見苦しい言い訳なのかもしれない。

実のところ、制度だけの問題ではなく、自分の能力の問題もあるし、持って生まれた身体の限界により、理想とするパフォーマンスができないもどかしさも抱えている。

だからこそ、ソレンヌのような若き才能が、この世界のどこかで己が道を切り拓き、フランソワの世界を凌駕するような驚異的な作品を生み出してくれることを切に願っている。

今の夢は、彼女が演出した作品を客席で鑑賞することである。

まるでゾンビか雑巾のようにくたびれ果てたチェスコの労も労った。「あなたが最も苦しんでいたことは、皆理解しているから。予算がない中で、フランソワの理想に近づけるべく、あなたがひとりで多くを背負っていたことは、本当に申し訳なかったし、限られた条件のなかで、十分によく尽くしてくれたと思う」

セットの不具合により、常にストレスを抱えていたであろうことは周知の事実ではあったけれど、彼にアシスタントと小道具係を雇用する予算が割り振られていたら、あるいは美術セットの組立会社に潤沢な予算が支払われていたら、今目の前で起きている問題は簡単に解決できたはずなのだけれど、ない袖は振れぬもので、現状に甘んじるよりほかないのだった。

作曲家のアレクサンダーは「今回、稽古場に同席できなかったことを悔やむほど、素晴らしい公演だった。君と同じオーケストラで演奏している感覚を覚えたよ。音楽と台詞のメロディー、リズムが一心同体となっていたからね」。

そうだった。2011年の初演と2016年の再演では、台詞に感情を乗せ、着物を着付けることで必死だったため、背景の音楽に耳を傾けることができたのはわずかだった。

しかし、今回は、シェリーとアレクサンダー・テクニークのセッションをするうちに、ジョン・ケージの言葉に久々に触れた。ただ雑踏の音に耳を傾けたり、劇場の雑音に耳を傾けたりと、音楽だけでなく、そこにある全ての音を聴くことに重きを置いて演じてみると、背景の音と、台詞のリズムに心地よい相関関係を作ることができたのだった。

たとえ集中をかき乱す雑音が鳴ったとしても、台詞を続けることができるように、耳と脳を調整することができたのは、まぎれもないアレクサンダー・テクニークと、ジョン・ケージからの啓示のおかげである。

別れ際に脚本家のセルジュが耳打ちしてくれた。「美紀、君の献身は素晴らしい。12年前から君を知っているけれど、ますます君の演技に磨きがかかっていることを目の当たりにして、誇りに思う。けれど、自分の身体を守ることも考えなさい。私はフランソワと長年公私を共にしてきて、あの男のことは全て知り尽くしていると言っても過言ではない。どれほど高い水準を君に要求しているかも十分に理解している。美紀、君は今日のようなパフォーマンスをこの先26回も続けることはできない。自分自身の心と身体を守りなさい。観客はそれでも十分に君の志を受け取ってくれるはずだから、命を捧げる必要はない」

「どうしてわかったの？」

「それは、君のことを家族として、友人として愛しているからさ。君がこのまま倒れるんじゃないかと気が気じゃなかったよ」

「確かに、フランソワの求める水準でこの役を演じていると、心臓か脳の血管が危ういと思う瞬間が何度もあって、恐ろしいくらい。その反面、誰に求められなくとも自ら魂を注いで演じることが常となっているから、適当なところで手を打つなんてできない。もう、これ以上、これを続けていくことは難しいかもしれないと、本当に感じていたの。モントリオール公演も、このクオリティーを保っていたら、この先の人生を危険にさらすことになるかもしれない」

「君にも君の人生がある。私にも、フランソワにも。ここに集った皆も同様だ。この作品に魂は捧げても、命を捧げる必要はないことだけは確かだから。この先の公演も、どんなにフランソワが夢を語ったとしても、決して無理はしないように。断る勇気も必要だよ」

仕事のために命を捧げようなどとこれまでも思ったことはなかったし、「板の上で死にたい」などと微塵も考えたことはなかった。

死ぬときは、自宅か、あるいは安楽死幇助の認められた国で、美味しい食事を存分にいただいて、マーラーの交響曲第9番と、未完の第10番、シェーンベルクの「浄められた夜」を聞きながら、眠るように心地よくと決めているのだ。

ましてや、夫と出逢い、オーストリアで暮らすうちに、何でもない日々の尊さに気付いた今、『猟銃』とフランソワのために命を差し出す訳にはいかない。

ミッシャの体調に私自身の体力の限界、このプロダクションにかかるコストを考えると、モントリオールやエジンバラでの公演は、やはり幻想でしかない。あまりにも現実味を欠いているのだ。

「美紀、次は何をやりたい？」

とフランソワが尋ねるので、

「今は目の前の『猟銃』だけで息切れしそうで、次を考えるゆとりなんてありません。どうしてもとおっしゃるのならサミュエル・ベケットの『ゴドーを待ちながら』を女性版で」と軽口を叩いてみる。

するとと「じゃあ、女性版『ゴドー』で、またひとり芝居をすればいい」とフランソワが悪巧みをするので、「もう結構です」と答えてタクシーに乗り込んだ。

3月17日　どう乗り切る

昨夜の食事が祟って、声が少々ハスキー気味になっている。

ベッドから起き上がることが億劫になるほど全身が気怠い感覚に支配されている。

2日目にしてこの状況とは、この先の26公演をどのように乗り切ったら良いのだろう。

つくづく私は舞台に上がるべき人間ではないのだと思い知らされる。

心身に鞭を打ってでも演じたくて仕方がない、舞台に立っていないと死んでしまうというような御仁こそ、お客様の前で演じるべきなのだろう。

私は、ウィーンのアパートやザルツブルクの田舎の小さな山荘にて、空模様を眺めながら、ソファーに身体を横たえて、読書の傍らで午睡を貪るだけで、十分に幸せで、何も命をすり減らしてまで舞台の上に立たなくとも、人様の奏でる素晴らしい音楽に耳を傾け、優れたオペラ歌手の演じる歌劇を鑑賞するだけで、心は充足感で満たされる。

美術館に赴き、洋の東西を問わず、時代も問わず、美術作品を鑑賞し、芸術が暮らしの近くにあるだけで、自らがことさら表現などしなくとも芸術への希求は事足りるのだ。

フランソワの情熱と、バリシニコフさんへの憧憬だけでお引き受けしたものの、日毎に心身への負担が増して行く。

それでも、自身を奮い立たせるものは、おいで下さるお客様があり、ミッシャがままならない身体を抱えて何とか舞台に立とうとしていることで、今日もミッシャとの無言の交流を鎹（かすがい）に演じようと思う。

　劇場に行くと、フランソワとミッシャだけがその場にいた。

「昨夜は素晴らしいプレミアを迎えることができた。美紀、この作品に携わった全ての人間が君の献身に感謝している。ミッシャ、あなたの謙虚な創造の過程にも驚かされている」

　といつものようにフランソワが私たちを賞賛してくれた。

「それにしても昨日のあの日本人は美紀の知り合いなの？」

「いえ、全く」

「僕にね、『私は歌手なんだけど、バリシニコフ・アーツセンターでコンサートを開催したいの』って言うから、それでは皆さんと同じように書類審査を受けて下さいって言ったら『え？　私が？』ってまるで特別な人間のように振る舞うから驚いたよ。日本人は分をわきまえた人ばかりだと思っていたけれど、あんな人が日本にもいるんだね」

「私には『ミッシャとは前から知り合いで』っておっしゃっていましたよ。フランソワとも『ローエングリンでいつも一緒だから』って」

「いやいや、ミッシャは彼女のことなんて知らないし、誰にも招待されていないのに、レセプションに潜り込んで来たんだよ」

「てっきりティム・イップさんがお連れになったのかと思っていたけれど」

「彼女は、『ローエングリン』でもあくまでも合唱のアンダースタディーつまりは代役で、いつ舞台に上がれるかもわからないその他大勢の一人なんだ。それなのに、最初の舞台稽古の時に、まるでソプラノ歌手のように鼻につく振る舞いで僕の隣に堂々と座ってね。食堂でも、何の遠慮もなく僕の隣に座って来て、『私はポリアモリーで愛は開かれた物であるべきだと思っているので、誰に対してもいつでもウェルカムです！』って、言い始めたんだ。だから、僕はモノガミーだから、これで君との会話が発展することはないって断ったんだけど」

愛には様々な形があり、どのような形を選択しようとそれは個々人の自由であろう。しかし、ソリスト、合唱、ダンサー、スタッフが総勢５００人以上うごめく緊迫した現場で、名もなきアンダースタディーの女性が、演出家のすぐ隣に席を確保する厚かましさにはさすがに閉口した。

「しかも、ある日のリハーサルでは、胸が見えそうなほど小さな下着を丸出しで、お腹もさらしていたものだから、我々がそんな破廉恥な姿を見せられるのはご免だって、人事に『あれはセクシャルハラスメントだから洋服を着させるように』って通報したんだ」

なるほど、彼女は、キャスティングにも多様性が重要視されるようになったとは言え、いまだにはびこるアジア人差別の中、必死で合唱団員としての地位を確立しようと、色仕掛けに出たようだ。

「しかも、僕らのスタッフのひとりと、すでに懇ろになったというから、危なっかしいったらありゃしない。彼女は確かに美しい。そしてそれを彼女自身も自覚しているのだろう。しかし、それにしてもあの振る舞いはいただけないね」

フランソワも彼女の美しさは認めたようだから、あながち彼女の作戦は間違ってはいない。

「しかも、どこからか僕のe-mailアドレスを入手して、逢って話がしたいって頻繁に連絡をしてくるんだ。もちろん無視をしているけれど」

ニューヨークで舞台に立つためには手段をいとわない彼女の上昇志向には恐れ入った。

数多いる歌手の中で、アジア人というマイノリティーに属し、その中で埋もれてしまわぬよう、いかに這い上がるかを周到に計算し、自身の美貌と性的アピールを用いて演出家に取り入ろうとするその姿は、フランソワからのメールを無視し続けてきた私とは真逆であるがむしろあっぱれである。

彼女が歌い手としてどれほどの実力を備えているのかは知るよしもないけれど、それでも、アンダースタディーとして、メトロポリタンオペラの合唱団に潜り込むことができるくらいには優れているのだろう。

あるいはそれすらもお色気攻撃で勝ち取った物なのだろうか？

MeToo 運動が立ち上がったとしても、結局こうした手段でポジションを得ようとする女性がいる限り、あわよくばと勘違いするプロデューサーも演出家もなくならないのではないだろうか。

そして、彼女のこうした振る舞いによって、かねてより芳しくはないアジア人女性の評判は永遠に「ビッチ」に留まり、迷惑を被る同胞たちが増えることになるだろう。

その一方で、ここまでしてでも舞台に立ちたいと思う人間こそ、やはり舞台に立つべきなのではないだろうかとも思える。

ネットワーキングが面倒で、それらしき方の名刺をいただいても、結局自分から連絡することは苦手なため、先方様からご連絡をいただかない限り、積極的に自分から連絡することのない私は、やはりこうした生き馬の目を抜く世界で人を押しのけてまで這い上がるような気概は持ち合わせていない。

さて、いつものようにメイクをすると、シェリーとのセッションを受ける。

「今日は、あまりにも疲れているので、もはや目を開ける余力もありません。ベッドに屍のように横たわって目を閉じていてもよろしいですか?」

「全てあなた次第だから、決して無理はせず、目を閉じて、頭を空っぽにして、寝ていてくれればいいわ」

いつものように、左に傾きがちな頭の位置を調整するところからはじまり、肩の緊張を緩める。

足底に触れたシェリーは「ここがあなたが石の上に触れる表面なので、私の手の体温を感じてみて」。

すると、何をしたわけでもないのに、私が彼女の体温を感じたことを察知したシェリーが「素晴らしい! そして、この土踏まずでバランスを取りながら石の上を歩き、水の中を進むの」と足裏に触れながら、私の脳に語りかける。

半ばまどろみながら全身がとろけていくのを感じて、天にも昇るような気分だった。

最後に首の緊張を緩めるのだけれど、彼女の手が、頭を支え、縦横無尽に動かす一方で、両手は天井へ向けて伸ばしたり縮めたり。

その間、首に緊張が走ることなく、手の先から天井へ伸ばして行くと、舞台上で手脚を動かすのに、首の緊張は不要なことを脳に教育することができるのだった。

声を出す際にも、首に力を入れずに、自然に発声することができれば、喉を潰す心配がない。オペラ歌手たちの多くも、アレクサンダー・テクニークで喉を守る方法を学んでいるのだろう。

公演は、何とかやり過ごしたものの、緊張を解くことができず、台詞は作文の繰り返しだった。

昨夜の食事会の疲れがダイレクトに身体と脳に響いている。レセプションに参加しただけで食事を辞退したミッシャはやはり長年の経験があるだけに賢かった。

幸い日本語であることと、この作品を足かけ12年演じて来ているため、物語の概要は身体に染みこんでおり、意味を変えることなく台詞を言い換えるくらいの語彙は持ち合わせているため、恐らくお客様には気付かれていないだろう。

しかし、緊張して、ミッシャの演技から受け取ることもあまりできなくなっていた。

舞台の上で、こんなに不安で辛い思いをするのだから、公演中の食事会は、全て遠慮させていただこう。やはり十分な休息なしにして、この公演を最後まで続けることは無理に等しい。

カーテンコールでミッシャが私を前に立たせてひとりで拍手を受けるように計らってくださるのだけれど、今日はそれに全く値しないと、気落ちした。

それにもかかわらず、舞台袖に駆け込んできたフランソワは「今までで最もいい公演だった。ミッシャ、あなたの動きが素晴らしかった！　美紀、君の感情も素晴らしかった！」とご満悦だった。

「私はボロボロだったけれど、ミッシャが素晴らしかったのなら、それで十分、さぁ明日に備えて休みましょう」と脱兎の如く楽屋へ引き上げた。

日本からお世話になっているAさんが来て下さっていた。

先日ジェニファーのお宅で開催されたハウスコンサートにて出逢った、ディアナと、エルヴェ・ピエールも揃ってお出ましだった。

いかなる急なスケジュールの変更にも快く対応してくださっている美容師のTomohiroさんも。

急ぎホテルへ戻ると、ベッドへなだれ込んだ。

とにかく休みたい。休まずにはいられなかった。

3月18日　身も心も脳も

まどろみの中で電話が鳴る音が聞こえる。

フランソワからだった。

「君のパフォーマンスがどれだけ魅力的か伝えたかっただけ。起こして悪かった。何時に来る？　いくつか確認したい点もあるから劇場に着いたら知らせて」

彼は朝からご機嫌の様子だけれど、自分のパフォーマンスがよろしくなかったことは自分が最もよく理解している。

疲労感はまだ癒えず、12時まで眠り、滋陰降火湯と柴朴湯を熱湯に溶かして服用し、サプリメントがそれに続く。

朝食のポーチドエッグを添えたアボカドトーストとベリー類をランチ代わりにお願いして部屋でいただく。

ドイツ語が疎(おろそ)かになりがちなので、ニュースはドイツ語で。

舞台に立つ間、ただひたすらにエネルギーを垂れ流しにする感覚があり、たとえ時間に多少のゆとりがあったとて、生産的なことは何もできない。

せいぜい下着を手洗いすることがやっとで、精算も、お礼状を書く手も止まったままである。

ベッドの上に横たわったまま、録音してある『猟銃』の台詞を聞き流し、ただ虚空を見つめるのみの午後だった。

16：00に劇場へ着くと、フランソワがライティングやセット転換の改善点を綿密にやり取りしている最中だった。

稽古中の失われた数日間を取り戻すべく、幕が開けてからも改良を重ねているのだ。

「登場前に被っている黒い幕から、少しだけ足が見えたから、全身を幕で覆うようにして欲しい。それから、最初のお線香の着火のタイミングは、ナレーションの声ではなく、ミッシャの動作に合わせて欲しい。ミッシャには、ナレーションに合わせて早めに銃から手を離すように伝えるから」

そのほかにも細かい修正点をいくつか告げられた。

私の方でも、お線香を立てる位置の目印として、舞台上に張ってある蛍光テープがどうしても見えなかったため、位置を変更していただけるようお願いした。

ミッシャもお疲れのご様子ながら、ご自身の身体のパーツを少しずつ動かし、舞台でのムーブメントに慣らすためのウォーミングアップをしていた。

私は急ぎメイクを施し、シェリーとアレクサンダー・テクニークのセッションに入る。

「昨日はどうだった？」

「最悪でした。本当に自分でも呆れるくらいでした。アルコールを一滴も口にしなかったにもかかわらず、初日の食事会が尾を引いて、身も心も脳も、休息が不足していたようです」

「2日目のパフォーマンスは大抵そういうものよ。初日までは稽古場から劇場に移って、場当たりや照明の調整など怒濤の日々を過ごすでしょう？　それから本番はものすごいプレッシャーで。幕が開けたことを皆で祝ったのもつかの間、最終日まで駆け抜ける。その2日目は、疲労と、気の緩みと、様々な要因でうまくいかないものだから仕方ないの」

最高齢のダンサーとして、今もなおトリシャ・ブラウンの作品を世界中で踊り続けている現役のダンサーであり、ご自身も振付師であるシェリーの言葉には説得力があった。2日目の不調がパフォーミングアーツ全般に共通するものなのだと知り、気持ちが軽くなったのだ。

いつものように、私の頭も首も、四肢の関節も、シェリーのなすがままに動き、魔法がかかったかのように緊張がほどけていく。

「施術台に身体を沈めて、全身を委ねて。そして、膝頭に意識をしてみて。膝が股関節から離れていくようなイメージで」

膝に意識を取られている間に、シェリーが私の頭を縦横に動かし、首の緊張が緩んでいく。

「これはIndirect procedure（間接的手順）といって、他に意識を向けている間に、焦点となる問題箇所の解決をはかるの」

整体などで首に触れられる際に、あのボキッという手技が怖くてつい首をこわばらせてしまい、そのこわばりがその手技をより困難にしてしまうこともあった。

しかし、シェリーの言う間接的手順に従うと、頭も首も身構えることをせずに、彼女の手技を素直に受け入れることができる。

「そのまま部屋の天井や棚を観察してみて。耳は周囲の雑音をくまなく拾って。ジョン・ケージの言うように、ただそこにある音に耳を澄ましてみて。今、ここに在る（あ）ということを意識して。舞台上でも、緊張しそうになったら、雑音を聴いて、劇場の全体を観察して、自分がそこにいることを確認するの。あとはバックスペースね。呼吸は背中にも十分入ることを思い出すといいわ」

30分は瞬く間に過ぎていく。シェリーの施術により、素晴らしいパフォーマンスをするなどという過度な期待をすることもなく、必要以上に自分を卑下することもなく、今日も何とか舞台に立つことができそうだというフラットな気持ちの土台が出来上がった。

楽屋に戻ると、急ぎ着替えをし、マースに鬘（かつら）を載せてもらう。最後の三つ編みの仕上げはいつも通り自分で。

音声のジョーダンは今日も少し遅れ気味にマイクを持って来た。

「これはバルトーク？」

「残念でした。アルヴォ・ペルトです」

「もちろんアルヴォ・ペルトも大好きだよ！」

アルヴォ・ペルトの「Summa」を聴いていたところ、バルトークだと思ったらしい。

それでも、ベラ・バルトークやアルヴォ・ペルト、ジョン・ケージの名前が日常的に出て来るこの環境が心地よい。

それらの作曲家の音楽を聴いていても、決して変わり者のレッテルを貼られることはなく、むしろある種の類型にすぎないのだと思わせてくれるこの場所は、やはりアーティストのための堅牢な砦なのだ。

15分前に階下の劇場へ降りていくと、ミッシャの部屋でフランソワが雑談を交わしていた。

そして、「In culo alla balena!」とイタリア語の風変わりなおまじないを放って去って行った。

何も期待をせず、ただそこにある音を聴いて、劇場の暗闇やわずかな光を観察して、ミッシャの表情から受け取れるものをすべていただいて、ただ粛々と演じた。

それにしても、今回のニューヨーク公演では技術的なトラブルが頻発しており、もはやお客様に対して申し訳ないくらいだった。

１００分に及ぶ台詞を淀みなく述べるには大変な集中力を要するのだけれど、それをかき乱すような技術的な不具合が起こることが何と悔しいことだろう。

逆上と悲哀が複雑に入り乱れるみどりの最後に、石の敷き詰められたフロアが反転し、石が床板の下に転がり落ちて床板が露わになるという、この作品の中でもハイライトとなるような場面転換が行われるのだけれど、最後の５枚の床板が反転せず、石が床板の上に残ったままとなってしまった。

しかし、演技はそのまま続けなくてはならない。

赤いドレスを脱ぎ捨て、白いスリップドレス姿になる過程で、黒衣に扮したサラがゆっくりと歩いてきて、５枚の板を持ち上げ、手動で石を床下に落下させるのだけれど、そのタイミングで、赤いドレスが床板の間に挟まってしまったようで、ドレスを取り上げて畳む所作を途中で断念せざるを得なくなった。恐らく客席からは、私がドレスを持ち上げようと引っ張って諦めた姿が見えてしまったことだろう。

もちろん、それが当初より予定されていた芝居であるように、演じてはみるものの、こうしたことに動揺したまま、昇天した彩子の心境で台詞を朗々と述べることの何と困難なこと。

天井から降りてきた箱の吊り紐が予定通り外れるか否かもまた、心を揺るがす要素となり、私の背後では、ミッシャにキューを出すためのスタッフが立てる足音が無遠慮に響いている。もはやこの公演中に、安心して芝居に集中できる環境は用意されていないのだと諦めるしかなかった。

日本の上演スタッフがいかにプロフェッショナルで責任感が強かったかに気付かされる。日々の公演で慢心することなく、細部の確認を怠らずにいてくださったお陰で、安心して舞台に立つことができていたことに、改めて感謝の気持ちが溢れてくる。

カナダのモントリオールの人々も、シルク・ドゥ・ソレイユに携わっていた精鋭だったこともあり、ぬかりのない仕事ぶりだった。

翻って、アートやエンターテインメントの中心地であるニューヨークにおける公演で、まさかこのような素人のような杜撰な仕事が許されるとは予想だにしていなかったものだから、虚しさが心を襲ってきた。

スタッフは皆それぞれ愛らしく、決して悪い人間ではない。むしろフランソワの高い要求に応えようと一生懸命携わってくれている。しかし、パンデミックにより公演の習慣が途絶えてしまったニューヨークでは、多くの劇場がハウススタッフを抱えきれずに解雇せざるを得なかったことは事実であり、新たに招集されたハウススタッフには経験値のある人間が少なすぎるのだ。

その一方で、チケット代を支払ってお出かけ下さったお客様には、そのような裏事情は全く関係ない訳で、劇場へおいで下さった方々に対して誠実に演じることが、せめて私にできることだと気持ちを引き締めた。

舞台袖に戻ると、フランソワが「今夜はメットでも『ローエングリン』を上演中だから、すぐに出なくちゃいけないけれど、2人とも奇跡的に優れたパフォーマンスだった」と言い残して去って行った。

床に残った水で濡れた着物を脱ぐのには気を遣う。水気を吸収するにつれて縮んでしまうちりめんの特徴を全く知らないマースに、アイロンをかけるべき場所を丁寧に伝えなければならない。

その一方で、明日に備えて腰紐や伊達締めを綺麗にたたみ直す。

長襦袢の襟がファンデーションで汚れたら、エリモトでケアをすることも怠らない。

マイクをはずし、鬘を外したら、お客様をお待たせする訳にもいかず、髪はボサボサ、付けまつげをつけたままの悪魔のような姿で、青山八木さんにお贈りいただいた楽屋のれんをくぐって部屋の表へ出る。

ジェニファーとジェフリー夫妻が来てくださっていた。

ノア・ベンディックスとシャンシャン夫妻の率いるロザムンドカルテットのハウスコンサ

ートを自宅にて主催したご夫婦であり、メトロポリタンオペラのスポンサーでもある。

「哀しい物語に心を鷲づかみにされたわ。そして3人のキャラクターの演じ分けが見事だった」

「ジェニファー、あなたは愛することを望みますか？　それとも愛されることを望みますか？」

「…………まぁ、あなたは夫の目の前で何という質問をするのかしら？　次回、夫のいないところでこっそり返答するわ！」と大笑いしていた。

伊藤園北米支社の本庄洋介社長のご紹介により、フジテレビニューヨーク支局の青田社長、JALのニューヨーク支店長の新谷浩一さん、ニューヨーク日本商工会議所の前田さんがいらしてくださった。

そして、長年伊藤園の「お〜いお茶」の広告にて大変お世話になっている、キャスティング会社デルフィーの山口理香社長と舛屋樹里さんもはるばる日本よりお出かけくださった。

山口社長は初演の際にもモントリオールへおいでくださったのだった。

この度もあたたかいお心遣いとともに、ニューヨークまで応援にいらしてくださり、何とありがたいことだろう。

モントリオール、東京と比較して、技術的に見劣りする点があったはずだけれど、ミッシャの美しい立ち姿と、渾身のパフォーマンスはそれを補って余りあるものであったようで、ご納得くださっていた。

部屋でひとりデリバリーで頼んだイタリア料理店のミートボールを噛みしめながら、多くの方に支えられてお仕事をいただくことができていることを改めて実感した夜だった。

3月19日　アボカドトースト

起床後すぐに漢方薬とサプリメントを服用し、アボカドトーストとポーチドエッグ、ベリーの食事を摂る。

朝から食べることに慣れていないため、あまり食が進まない。

それでも、食べなければエネルギーが保てないと思いつつ、ポーチドエッグをひとつ、アボカドを少し、ベリーは全ていただいた。

週末はシェリーとのセッションがないため、公演の2時間前に劇場入りすることにした。

マラソン大会で5thアヴェニューが直前まで封鎖されていたらしく、タクシーがなかなか捕まらず、作戦を切り替えてUberで劇場へ向かう。

メイクをしていると、フランソワが「ハローハローハロー！」とご機嫌で楽屋に入ってくる。

「昨日も僕の友人が観に来てくれたんだが、大変評判がよかった！　もちろんこちらも人間観察のプロではあるから、それがお世辞かどうかはすぐにわかる。メトロポリタンオペラの支配人のピーターにとってはあまり好みではなかったんだと思う。もちろん僕の前では『素晴らしい』と言ってくれたけれど、それが本音かどうかはわかるものだ。しかし、昨日の友人は僕と同じモントリオール出身の、僕と全く同じ名前にeが加わったFrançoise Girardという、女性の権利や健康についての団体の代表を務める大変聡明な人で、メトロポリタンオペラのスポンサーでもある。彼女は君の演技を大絶賛していたよ！」

そしてまた、細部について新たなひらめきを述べて部屋を出て行った。

薔子からみどりへの転換で、客席への振り返りのタイミングをもう少し早くしたいとのことだった。

前回は、薔子からみどりへの転換をもっとゆっくりとのことで、彼の思いつきに毎日振り回されているのだけれど、この公演をくまなく観てくれているフランソワのワーク・イン・プログレスだと思えば、毎日演出家が何かしらのアイディアを加えることを、こちらも楽しめばいいのだ。

今日は床板の転換はうまくいった。しかし、残念ながら箱の吊り紐は外れず、黒衣のサラがそろりそろりと歩いて来た瞬間、後れ馳せながらカチリと音がして、吊り紐が天井へ引き上げられて行った。

いつになったら、こうしたトラブルが解消されるのだろうか。

終演後、読売新聞社の記者祐成（すけなり）さんが楽屋を訪ねて来て下さった。

大変ありがたいことに、STORYのコーナーにて、4回連載でこの「猟銃」のニューヨーク公演に向けての記事を書いて下さっているのだった。最終話を、こちらで実際にご覧下さった印象で書いて下さるという。

「ミッシャとのコラボレーションがやはり素晴らしいね。年齢を重ねてもミッシャの存在感は失われていない」

ご自身もヴァイオリンやヴィオラを演奏なさり、演劇のみならずバレエもくまなくご覧になっていらした祐成さんは、ミッシャとの共演を心から喜んで下さっているのだった。

何とありがたいことだろう。こうして支えて下さる方がいらっしゃるお陰で今日も舞台に立つことができたのだった。

3月20日　細心の注意を払ってきたつもり

せっかくの休日だというのに朝の目覚めから体調が優れない。恐ろしいことに咳が出始めている。

気管支が弱く、風邪を引くと必ず重度の咳を伴う気管支炎に移行してしまうため、毎朝晩鼻うがいを欠かさず、ネックウォーマーにマスクをして眠り、細心の注意を払って来たつもりだった。

しかし、16日の初日の際に、様々な方のハグやビズーを免れることができなかった上、疲弊した身体には、睡蓮池の水の温度が冷た過ぎたことも重なって、風邪を引いてしまったようだ。

十全大補湯（ジュウゼンタイホトウ）、四逆散（シギャクサン）、滋陰降火湯を東京の耳鼻咽喉科の先生の指示通りに服用し、ベッドで一日寝て過ごした。

3月21日　瞬間、瞬間を生きる

何もすることができず、ひたすら眠って過ごした。

咳は次第に酷くなり、痰も絡み始めた。

ギリギリの時間に劇場へ入り、疲弊した身体に鞭を打ってメイクを施し、シェリーとアレクサンダー・テクニークのセッションをする。

「今日は身体が辛いので、目を閉じたままでも良いですか？」

「それはあなたの選択次第です。善し悪しはありません。ただあるがままの状態を受け入れるのです」

彼女の手を信じていると、頭や首から緊張が緩み、瞬く間に全身がほどけて深い眠りに入ってしまった。

そして、心地よいまどろみはノックの音によって寸断され、30分の短いセッションは終わった。

咳が出そうになるのをこらえながら、必死で3人を演じると、スタンディングオベーションをいただいた。

もはや、自分のパフォーマンスが良いのか悪いのかもわからず、ただその瞬間、瞬間を生きるよりほかなかった。

すると、再びご観劇下さっていた読売新聞の祐成さんが、嬉しそうにニコニコしながら楽屋へ訪ねて来て下さった。

そして珍しく、私の楽屋のフロアに来ていたミッシャにご紹介することができた。

「読売新聞のパフォーミングアーツ担当記者の祐成さんです」

「ハロー、ミッシャ、私はあなたの長年のファンです」

ミッシャは、とても柔和な笑顔で祐成さんの思いを受け止めていらした。

きっと祐成さんのミッシャへの情熱は一晩語り尽くしても足りないだろう。

エレベーターに乗ったミッシャを見送ると、どこかで逢ったことのある方が立っていた。

ミッシャのマネージャーのFさんがおっしゃる。「ミッシャの友人がどうしてもあなたにお逢いしたいって」

「フィラデルフィア管弦楽団のマチアスです。こちらは妻です」

「あぁ、ヤニック・ネゼ＝セガンさんが首席指揮者の、フィラデルフィアの方ですね。『ローエングリン』のプレミアでお目にかかりましたね。あの時の約束を本当に守って下さったのですね。あくまでも社交辞令だと思っていました」

音楽畑からではなく、ビジネスサイドから雇用されているチェアマンであることが明らかで、オフ・ブロードウェイで上演される我々の小さな作品にご興味を示す方には見えなかったため、フランソワやミッシャと知り合いだったとしても、本当に来て下さったことに驚いた。

「いやいや、私は約束は必ず守ります。それにしても素晴らしかった。3人の女性の演じ分けが見事でした。特に妻が感激してね」

「ええ、本当に涙が止まらなかったわ」

「ありがとうございます。フィラデルフィアでは、ネゼ＝セガンさんとユジャ・ワンさんでラフマニノフのピアノ協奏曲チクルスを一晩でなさったそうですね。マチアスさん、あなたは何と狂ったお方なのでしょう？」

「いや、私ではなく、ユジャが狂っているんです。2時間半の公演をまるでエフォートレスに素晴らしいフローで奏でるなんて」

「昨年のザルツブルク音楽祭で、ウィーンフィルとユジャ・ワンさんがメシアンの『トゥーランガリーラ』を演奏しましたが、あちらも生涯忘れがたき演奏でした。ユジャ・ワンさんはラフマニノフにとどまらず、現代音楽も演奏なさるんですね」

「指揮者は確かエサ＝ペッカ・サロネンでしたね。カーネギーホールでもエサ＝ペッカとユジャ、そしてニューヨークフィルで演奏されましたよ」

「ユジャも素晴らしかったけれど、今夜のあなたのフローも秀逸だったわ。あなたもこんな大変な作品を引き受けるなんて狂っているわね」

　ご夫人がおっしゃる。

「ええ、確かに狂気の沙汰です。しかし、狂っているのは私ではなく、演出家のフランソワです。ところで、こちらは、日本の読売新聞の記者の祐成さんで、ヴィオラ奏者でもいらっしゃいます」

「こんばんは。私はティロさんの友人でもあります」と祐成さん。

「あ、ティロとはウィーンフィルにいる私の夫のことです」

「先日カーネギーホールで開催されたウィーンフィルとティーレマンの公演も聴きに行きましたよ。ブルックナーの８番が素晴らしかった」とマチアスさん。

　ニューヨークの治安は、新型コロナウィルスのパンデミックの影響もあり、著しく荒んだ印象を受ける。街行く人々がギスギスしていて、決して暮らしたいと思える場所ではなくなってしまった。

　それでも、いつぞや夫が言っていた通り、ニューヨークで出逢う方々との会話はやはり刺激的で興味深い。

楽屋にて、祐成さんからのいくつかの質問に回答すると、ホテルへ帰り、明日の公演に向けて早くに就寝した。

3月22日　ニューヨークタイムズ

喉の痛みと咳が気になるものの、漢方とサプリメント、そして酸素カプセルと、騙し騙しケアをしながら舞台に立った。

今日はニューヨークタイムズの「Letters to Burn After Reading」と表題の付けられた劇評が出た。

辛口が常のニューヨークタイムズにしては、作品に対する評価は概ねよろしく、字幕については不評であった。そして、ニューヨークタイムズらしい皮肉の矛先は私に向けられ、「字幕が中谷への関心を削ぎ、最終的にはバリシニコフ演じる三杉穣介こそが主役なのだと気付かされる」とのことだった。

しかし、2011年の公演と2016年の公演では、パートナーのロドリーグ・プロトーさんが、「僕の献身と苦労を誰も気付いてくれない」と時折泣き言を漏らしており、実際涙していたことさえあったことを思うと、むしろミッシャの存在感と繊細な感情表現が鑑賞者の心に響いていることが明らかとなり、嬉しかった。

彼が腰の痛みに耐えながらもスクリーンの背後で悠然と演じて下さっていることが報われ

たのだ。

そして、彼が表面だけでなく、心を砕いてこの作品に携わって下さっていることが伝わったことは、私にとっては勝利であった。

睡蓮の葉が浮かぶ薄暗い池の片隅で、裸足の若い女性がしゃがみこんで線香に火をつけている。優雅な演出だ。足首まで水に浸かった女性が水飛沫（みずしぶき）を上げながら蛇行すると、煙が水面を低く漂う。

井上靖の同名小説を舞台化した『猟銃』がマンハッタンのバリシニコフ・アーツ・センターで上演される。同じ男性に宛てた3人の女性の手紙を通して物語が語られるこの作品は、日本人俳優の中谷美紀が女性役を演じ、ミハイル・バリシニコフが男性役を演じる。バリシニコフは言葉を発さず、肉体的に雄弁な役を演じた。

睡蓮の中の20歳の薔子が最初の手紙の書き手だ。穣介（バリシニコフ）に宛てた彼女のメッセージは、最近亡くなった母・彩子への悲しみの奔流であり、彩子と既婚の穣介との数年にわたる不倫関係が日記から明らかになったことへのショックであり、そして、幼い頃から薔子に優しく接してくれた穣介とその裏切られた妻・みどりへの愛情に満ちた思い出であった。

薔子が日本語で手紙を読む間、舞台の高い位置には明快でテンポの良い英語の字幕が映し出される。その下、スクリーンの向こう側では、恰幅のいい穣介が、苦悶の表情を浮かべながら、安定したまなざしで耳を傾けている。

フランソワ・ジラールの完璧で美しい演出への根本的な不満は、字幕の配置にある。セルジュ・ラモットが脚色したこの戯曲は、言葉の密度が濃く、作品のかなりの部分を言葉に依存している。観客はストーリーのあらすじを事前に知っているだけでは十分ではなく、この小説を読んでいたとしても十分ではないだろう。

しかし、フランソワ・セガンのセットでは、英語のテキストが中谷のはるか上に表示されるため、日本語を話さない人は、字幕を追うか中谷を見るかの選択を迫られることになる。これは俳優にとっても、観客にとっても不公平である。それがこの作品を理解するうえでの障害となっている。綿密に計算されたこの作品において、これは残念なことである。

水面から石、木へと変化する仕掛けのあるセットに、デイヴィッド・フィンの絶妙な照明。ルネ・アヴリルの衣装に身を包んだ中谷は、次々と着替えていき、初々しい薔子から、赤いドレスに身を包んだみどりへ、そして白装束に身を包んだ彩子へと変身していく。この服装の変化は、穣介に宛てたそれぞれの手紙に隠された秘密と嘘が露わになっていく過程と並行しているようだ。激怒したみどりが自分を拒絶した夫に語りかけるときの態度は、不思議なほどに官能的だ。従姉妹の彩子との不倫を何年も前から知っていたと告げる。そして彩子は、自分が死ぬ決心をした理由を正直に告げる。

かつて妻にライフルを向けたハンターの穣介は、彼女の手紙を冷ややかな視線で受け取り、死んだ彩子からの手紙が彼を破滅させる。表現力豊かなバリシニコフは、そのすべてを淡々と伝える。しかし、彼のすぐ上に字幕があるため、中谷から観客のフォーカスがそれてしまう。まるで演出家が、この芝居は最初からこの男についてのものだと決めていたかのようだ。

The Hunting Gun、4月15日まで。マンハッタン、バリシニコフ・アーツ・センターにて。
上映時間：1時間35分

3月23日　プロ失格

マスクを着用して寝たにもかかわらず、夜中に咳が止まらなくなり、いよいよ風邪が気管支に入ったことを自覚した。

漢方薬は指示通り飲んでいるし、鼻うがいも、オリーブオイルでの喉のうがいも、酸素カプセルも、ありとあらゆる防御策を施しているにもかかわらず、やはり体力の消耗が激しく、ケアが全く追いついていないのだ。

鼻水も痰の絡んだ咳も止まらない。どうやら微熱もあるようだ。

今日の公演を無事にできるかどうかすら不安だった。

それでもフランソワの新たな演出は容赦なく述べられる。

「彩子の冒頭、後ろ姿でわずかに官能的な要素を入れよう。自分で自らの身体を抱きしめて、三杉との情愛に溺れながらも空虚な様を表してみて」

もはや、彼のnoteに耳を傾けるゆとりも、返事をするゆとりもなく、頷くことが精一杯だった。

シェリーはそうした私の様子を察したのか「あなたの脳に意識をさせるために私は常に語

りかけるけれど、あなたは返事をする必要はないの。ただ私の声に耳を傾けてくれれば、それで十分、反応をしなくていいから」

その言葉がどれほどありがたかったことだろう。

東京からは、『情熱大陸』などを手がけるプロデューサーの高木さんが、カメラマンの高橋さんを伴って、公演の収録のために来てくださっていた。

かつてパリにて李禹煥（リウファン）先生のベルサイユ宮殿での展覧会や、ピアニストのベルトラン・シャマユさんを訪ねて撮影した番組、そして、ベルギーでDELVAUXの工房を訪れ、撮影した番組にて、2度お世話になった信頼のおける方だった。

実は高木さんには唐十郎さんの「劇団唐組」にて演劇に打ち込んでいらした背景があり、いつしか演劇の道から足を洗ってドキュメンタリー番組のプロデューサーとなられたのだった。

『情熱大陸』は、提供スポンサーと、私が長年お世話になっているスポンサーの関係でどうしても折り合いがつかない。

さらには、２０１１年の初演の時点でＷＯＷＯＷにて『猟銃』を放送していただいており、3度目の公演となる本作を放映できるという確証はないにもかかわらず、何かの機会に素材として使えるようにと、自らリスクを取って、ご厚意で渡航して下さったのだった。

それにもかかわらず、上演中に咳が止まらなくなってしまった。

言い訳をするようだけれど、このところ、字幕を投影するプロジェクターを冷却するために、上演中に冷房が入るようになっており、その風が喉を直撃したのだった。

一度は何とか台詞を続けようとしたものの、もはや制御できないほど喉と気管支が反応してしまい、長襦袢を着付ける途中で身をかがめたまま、1分間ほど咳き込んでしまった。

「気管支の弱い私は、やはり舞台に立つに値する人間ではないのだ。もうこの『猟銃』はこれで最後にしよう」咳にむせびながら、そんな思いが去来していた。

大半のお客様は、途中で退席されるだろうと覚悟もした。

しかし、その間客席の皆様は見事なまでの沈黙を保ち、事の成り行きを見守ってくださっていたばかりか、その後に続けた台詞の最中、いつも以上に緊密な空気がただよい、深く集中してくださっていることが感じられた。

「常にあなたの愛情で幸せでございました。世の中の誰よりも」という台詞とともに暗転となり、再びステージに灯りが点ると、満場のスタンディングオベーションとなった。

憐憫の情からか、「ブラヴォー」のかけ声もいつもに増してたくさんいただいた。

少なくとも、この公演が決して容易でないことを理解してくださるお客様がいらっしゃることがありがたかった。

その一方で、この公演が困難なことをお客様に悟られてしまっては、やはりプロとして失格なのだ。

3月24日　トラブル続出

微熱は39℃の高熱に変わり、劇場入りする前に病院へ行った。

COVID-19のテストは陰性で、インフルエンザは、キットが足りなかったようで、検査ができなかった。

副鼻腔炎の可能性やぜんそくの可能性など、様々チェックした上で、「発熱とぜんそく様の気管支炎」とのことで、診断書には「数日間は公衆の面前での活動は控えるべき」と書かれていた。

咳を止める薬はないとのこと、処方されたのは、胃を不調にするリスクもある解熱剤と、腸内環境をあらす可能性のある抗生物質だった。

コロナに感染していたり、40℃を超えて発熱していたら、即座にこれらにお世話になっただろうけれど、万が一１００分間の独白の最中に胃腸に不調を来して、トイレに駆け込むようなことがあってはならぬと、熱と咳を堪えることにして、処方された薬はいずれも服用しなかった。

それでも、東京からおいで下さった高木さんたちのお気持ちと、興行の損失を思うと、週末の公演をキャンセルするわけにはいかない。

何とか漢方薬で自らの身体をなだめながら演じるしかないのだ。

楽屋のドアには、「NO SPEAKING, NO HUG, NO NOTE. Miki Has Fever….」とフランソワへのメッセージを大きな文字で書いて張り出してもらった。

「Kindly」と「Please」を添えることを伝え忘れたため、かなり直截的でキツいメッセージになってしまったものの、部屋の前までやって来たフランソワは、「OK, Miki, I'm with you」と言って引き返して行った。

シェリーには申し訳なかったけれど、お互いにマスク着用で施術をしてくださることになった。

「私は全く気にしないわ。あなたが無事にステージに立てることが大事だから。それでもあまり酷かったら、プロデューサーに相談してもいいんじゃない？　パンデミック以降は、公演のキャンセルに対して誰もが寛容になったから」

いくつかのレパートリーを抱えて世界中を旅するオペラ歌手ならすぐに代役が見つかるだろうけれど、『猟銃』に代役はいない。

そして、明日明後日は、収録日だというのにこのコンディションであることが何と悔しいことか。

ミッシャは私の体調を酷く心配して下さっていた。ご自身の身体のコンディションも万全とは言いがたい状況で、無理をしながら演じて下さっているにもかかわらず、私の心配までさせてしまい、心苦しかった。

楽屋入りの初日には私の部屋の鏡前で悠長に身支度をしていたナターシャが、舞台袖でのど飴を手渡してくれた。彼女の優しさを無碍(むげ)にしたくなくて、糖質制限をしていることを口にできなかった。

ポケットに入れていたノンシュガーのプロポリスのど飴と、ナターシャがくれたのど飴をこっそり入れ替えて、「のど飴のお陰でがんばれそう」とごまかした。

フランソワは溢れるアイディアを止めることができず、舞台袖でいくつかの指示を出してくれたのだけれど、私の身体も心も、それを受け止めるゆとりがなかった。

何はともあれ、発熱で頭が朦朧(もうろう)としている中、今宵の公演を何とかこなすことで精一杯だった。

もはや間違えずに演じようとか、入魂の芝居をしようなどとは思わず、ただその瞬間を生きることに集中していると、むしろ感情が引き出されて、体調不良の辛さと、役柄の苦しみがシンクロして、いつにも増して涙が溢れて来た。

しかし、こともあろうに、みどりの終盤でひっくり返るはずだった床板が微動だにせず、ステージ上には、みどりを演じていた時とおなじ、石が全面に敷き詰められたまま彩子を演じることになった。

こうなったら仕方がない。石の上に正座して最後の役柄を演じるのだと腹をくくった。

ところが、フランソワが忍者ガールズと呼ぶ黒衣のサラが厳かに出て来てくれたので、「何もしなくても大丈夫」だと、目線で合図を送った。しかし、無言のメッセージは伝わらず、申し訳程度に私の足場から石を除いて板の間を露出させてくれた。残念なことに、石のさばきが中途半端なものだから、大変にバランスが悪く、痛みを堪えて身体を支えることに困難を要した。

サラも私のことを考えて最善を尽くしてくれたのだから、仕方のないことだった。

明日の収録を控えて、舞台の暗部とハイライトをカメラで調整するためのシュミレーションをしていらした高木さんにしてみれば、これは悪夢だろう。

「ドキュメンタリーとしてはある意味ハプニングが起こってもがいているほうが面白いのでしょうか？」と高木さんに尋ねてみると、「公演のかっこいい映像を撮りたいので、無事を祈るのみです」とのことだった。

昨晩は、咳き込み、今宵は床板の転換ができず、石が残ってしまうという恐ろしいほどの悪条件が重なっている中、これが収録の本番でも起こったらどのように編集するのだろうかと、気が気でなかった。

3月25日　台詞は続く

夜通し咳が止まらず、30分に一度は咳き込んで目が覚めた。気管支炎を発症すると、副交感神経が優位になる夜中ほど咳が出ることはもう20年ほど前から経験しているのでもはや珍しいことではない。

それでも倦怠感と共に睡魔は襲ってきて、16時間ほど眠っていただろうか。

ギリギリまでホテルのベッドで寝て過ごし、重い身体を引きずるようにして劇場へ行った。

今日はシェリーとのセッションはない。

フランソワからは、昨日のようなトラブルはもう二度と起こさないと、そのために全てのスタッフを招集して会議とシュミレーションをしたと、誓いのメッセージが届いていた。

鼻水と痰が止めどなく溢れて、日本から持ち込んだ柔らかいティッシュペーパーが瞬く間にゴミ箱へと消えていく。

部屋の前まで来てくれたフランソワにお引き取りいただき、せめてもの静寂を保つ。

ミッシャが舞台袖で「気を強く持って！　君ならできるよ」と励ましてくれた。

愛らしいナターシャは今日ものど飴を手渡してくれた。お礼を言うと、こっそりノンシュガーのプロポリスのど飴と入れ替えて、口に含む。

技術トラブルが起こらないことを祈りつつ、鼻水をずるずると垂らしながら演じた。

欧米では、洟をすすることは、ゲップや放屁とおなじくらい恥ずべきこととされているけれど、体裁はかなぐり捨てて、滑舌に影響しそうなほど溢れる鼻水を何度もすすった。

もはや舞台上で恥をかくことなどどうでもよく思えた。

その一方で、撮影中にもかかわらず、鼻水を止められなかったことを、申し訳なく思った。

床板は、何とか全てひっくり返った。

しかし、残念なことに乱れ箱の吊り紐は自動では外れず、忍者ガールズのサラが手動で外しに出て来てくれた。

その間も台詞は続ける。映像にはしっかりとサラの姿が映っているだろう。

明日の収録で同じ問題が起こったら、編集のしようがない。あるいはミッシャの寄りの映像でごまかすのだろうか。

こうしたトラブルが起こる度に、その先のことまで心配になり、心に動揺が走る。

ただでさえ椅子も机もなく拠り所のない、何もない空間であるのに、この作品のハイライトとも言える転換が上手くいかないものだから、何と心許ないことだろう。

今や頼れるのはミッシャの存在だけなのだ。彼だけを信じ、彼の表情と、頭のてっぺんからつま先、そして指先まで神経の行き届いた優美な動きを頼りに3人の女性を演じる。ただそれに尽きるのだ。

3月26日　日本からの客人

夜通し咳をしながらギリギリまで眠り、劇場へ向かう。

今日もまた高木さんたちが収録して下さっている。

アレクサンダー・テクニークでシェリーとのセッションを始めて以来、今、この瞬間の現実を受け入れることに注力し、周囲の雑音に惑わされない柔軟性を少しずつ身に付けているところだった。

発熱により意識は朦朧としつつも、何とか公演を成し遂げた。

乱れ箱は開かなかった。サラが静かに現れて、復旧作業をしてくれたのだ。収録をしていたというのに、とても残念だったけれど、それもまた生の舞台で起こり得ること。もはやトラブルなしの公演のほうが珍しいほどだ。

終演後は、『電車男』でお世話になったプロデューサーであり、今や小説家でもあり、『百花』で長編デビューをなさった映画監督でもある川村元気さんが面会に来て下さった。『すずめの戸締まり』がロサンゼルスにてワールドプレミアを迎え、いよいよニューヨークでも公開になるためにいらしていたのだった。

コミュニケーションを不得手とするオタク青年が、インターネット住民たちからリアルタイムでサポートを受けながら、恋の成就にこぎ着けるという映画『電車男』は、2ちゃんねるのチャットをそのまま書籍化したものをベースに作られた。

かつてなら考えられなかったであろう、インターネット上の人々の言葉を実写化に導いたのが、当時26歳にして長編映画の初プロデュースを勝ち取った川村さんだったのだ。

その後の目覚ましいご活躍は誰もが知るところで、『君の名は。』に続いて『すずめの戸締まり』でも、国内のみならず、世界的にも高い評価を獲得している。

「男性にとっては恐ろしい作品でしたよ。グサグサと刺されるような。ニューヨークでこんなにお客さんが入るものなんですね。ライティングだけで、あんなに情景の変化が見えることが印象的でした」と川村さん。

やはり、稀代の映画オタクであり、『百花』で映画監督もなさった川村さんは、デイヴィッドの緻密な照明に気付いて下さった。

「『百花』のシネマトグラフィーも美しかったです。マジックアワーのショットも印象的でしたね」

「『百花』ではノーライトのシーンもありました。ほとんどワンシーンワンカットで役者さんも大変だったと思います」

だからこそ、ヒリヒリするような空気が漂っているのだ。日本の大半の人々が劇場へ足を運んだのではないかと思えるほどの大ヒット作を連発していらした川村さんの初監督作は、静謐で物悲しい物語だった。

3月27日　束の間の休息

今もなお微熱が続いている。ようやく訪れた休演日に、少しでも体力の回復を図ろうと眠っていると、フランソワから電話が鳴った。

「美紀、体調はどう？　昨日の公演でも再び乱れ箱が開かなかったことは本当に申し訳なかった。この週末は最悪の週末だったよ。メットでもね、『ローエングリン』のＨＢＯの生中継があったんだけれど、その生中継の最中に、天井から下りてくる丸い穴の空いた大きなセットが、途中で止まってしまったんだ。『猟銃』でもトラブル続きだったね。悪夢としか思えない」

2つのプロダクションを同時に抱えて双方のトラブルシューティングに翻弄されるフランソワが気の毒に思えた。

「今日、スポンサーのエマニュエラを交えてZoomミーティングを行った。そこで、君とミッシャの体調に鑑みて、火曜日の公演をキャンセルすることで承諾をもらえたよ。君たちには休息が必要だ。興行的には収入が減ってしまうけれど、エマニュエラも納得している。だからこの2日間は存分に休んで」

すでにチケットをご購入下さったお客様には、日時の振り替えという救済措置を取るとのことだった。

お客様には大変申し訳ないながら、何とありがたい知らせだろう。発熱による全身の倦怠感も、気管支の不具合も限界に来ており、ただただ眠りに就きたかった。

3月28日　屍のように

今日も一日寝て過ごす。

本来ならば、今日のお昼はフランソワ、ミッシャと共に、日本大使館のお招きに与る（あずか）はずだった。

しかし、この体調では、私自身がお伺いできないことはもとより、大使ご夫妻に何らかのウィルスや菌を移してしまう可能性もあり、フランソワが失礼を承知でキャンセルを申し出たのだった。

事前に大使館専属のシェフの方には、医師の指導の下、糖質制限をしている旨をお伝えしており、様々ご配慮下さっていたがゆえに心苦しかった。

夕方にシェリーが訪ねて来てくれた。劇場で本番前に受けるはずだったセッションをホテルに変更してくれたことは何とありがたいことだろう。

屍のように横たえた私の身体に触れるシェリーの手が優しく、心地よく、瞬く間に深い眠りに落ちた。

3月30日　またもやトラブル発生

フランソワが朝から長い長いメッセージを送って来た。

「これ以上素晴らしい作品を生み出したことは、かつてなかったと思う。演劇でも、映画でもオペラでも、これまで世界有数の名手たちと仕事をしてきたけれど、この『猟銃』ほど、芸術家としての満足をもたらしてくれた作品はなかった。少なくとも、アーティストとしての君について、僕は熟知していると言える。中谷美紀とは何者であるか、映画や演劇の学校で講義をすることもできるほどだ。すでに今回の『猟銃』を11公演分観てきたけれど、今もなお、筆舌には尽くしがたい魔法がそこには存在している。何度観ても飽きることはないだろう。

美紀さん、ぜひ次のプロジェクトを考えてみよう。何か演じてみたい役柄はない？　近いうちにミーティングができることを望んでいる」

共に創造の過程にある演出家に褒めていただけることは何とありがたいことだろう。

フランソワには遠慮なく正直に話をすることができるし、彼もまた、気取りも虚栄心もなく、正直に、素直に、そして情熱的に作品に向き合ってくれている。

ところが、プロデューサーのCから、「婦人画報のミッシャの衣装はどうなったかしら？ Diorで借りることができましたか？」という驚くべきメールが来た。

3週間以上も前にミッシャの許諾が取れた際に、私がDiorの衣装をお借りすると伝えたところ、「それならヴィクトリアに手配をお願いして、ミッシャにもDiorのお洋服を着てもらったら素敵じゃない？　こちらで手配するから安心して」と言っていたのはCだった。

それが、どうやらすっかり忘れてしまっていたようで、撮影を目前に控えてミッシャの衣装プランが宙に浮いてしまった。

そこで、ヴィクトリアにもメッセージを送ると、何も聞いていないとのこと、Cにもヴィクトリアと交渉してくれるよう頼んだものの、なしのつぶてだった。

ニューヨークを離れ、カルフォルニアの自宅にいるCは、次のプロダクションにかかりきりで、私たちの「猟銃」がもはやプライオリティではなくなったことは明らかだった。

東京との時差もあり、やり取りには空白の時間が生じてしまうことももどかしい。

今からでもニューヨークのDiorのプレスで何かお借りすることはできないだろうか？

本番を控えて演技に集中したい時に、このような問題が発生することは本当に煩わしい。

何も知らないフランソワは、部屋を訪ねて来て「美紀、僕のメッセージ読んでくれた？いつ打ち合わせをしようか？」と言う。

「心あるメッセージをありがとう。でも、残念ながらまだ体調が優れないのでまた後日」

「じゃあ、何か演じてみたい作品はない？」

「以前もお伝えしたように、私が今最も演じたい作品は近未来の作品で予算がかかる上に、フランソワの作風とは異なります。もう一つは、あなたにも適したテーマですが、原作者がフランス人の女優さんなので権利の取得がとても困難です。すでに何回かチャレンジしましたが、残念ながら折り合いがつきませんでした」

「じゃあ、ベケットの『ゴドーを待ちながら』を本当に美紀ひとりで演じたらいい」

「台詞の量は『ゴドー』の方が『猟銃』よりもはるかに少ないけれど、一人芝居で成立させるには、『ゴドー』の方が難易度が驚異的に上がってしまうから、無理です」

「そういえば、先日来てくれた、川村元気さんのプロフィールを勉強したよ。彼と何か企画できないかな」

「川村さんは、日本の映画会社のスタープロデューサーで、数字を確実に見込めるような大作を作っていらっしゃいます」

「それならブロックバスター的な作品を作ろうよ」

「いやいや、あなたはそういうタイプの映画監督ではないでしょう」

「じゃあ、低予算でなにか彼と作れないかな？」

「フランソワ、あなたとの創作の時間はとても充実していて、毎回新たな気付きを与えてくれるから、もちろんお仕事をご一緒させていただけることはありがたいことです。でも、残念ながら、あなたのおっしゃる低予算は、日本ではすでに高額の部類に入ってしまうんですよ。川村さんはミニシアターで上映するようなアート作品にも深い理解を示される方ですが、明確なビジョンのある優秀な方なので、フランソワの作風と、規模感も含めて考えると、2人は全くマッチしないと思います」

1年間に300冊以上本を読むという川村さんの、ヒットのセオリーを完璧にハックした上、時代の感覚を先取りする鋭い感性を携えた厳しいシナリオアナライズに、夢見がちなフランソワが耐えられるとは思えない。

フランソワにはフランソワの良さがあり、川村さんには川村さんの良さがあるけれど、その2人が起こす化学反応が良好とは限らない。

まだ全快とは言えない体調で、鼻水も相変わらずズルズルと流れるものの、何とか公演をこなすことができ、ありがたいことにスタンディングオベーションもいただいた。

今宵は東京からジャイロトニックのインストラクターであり、指圧師でもあり、大学講師も務める簑島桂さんが観に来てくださっていた。

彼女は長年お世話になっているフォトグラファーの伊藤彰紀さんの義妹でもある。

かつて彼女がコンテンポラリーダンスとジャイロトニックを学ぶために数年間暮らしていた街で上演されたこの『猟銃』を鑑賞すべく、はるばる飛行機に乗って来てくれたのだ。あぁ、なんとありがたいことだろう。それにもかかわらず、食事に誘う体力のゆとりがなく、髪を赤く染めた彼女とは、お名残惜しくも劇場の前で別れたのだった。

3月31日　もうどうでもいいです

劇場に向かうと、驚愕のニュースが飛び込んで来た。

婦人画報の撮影時に、ミッシャがインタビューに応じるか否かはわからないというものだった。

予め企画書と撮影の概要をお送りし、プロデューサーのCから「撮影と対談の許諾を得ることができた」との回答があったからこそ、婦人画報さんも満を持してご予算を確保し、日本からの渡航を決めてくださったのだった。

それにもかかわらず、編集担当の吉岡さんと大槻さんが東京を出発なさる前日になって、突然「インタビューはできないかもしれない」だなんて、そんな残酷な話はない。

しかも、ニューヨークの日本人向けに発信しているというさくらラジオのご担当者からも、「何度も取材の日程をお約束したにもかかわらず反故(ほご)にされた」とご立腹の連絡が来たという。

プロデューサーのCが、予算削減のためにアシスタントを雇用することができず、他の作品も同時進行で抱えていたものだから、オーバーワーク気味で、全てのやりとりに遅延を来していたことには薄々気付いていた。

そもそもこのプロジェクトは、スポンサーのエマニュエラ・バリラさんと、デイヴィッドとフランソワが具体的な数字も後先も考えずに、クリエイティブな理想だけで始めたものだった。

私には5つ星のホテル、アシスタントにも4つ星のホテルを保障し、劇場の満席時収益の10%以上の報酬を私たち出演者に保障するような条件を提示して来たのも先方だった。

喉の炎症を抑えるための酸素カプセルに関してはこちらで条件を追加し、毛利さんが交渉に当たって下さったものの、「エマニュエラ・バリラさんという強力なスポンサーがいる」ことをしきりに強調していたのはフランソワだった。

Cもファイナンシャルに関して問題はないだろうと、安心して引き受けたつもりが、蓋を開けてみたらとんでもない収支のバランスで、制作費がまるで足りていないという惨状を、呆れ気味で差配しているように見受けられた。

そのような訳で、多くの大切なやり取りがないがしろにされており、長年少しずつ積み上げて来た信頼関係を、オーバーワーク気味の彼女の危うい仕事ぶりによって失う危機をはらんでいた。

この度の創作の過程において、Cと理解し合えたような感覚があっただけに、悲しかった。

劇場に到着してすぐに、アシスタント経由で、私が怒り心頭で、全てを引き上げてオーストリアに帰るつもりであることをフランソワに伝えた。

もちろん本気で帰ろうなどとは思っていなかったけれど、あまりにも礼を欠いた日本人関係者への対応は腹に据えかねるものがあり、挑発的な交渉に出たのだった。

すると慌てて楽屋を訪ねてきたフランソワは「突然降って湧いたような問題に驚いているよ。Cが何を言ったのか、君たちがどんな交渉をしていたのか、僕はその経緯を全く知らないし、ここにいないCを悪者にしても仕方がないから、一から何が問題なのか一緒に検証してみよう」と、呑気なことを言っている。

「すでに3週間以上前から許諾を得ていたはずのミッシャのインタビューができないかもしれないと、Cが言っています。日本からわざわざ予算を捻出して来て下さる婦人画報の方々に対して、あまりにも失礼ですし、私の面目も丸つぶれです。このインタビューが叶わないのなら、火曜日の婦人画報の撮影だけしてウィーンに帰ります」

「ちょっと待って。君も知っての通り、ミッシャは、インタビューが大の苦手なんだ。彼は吸血鬼が日光を嫌うように、インタビューをすることが本当に嫌いなんだ」

「これまでにYouTubeにアップロードされているインタビューをいくつも拝見しましたが、ウィットに富んだ素晴らしい回答をなさっていましたよ」

「過去がどうだったかは知らないが、ミッシャは僕がモントリオールからわざわざ連れてきたジャーナリストのインタビューにもノーと言ったよ。仕方なく文章での回答となったんだ」

「ミッシャがインタビューを極度に嫌っていることも理解していますし、ミッシャご本人をやり玉に挙げるつもりはありません。むしろ、彼の芸術家としてのスタンスを敬うべきだと常に思っています。これは、ミッシャの問題でもなく、ミッシャのマネージャーのFさんの問題でもなく、Cのオーガナイズの問題です。もしミッシャのインタビューができないのなら、なぜそれを3週間前に言わなかったのでしょうか？　それならそうと言って下されば、婦人画報さんもわざわざニューヨークにいらっしゃらなかったと思います。入念な企画書を受け取った段階でイエスと言っておいて、直前に覆すなんて、私たち日本のクルーを冒瀆しているとしか思えません。この件だけではなく、日本人が担当するラジオでも同じように私が出演すると言っておいて、何度も無責任にキャンセルしていたそうですよ。お陰で私は信用を失いました。こんな状態で、このパフォーマンスを続けることは馬鹿らしく思えてきました。ミッシャがインタビューをしてくださらないのなら、モントリオール公演だって実現不可能ですよ。フランソワ、失礼ながら、あなたは安易な夢を見過ぎです。もっと現実に目を向けた方がいいですよ」

「美紀、モントリオール公演の話は後にしよう。今僕たちが大切にするべきなのは、今夜の公演だ。先の話は後でゆっくり考えればいい」

「ミッシャだって秋の公演のことはご存じないじゃないですか。マネージャーのFさんがおっしゃっていましたよ。まだ先の話はできていないって」

「ミッシャも僕が話したから今年の秋だと知っているよ」

「でもミッシャは先日、『終わったらすぐにモントリオール公演に旅立ちましょう』と冗談で言ったら、『君はこんなに大変な作品を本当にまたモントリオールでやりたいの？』って呆れていましたよ。彼の体調を考えても、プロモーションを勘案しても、やはりモントリオール公演は現実的ではないと思います。私だって、こんなに命を削るような作品を1ヶ月も続けるなんて、本当に、もう無理です。私にも自分の人生があります。舞台の上で死ぬのなんてまっぴらごめんです。モントリオール公演は、本当に無理です」

「ミッシャともこの先の公演については追々話そうと言ってある。先のことはいいんだ。今、このニューヨーク公演に集中しよう」

フランソワは芸術家として心からの信頼に値する。だからこそ、この『猟銃』のクリエイションを、3度までも共にしている。その一方で、ポジティブ思考が過ぎてあまりにも夢見がちで、現実を直視しようとしていない。

この状況は、いつ倒壊するとも知れぬ、基礎に欠陥のある高層ビルで暮らしているかのような感覚だ。このような不安定な環境で演技をしなければならないことに憤りを通り越して、失望してしまい、体調の悪さも相まって、「もう、この作品を続けることに意味を感じられません」と伝えた。

「美紀、間もなく公演が始まる。公演後にFにこの部屋に来るように伝える。何か妥協案がないかFと話し合おう」

「本当にもうどうでもいいです」

「どうでもいいなんて言わないでくれ。僕はこの作品に全てを捧げている。いつもなら初日が開けたら次の仕事のために劇場を去るのは知っているよね？　でも今回は毎公演全て観てきた。何度観ても飽きないんだ。君たちが日毎に新たな煌めきを放つ瞬間を見逃せないんだ。だから、どうでもいいなんて言ってはいけない」

このように説得すれば、私が納得するとでも思っているのだろうか？

彼が情熱的に語りかけることで、誰もが心を動かされ、不可能を可能にして来たことは確かであり、実際に私も彼の情熱にほだされて困難な作品を引き受けて来た。

しかし、この度の件に関しては、彼の過度な楽観は何も解決することはない。

ミッシャはペシミストの嫌いがあり、フランソワはポジティブシンキングを通り越したドリーマーである。そして私は過度の悲観も楽観もしない現実主義者である。ある意味この3人のバランスは絶妙なトライアングルで保たれている。

いずれにせよ、フランソワにこの問題がどれほど深刻なものか理解を促す必要がある。

これまで大概のことは何とかなると思っていたし、実際にいつだって解決策や逃げ道を見つけて来た。何か不都合が生じても、それ以上の幸運が舞い込んでくることも多々あったけれど、毎日極限まで自らを追い込んで死にゆく女性を演じている傍らで、信頼関係が揺らぐ出来事に直面し、希望が持てなくなっていた。

今夜の公演は2011年の初演と同様に薔子のテンポを著しく速めて演じることにした。お客様には事の次第は全く関係のないことなので、心をこめて演じることには違いない。ただテンポを速めるのだ。客席ではフランソワが動揺しているだろう。

案の定、上演後、いつもなら舞台袖へ上機嫌でやってくるフランソワが、珍しく言葉を失って、私にどんな言葉をかけたら良いのか考えあぐねているようだった。

何のエクスキューズもなく、機械的に「また明日」とだけ言って、楽屋へ戻った。

着物を脱ぎ、ニットとジョガーパンツ、ブーツという公演中はほぼ制服化した私服に着替えると、ミッシャのマネージャーのFさんが部屋を訪ねて来てくださった。

「フランソワはどちらかにいかれましたか？」

「美紀、この会話にフランソワは必要かしら？　彼なしでも大丈夫よね」

これまでマネージャーと言われる方々に数多お目にかかって来たけれど、その中でも群を抜いて誠実かつ繊細な方である。

ゆっくりと丁寧に、小さめの音量で話すFさんからは、常に言葉だけではなく、非言語表現からも相手の真意をくみ取ろうとしていることが感じられる。

ミッシャへの敬意と、深い愛情から、外に対してはしなやかな態度で相手の要求をかわし、地位も名声もあるミッシャから何かを奪おうとする不届きな輩から守るべく、堅牢な砦となっていることが感じられる。それも相手と真っ向から闘うのではなく、武道の達人のようなやわらかい振る舞いで、言葉少なく相手が状況を察するように導く力とエレガンスを携えている。

ミッシャへ話すタイミングと言葉を慎重に選び、ありとあらゆるお誘いや依頼の中でも本当に彼に相応しいものを賢明に選択して、丁寧に伝えていらっしゃる。

同じアジア人であることから親近感すら覚える。

そして、婦人画報の件については、

「プロデューサーのCを通じて質問事項が送られてきたので、ミッシャにはすでにそれを渡してあります。彼が文章で回答済みなのでこれ以上舞台に出演中の彼に負担をかけることは避けたいです。美紀、この作品が彼にとってどれだけの重圧か理解してくれるわね」

ミッシャの腰の不調と、その痛みによる不眠も理解しているFさんは誠実に彼を守ろうとする。

そのような彼女にこれ以上のお願いをすることはためらわれたけれど、こちらとて日本からはるばるおいで下さる婦人画報の方々に誠意を尽くす務めがある。

「Fさん、あなたがミッシャを想い、彼の最大の理解者であることに敬意を表したいと思います。そして、この公演を支えて下さっていることにも感謝をしています。ただ、日本からおいで下さる雑誌も、ミッシャが敬愛なさっている坂東玉三郎さんも度々ご登場されており、芸術文化の発展と継承に多大なるご尽力をなさっている由緒ある雑誌なんです。決して安価ではないご予算を割いて、ミッシャのお写真と、お言葉をいただきたくて来て下さるんです。それはFさんもご理解いただけますよね？」

「でも動画はやはり無理です。彼はカメラの前でのインタビューが本当に苦手なので」

「婦人画報に関して動画の撮影はありません。あくまでも口頭でのインタビューを雑誌の誌面で、文字でお伝えするだけです。ただし、東京のドキュメンタリーのディレクターがどうしてもミッシャのお言葉をいただきたいとのことです。これについては、ご負担のない範囲でほんのひとことでも結構ですのでお言葉をいただけないでしょうか？」

「そのドキュメンタリーのスタッフは今もこちらにいらっしゃるのかしら?」

「彼らはすでに日本へ帰国しました。白井さんと、高木さん、それぞれご自身でリスクを取って、ご取材にきて下さったので、少しでも彼らに報いる方法はないでしょうか?」

「白井さんと高木さんは男性、女性?」

「白井さんが女性で、高木さんが男性です。ただ、お二方はすでに日本にいらっしゃいますので、私のアシスタントがカメラを回して通訳の方によるインタビューとなります」

「明日ミッシャともう一度話してみるけれど、あまり期待はしないで下さいね」

「Fさん、ミッシャはモントリオール公演のことをまだご存知ではないのですよね? 私はミッシャを尊敬し、Fさんを信頼するからこそ、本当のことを申し上げます。カナダでも世界中の多くの都市と同じように、パンデミック以降、観客が劇場へ足を運ぶ習慣が断たれてしまったと友人知人から聞いています。そして、ミッシャの華々しい時代を記憶している世代、井上靖さんが書かれたこの『猟銃』を深く味わうことのできる世代の多くは、未だに劇場へ戻って来ていません。ただでさえ集客は難しく、インタビューを受けていただけないのなら、なおのこと集客は難しくなることが予想されます。ミッシャが最後にモントリオールで公演をなさったのはいつでしたか? きっとご盛況で、モントリオールのお客様に対してとてもよい印象をお持ちのことと思います。このようなことをお伝えすることは心苦しいのですが、インタビューを受けていただけなかったら、劇場へお客様がおいで下さることも難しく、恐らくミッシャを失望させることになると思います」

Fさんは私の手を柔らかく握っておっしゃった。

「美紀、モントリオール公演についてはあなたもお察しのように、私はまだミッシャと具体的な話はできていないの。ミッシャの体調もまだ全快ではないし、この公演が終わったら回復に時間を費やすはずなので。それは、理解して下さるわよね？　あなたのことも心配よ。こんなに命を削る作品は他にないから。あなた自身の身体も心も守ってね」

結局、Fさんの素晴らしいお人柄とミッシャを守る真摯な想いに押されて、それ以上の折衝をすることはできなかった。

4月1日　まさかの途中降板？

Fさんがミッシャと話し合ってくださったとのこと、アシスタントのUが公演中に翻訳機を使いながらFさんと詳細を話し合うことになったという。

その結果得られた回答は、やはり、すでに文章で回答を得ている婦人画報の追加のインタビューは受けられない上、ドキュメンタリーチームに関しても、ディレクターご本人がいらっしゃらないのなら引き受けることはできないとのことだった。

これまでのインタビュー映像と照らし合わせて推察するに、ミッシャは、お仕着せの質問を列挙するだけではなく、彼の回答を受け止め、ウィットも含めて会話を発展させることのできるインタビュアーを求めているのだろう。

ディレクターご本人ならと許諾をいただけたにもかかわらず、すでに日本に帰ってしまったために、それが叶わない。

通訳の方が代理でインタビューをすることは望んでいらっしゃらないようだった。

それでも、婦人画報のインタビューは、現場で直接お願いすればできるような微かな希望も捨てていない。

とは言え、明日にはニューヨークへ到着なさる編集部の方々に確約が取れないまま撮影をしていただくことも心苦しい。

これはフランソワに直接説得していただくより他に方法はない。

しかし、こともあろうに、ゲネプロから毎日欠かさずこの公演を客席で観てきた彼が、初めて「ローエングリン」の公演を観に出かけてしまったため、呑気なメッセージが送られてきたまま、連絡が取れなくなっていた。

「美紀、今首脳陣で話し合って、ミッシャと美紀の休息のために、次の水曜日と11日火曜日の公演をキャンセルすることにしたよ。君たちはあまりにも疲弊している。また、睡蓮池の水も温水器を購入したから、週明けには解決するはずだ。忍者ガールズの足音も静かになったでしょう？　それから、どうやらFが問題を解決してくれたようだね？

今夜は見に行けないけれど、『ToiToiToi!』

「解決どころか、何も進展していません。私はニューヨークに滞在すべきモチベーションを失いました」とだけメッセージを送ったものの、一向に既読になる気配はない。

果たしてどうなることやら。これまで「嫌われ松子の一生」の撮影で半日だけエスケープしたことはあったものの、作品を途中降板したことはない。

これが初めての降板になるのだろうか？

4月2日　幸運な体質

日曜日はマチネの公演のため、いつもより早めに起床すると、Commonsの西山宏明さんから、メッセージが入っていた。

「教授の訃報、今解禁いたしました」と。

ついにこの時が訪れたのだ。

初めて坂本龍一さんのコンサートを訪れたのは、1993年のオーチャードホールだった。その前年、ある方に『音楽図鑑』と『千のナイフ』そして、『BEAUTY』と3枚のアルバムをいただいて以来、クラシック音楽を踏襲しつつもテクノやロックも自在に操り、ワーグナーに端を発し、シェーンベルクが切り拓いたと言われる無調音楽をも密かに忍ばせた教授の音楽に心酔していた。

初めて訪れたそのコンサートでは、力強く奏でられるピアノの音と、ヴァイオリンとチェロの美しすぎないアンサンブルが印象的だった。

盲目に耽美主義に走るのではなく、美しい旋律の中にも、ビターな不協和音が忍ばせてある教授の音楽は、厭世的な気持ちを抱えていた10代の私には、自らの迷いや矛盾を忘れさせてくれる拠り所だった。

今思えば、糖質を上手く代謝できない体質のために、音や光に過敏に反応し、気分の浮き沈みが激しかっただけなのだけれど、教授の音楽は、暗澹たる世界に差し込む一縷（いちる）の光明のように見え、救われたのだった。

音楽家のテイ・トウワさんから「歌を唄ってみないか」と、当時お世話になっていた事務所を通してお声がけいただいた際に、生意気にも「現在は坂本龍一さん以外の方の歌を唄うつもりはありませんので」と、お断りする方便のような形でお伝えしたところ、「それなら坂本龍一さんをご紹介しましょう」という夢のようなお話をいただいて、日本武道館へ伺ったのは、「Sweet revenge tour」が開催された１９９４年、18歳の時のこと。

あの日はZUCCaのロングのニットワンピースを着て行ったことを記憶している。

私の無礼なお断りにもかかわらず初対面のテイ・トウワさんは本当に教授の楽屋へご案内くださり、お目にかかれただけでも嬉しいことだったのに、事もあろうにあの世界のサカモトが、「扉を大きく開いて待っていますから」と、おっしゃった時には気絶しそうになった。

この頃からだろうか？　願いがなぜか叶ってしまうという不思議なことが続くようになったのは。

自ら述べるのもなんだけれど、私は幸運な体質だとつくづく思う。

人とのご縁にも恵まれているし、お天気にも恵まれている。新たな作品に入るのが不安で「中止にならないかなぁ」と思っていると、雨が降ったり雪が降ったりして撮影が中止になったことがある。

毎日睡眠時間が1時間というような過酷な撮影が続いた際に、寝坊をしてしまい、土下座をして謝罪をするも、なぜか雨が降ってきて、どのみち撮影が中止になる運命だったりしたことも何度かある。

新潟で伊藤園「お〜いお茶」の撮影をした際には、春の暖かい時期だったために降雪車を用意していたにもかかわらず、本当に雪が舞い降りてきて美しい映像を撮影することが叶った。石垣島へ行こうとしたら、台風が接近して来て、フライトが運行中止になる可能性があったにもかかわらず、その台風が見事に横に逸れて、何事もなかったかのように運航できたこともある。

坂本龍一さんとの出逢いにも恵まれた上、敬愛するブライアン・イーノとの対談の機会も与えていただき、近年では画家の李禹煥（リウファン）先生とも知己を得ることが叶った。

これもまた不思議なご縁で、坂本龍一さんの存命中最後のアルバムのカバーに李禹煥先生がドローイングを寄せている。

これと言った特技もない私が、多くの方々に支えられ、仕事に携わることができているのも幸運の証しであろう。

1995年は目まぐるしい年だった。

大森一樹監督のオムニバス映画「大失恋。」で映画に初出演し、そのまま利重剛監督の「BeRLiN」で映画初主演となった。

そして、その「BeRLiN」の役が抜けきらず実人生の実感がなく、フワフワとした意識のまま、アルバム「SMOOCHY」で教授が作曲、大貫妙子さんが作詞をなさった「愛してる、愛してない」を唄わせていただくことになった。

当時フォーライフレコードが所有していた、屋上にプールまである世田谷のパラダイススタジオには、教授ばかりか大貫妙子さんもおいで下さり、お2人とも私のあまりの下手な歌に仰天していらしたことが忘れられない。

声は精神状態に影響されると言われており、世界のサカモトと、心の琴線に染み入る歌詞と歌声を誇っていらした大貫妙子さんを目の前にして、緊張で声もうわずっていた。

「そんなに声を張り上げないでジェーン・バーキンみたいにウィスパー気味に歌ったらいいわよ」との大貫妙子さんのご指南により、どんなに歌唱力が劣っていたとしても、雰囲気でごまかす方法に開眼したのだった。

当時からピッチが悪ければコンピューターで修正することは可能だったことと、一度唄った自らの声に、さらにもう1トラック自らの声を被せてレコーディングする「ダブル」という手法により、カバー写真をニック・ナイトが撮影した「SMOOCHY」に、辛うじて拙い歌声を収めることができたのだった。

坂本龍一さんの訃報に触れたことにより、すっかり忘れていた30年ほど前の記憶が久々に蘇って来た。

正直なところ、歌を唄いたい訳ではなかった。教授の音楽に触れることだけが喜びで、売野雅勇さんの詞の世界観を無感情に声にするボーカロイドを演じているような感覚だった。

さらに坂本龍一さんが作って下さる音楽に歌詞を書くことが許されるようになってからは、音の数を計算しつつ、言葉の語呂合わせを楽しむパズルのようで、作詞に夢中になった。

その一方で、この世に歌を唄いたいと願う方は数多おり、歌唱力も表現力もはるかに優れた方がいくらでもいらっしゃるにもかかわらず、私のように歌唱力も表現力も持たぬ者が、坂本龍一さんのような偉大な音楽家に曲を提供していただき、レコード会社のサイクルに従って、ほぼ自動的に新曲やアルバムをリリースし続けていることに心苦しさも感じていた。

シングルをレコーディングしたのは、2001年に発売された「エアーポケット」が最後だったと思う。

桃井かおりさんとご一緒させていただいたドラマ「R-17」の主題歌にもなった曲だった。

昔はB面と呼ばれたシングルに付随する曲には、ニコの「CHELSEA GIRLS」のカバーを、ニューヨークでレコーディングして収めたのだった。

スタジオから伝説のチェルシーホテルに電話をかけ、そのやり取りを録音したりもしたことを久々に想い出した。

確か、その直後にレコード会社の決算の都合で不本意なタイミングでベストアルバムをリリースすることになり、へそを曲げた私は、「もう二度と唄いません」と、当時お世話になっていたレコード会社に宣言したのだった。

その後、教授がご自身のレーベルCommonsでプロデュースなさった「にほんのうた」にお声がけいただき、「ちいさい秋みつけた」を唄わせていただいた２００７年が、教授との最後のお仕事となった。

その後も一ファンとして教授の音楽に耳を傾けて来たけれど、近年の作風はいわゆる口ずさむことのできるメロディーなどとは無縁の、音の断片の集合のような作品が多くなったように思える。

ご自身の余命を視野に入れてのもの作りは、エゴから解き放たれ、まるで呼吸をするかのように音と向き合っていらっしゃるように見受けられ、脈拍や、心臓の鼓動、あるいは、胎内の音のようにも感じられる。

それが体力の衰退によるものなのか、意図的なものなのかは、わかりかねるものの、お若いころの作品と比較して、鍵盤を奏でるタッチが顕著に柔らかく、繊細に聞こえる。

李禹煥先生がドローイングでカバーを描いた最後のアルバム「12」を聴きながら楽屋でメイクをしていると、フランソワが部屋を訪ねてきた。

「美紀、Ryuichiが亡くなったんだね。何ということだ。彼とは映画『SILK』の打ち合わせの際に、ブラームスの交響曲1番を一緒に口ずさんだことが忘れられないよ」

フランソワと哀悼の意を分かち合いたかったものの、婦人画報の問題と、ドキュメンタリーチームのインタビューの問題がまだ解決しておらず、感傷に浸ることはひとまずお預けにした。

「フランソワ、何度もお伝えしているように、ミッシャにインタビューの依頼をして下さらないのなら、日本からわざわざ来て下さった婦人画報の編集部の皆様と、ドキュメンタリーチームとの信頼関係を失います。二度と彼らの雑誌にお声がけいただくこともなくなるでしょう」

「ちょっと待って、ミッシャのマネージャーのFと君たちの間で、誤解が生じているようだから、整理するよ。編集部は予めミッシャに質問のリストを送って来たから、ミッシャはそれに文章で回答し、すでにそれをFが受け取っている。つまりは、さらなるインタビューをする必要はない訳で、Fもインタビューにアレルギー反応を起こすミッシャにこれ以上お願いすることをためらっている」

「でも、プロデューサーのCにはすでに3週間以上前に、取材の内容と事の次第を編集部から送って、了承の返事をいただいている。だからこそ、高額な予算を割いてわざわざ日本から取材に来て下さっているんです。質問事項は、先方が良かれと思って、予め送ったもので、文章での回答を求めたことはないはずです。亡くなった坂本龍一さんも連載をなさっていましたし、ミッシャの敬愛する坂東玉三郎さんも何度も取材を受けていらっしゃる、芸術や文化を大切に伝える上質な雑誌なんです」

「美紀、その雑誌がどれほど大切かはわかった。でも僕だって、モントリオールからわざわざミッシャのインタビューを取りに、ジャーナリストとカメラマンが飛んで来てくれたのに、文章での回答になったんだ」

「舞台に立つ以上、プロモーションに協力するのはアーティストの務めですし、一切の取材を受けずに集客をすることなんて無理なのではないでしょうか？」

「ポストパンデミック下では、ブロードウェイのミュージカルにもお客さんが戻って来ていない。『オペラ座の怪人』ですら以前のように席を埋めることは難しくて35年の歴史に幕を下ろすことになったことは知っているよね？」

「もちろんそれは理解しています」

「君も承知のとおり、僕らも火曜日と水曜日の集客には苦戦していて、今回僕はお金を失うことになりそうだよ。でもミッシャのことが好きで、彼と仕事をしたいから彼が取材に非協力的でも全く構わない。そして美紀、君とミッシャの化学反応を目の当たりにして毎日鳥肌が立っている。この作品を最も愛しているのは、君たちのパフォーマンスを毎日観ても飽きずに更に楽しんでいるのは、紛れもないこの僕だ」

「あなたが、自画自賛をして、このパフォーマンスを楽しむのは、それはご自由です。あなたの個人的なご趣味のために、長い台詞を記憶し、心身を酷使することを求められていたのでしょうか？ 厳しいことを言うようですが、お金を失ったとしても、それはプロデューサーとしてリスクを取った以上、アーティストにプロモーションへの協力をさせることができないのなら、それもご自身の責任ではないでしょうか？ 私も、今回の件で婦人画報さんがご負担くださった費用を賠償する必要が生じるでしょう。日本からいらしたドキュメンタリーのクルーも同様です。あなたが失う金額よりも多くを失うことになるでしょう。しかし、金額の多寡はどうでもいいことです。お金を失うことよりも、信用を失うことの方が問題です。私にとって大切な方々をないがしろになさるのなら、火曜日に婦人画報の撮影だけ済ませて、水曜日のオーストリア航空でウィーンへ帰ります。私の主戦場は日本ですから、ニューヨークでのキャリアは重要ではありません。継娘の誕生日ももうすぐですし、むしろ帰ることができて嬉しいくらい。もしご不満だったら訴えていただいても結構です」

このようなことでせっかく築いたミッシャとのアーティスティックな信頼関係や、12年にわたるフランソワとその周辺の人々との家族のような関係を断ち切って降板をすることはとても哀しいことで、心が痛む。何よりも、共に苦しみながらも大切に愛情を注いで創作して来た『猟銃』を途中で投げ出すことは、断腸の思いである。その一方で、世界進出のような野望は全くなく、日本で長年にわたり少しずつ築き上げてきた信頼関係の方が大切なのだ。

正直なところ、ミッシャとの交渉の間に入っている方々のどこでコミュニケーションの齟齬が生じ、このようなことになってしまったのか、もはやわからない。

犯人捜しをして、特定の人物を責めるつもりも全くない。

しかし、Cが自宅のあるカリフォルニアに帰ってしまった以上、プロデューサーを自任しているフランソワがミッシャを説得し、この問題を解決してくれなければ、全てをご破算にするよりほかないのだ。

それは、アメリカにおいて日本人の尊厳を勝ち取るための闘いでもあった。ここで泣き寝入りし、不平等条約に甘んじていては、いつまでたっても私たち日本の女性は、西洋人の都合の良いように蹂躙されるマダムバタフライのイメージのままだ。

「美紀、わかった。君が日本からのチームをどれほど大切にしているかよく伝わった。ミッシャには僕が責任を持って伝える。『婦人画報のインタビューを受けるべきだ』と。ドキュメンタリーのインタビューは、僕自身がインタビュアーとなって撮影させてもらう。絶対に約束するから。万が一これができなかったら、君がウィーンに帰ることを止めない」

「本当ですね？ 約束が守られなかった場合には、すぐさまウィーンへ飛び立ちますので」

「そのかわり、美紀、一度深呼吸をして『猟銃』の世界に戻ろう。先週の金曜日の夜、君は怒りにまかせてものすごいスピードで薔子の台詞を述べたものだからパフォーマンスはいつもより7分も早く終わった」

怒りにまかせてではなく、失望のために一切の情熱を失ったことがフランソワに伝わるよう、感情は大切に演じつつ、初演時と2016年の再演での演出と同じように、台詞を早口で述べてみたのだ。

「7分も早く終わったなんて全く気付きませんでした」

あえて知らぬ存ぜぬを貫くことにした。

「頼むから、繊細な芝居をするいつもの君に戻ってくれないか」

「承知しました。では、お望みの通り芝居に集中したいので、ひとりにしてください」

と意図的に彼を突き放した。

開演直前に再びフランソワが私の部屋を訪ねてきて「美紀、ミッシャは首を縦に振ってくれた。安心してパフォーマンスに集中して。婦人画報の対談も、僕のインタビューも受けてくれることになったよ。お陰で僕も安心してロサンゼルスへ飛べる。今日は終演後に、仕事でロスに滞在中のユナに逢いに行くんだ」

ひとまず安堵したところで公演がはじまり、お線香に火を点すと、教授のご逝去を思い、哀しい気持ちが去来した。

しかし、それに気持ちを引きずられては台詞が出てこなくなる可能性がある。一切の雑念を取り払って、純粋な気持ちで3人の女性たちに向き合った。

客席からは携帯電話の着信音が3度も鳴り響いた。それも同じお客様の電話で、一度目の着信でも携帯電話の電源を切る気配はなく、3度目も悪びれる様子もなく、こちらもそれに気を取られまいと心を立て直すのだけれど、少し台詞を誤りそうになり、作文で繋いだ。

終演後、客席でご覧下さっていた婦人画報の吉岡さんと大槻さん、そしてフォトグラファーの小浪さんと打ち合わせがあった。

「この度は、はるばる日本からお越しいただきましたのに、こちら側の不手際により、数々のご心労をお掛けしてしまい、申し訳ございませんでした。少々荒い一世一代の賭けに出まして、ちゃぶ台をひっくり返そうとしたところ、何とか一件落着しまして、ようやく矛を収めることができました。返す返すも申し訳ございませんでした」

「もう、それ以上謝らないで下さい」

いいえ、何度謝っても足りないだろう。

そもそもこの企画は、夫ティロの所属するPHILHARMONIXのアジアツアーの際に、東京公演にお出で下さった西原史編集長と、編集の吉岡尚美さんにお願いをして立案していただいたものだった。

コロナ禍による空白期間を経て、企業のスポンサードによるタイアップページではなく、編集ページとしては初めての海外ロケとなり、編集長のみならず、ハースト婦人画報社の社長決裁が必要だった特例の企画だったとのこと。

当初企画していたバリシニコフさんとの対談ができなかった場合、吉岡さんと編集長の西原さんのお立場が危ぶまれることとなったであろうことは想像に難くなく、それだけは避けたいことだった。

先方様からご提案いただいた撮影案は、大変素晴らしく、バリシニコフさんと過ごして来たこの2ヶ月弱の、濃密で豊かな時間の記念となるような撮影が楽しみでならない。

まだ空の明るいうちに帰ることができるのは何と嬉しいことだろう。

夜の咳はだいぶ収まって来たものの、本調子ではなく疲れた身体をとにかく休めたかった。

4月3日　ヴィレッジ・ヴォイス

休演日。

2月に日本でZoomインタビューを受けていたThe Village Voiceの記事がようやく出たという。

ニューヨークのカルチャーシーンを報じる同紙はいつしかフィジカルな新聞の発行を廃止したことが話題となり、ショックを受けた記憶がある。

日本におけるぴあ、フランスにおけるパリスコープと同じように、紙媒体では生存が難しくなったのだ。

この度、オンラインで生き延びていたことを知り、嬉しくなったと同時に、まさかあのヴィレッジ・ヴォイスに「猟銃」についての記事が掲載されるなんて夢のようだった。

「The Hunting Gun-Its Aim Is True」という見出しのそれは、左記のように書かれていた。

『猟銃』の2人のスターは、それぞれロシア語と日本語を母国語とし、フランス系カナダ人の演出家と共に、１９４９年の井上靖による日本の小説を原作とした戯曲に取り組んでいる。

世界で最も有名なダンサーの一人は、舞台上の半透明のスクリーンの向こうで沈黙を守っている。日本の著名な歌手・女優が従姉妹姪・娘、妻、愛人・母親を順次演じ、全員が同じ男に宛てて激しい手紙を書く。

女優は一度も捌けることなく、舞台上で髪型と衣装を次々変えながらそれぞれの女性を演じ、井上の184ページの小説に105分で命を吹き込む。『猟銃』は、中谷美紀が薔子、みどり、彩子を演じ、ミハイル・バリシニコフが三杉穣介を演じる二人芝居で、バリシニコフのアメリカ・デビュー作でもある。英語字幕付きの日本語で上演され、あらすじは「3通の手紙。ひとつの悲劇」と説明されている。三杉は不貞を働く実業家でありハンター、中谷演じる薔子は悩める義理の従姉妹姪、彩子は愛人で薔子の母、みどりは快活な妻であり彩子の魅力的な従妹である。

中谷はカナダと日本で上演された同作品に出演しており、『猟銃』のドラマチックな結末に何が待ち受けているかを知っている。「毎晩、自分の体をナイフで切り刻んでいるような気分でした」と中谷は言う。

3月16日の初日を15日後に控えたこの日、ミッドタウンにある天井の高いリハーサルスタジオの奥で、バリシニコフは脇目も振らずに猟銃を磨いていた。すると、そのライフルをゆっくりと構え、赤いスリップドレスに身を包み彼に背を向けてスタジオの床にしゃがみこんでいた中谷に照準を合わせる。それを見たディレクター兼クリエイティブ・プロデューサーのフランソワ・ジラールが飛び起き、バリシニコフの耳元で何か指示を囁く。雨の降るこの日、空の色のような銀色の髪をしたバリシニコフは、サスペンダー付きのツイードのズボンに身を包む。中谷とリハーサルを始めてすでに数日が経過していた。受賞歴のあるこの女優は、２０１１年にカナダと東京で、ジラールの演出のもと、この役で舞台デビューを飾った。ジラールとの初めての仕事は、２００７年の映画『シルク』だ（アメリカ人には、日本のホラー映画『リング』の女優として知られているようだ）。

現在、75歳のバリシニコフは、１９８５年の映画『ホワイトナイツ』での有名な11回のピルエットを再現することはないかもしれないが、その引き締まった体軀は、「静寂」という新たなチャレンジに挑んでいる。その日のリハーサル後、彼は画期的なモダンダンサーであり振付師のマーサ・グラハムが彼のパフォーマンスに与えた影響について口にした。「（ジラールは）静寂な瞬間が大好きなんだ。例えば、今回の僕のように、完全な長い長い沈黙の瞬間がね」。ラトビア生まれのパフォーマーは、アクセントの強い英語でこう続ける。「言葉を発せずに瞬間の激しさを保つことは、私にとって少し馴染みがあります。でも、今回、言葉を発しない、踊ることもしない役を演じるのは、とても興味深い挑戦です」

バリシニコフの煮えたぎるような静けさと存在感がすべてを物語っている一方で、言葉と身体が刻々と変化するのは女優のほうだ。ジラールは、アレクサンダー・テクニークという方法を今回の舞台に取り込んだ。アレクサンダー・テクニークは治療にも使われているが、多くの俳優が、要求されている表現に自分の身体の準備が整っているかを確認するために活用している。『猟銃』では、中谷のフィジカルが3人の女性を特徴づけている。彼女の身体と言葉は、20代になりたての薔子役では緊張感と激しさを、33歳のみどり役ではドラマチックに秘めた想いを表現し、そして、自分の不倫は誰にも知られていないと信じている愛人であり母である彩子役では、堂々として諦観に満ちている。

稽古後のメールでジラールがこう説明している。「薔子は内向的で怒りっぽく、自分のことを醜いと思っている。薔子の呼吸、歩き方、話し方、すべてを定義するために、ミキに負担をかけない程度に彼女の芯をねじ曲げました。そしてみどりはオープンで、自由で、少し酔ったような骨のねじれを作り、それが彼女の身体的な振る舞いのすべてを決めることになります。そして彩子は完全にバランスが取れていて、コアがあり、葛藤がない。私たちは3人の女性像に同じテクニックを使い、3つのまったく異なる結果をもたらしたのです」

2023年2月初旬、『猟銃』の初日まで1ヵ月半を切った頃、東京にいる中谷にズームでインタビューした。バリシニコフとリハーサルをする前で、彼女は彼にまだ会ったことがなかった。ズームで顔合わせをするというアイデアを彼女は断った。

「私たちの最初の出会いは、もっとドラマチックであるべきだと言ったんです。彼のパフォーマンスを拝見したのは映像のみですが、アーティストとして、私は彼を尊敬しています」と彼女は説明する。「16歳の時、彼の『ホワイトナイツ』という映画を見ました。自分の国から逃げ出さなければならなかった人物を目の当たりにして、衝撃を受けました。彼が祖国を脱出する感動的なラストシーンは、今でも私の脳裏に焼き付いています」

井上の小説は中谷の母国・日本を舞台にしており、1930年から1940年という時代について示唆しつつも、本も戯曲も時代を超越した作品だ。ウェブサイト「Music & Literature」で、ライターのアリエル・スターリングは、この作品の書簡的特徴についてこう掘り下げている。「それぞれの証言が異なる視点を提供する……その手法は『羅生門』を彷彿とさせる。ここでユニークなのは、出来事そのものが変わることはなく、その解釈だけが変わるということだ」

「日本の物語ですが、世界に共通する物語だと思います」と中谷は言う。「どう言ったらいいのでしょう。とても普遍的というか。普遍的で根源的な物語です」。とはいえこの物語は、一般的な常識を覆すものでもある。「(日本人は) あまり感情を顔に出さないというイメージがあります。1000年以上前の平安時代、貴族の人たちは表情を出すのは上品ではないと考えました。そのため、男女ともに眉毛を剃り、顔を白塗りにして、その上につけ眉を描いていました」。伝統は強い、と中谷は説明する。「感情を表に出すことは品位に欠けるイメージがいまだにあります。でも同時に、私たちには感情があるんです」

東京出身の中谷は、『猟銃』のリハーサルを行うまで、数年間ニューヨークを訪れていなかったが、その間に舞台版『ロスト・イン・ヨンカーズ』で主役を演じた。彼女は、日本女性に対するアメリカの認識についてとても不思議がっている。前の世代は〝おとなしい〟とか〝従順〟といった表現を使っていたかもしれないですね、と私が言うと、ズームの画面の中で彼女は頷いた。「私もそう思います。欧米人の多くは、日本女性は従順で控えめというイメージを持っていると思います。でも、実はそれだけではないんです」と彼女は微笑みながら言う。

『猟銃』の愛人、娘、そして浮気された妻は、幅広い感情を見せる。罪と愛の純粋さに固執する彩子、秘密を知って苦悩する薔子、夫と彩子に対する高慢さと横柄さを持つみどり。しかし、三杉穣介に宛てた手紙には、それぞれの女性の自意識と痛切な自己認識が表れている。

ジラールにとって3度目の『猟銃』の上演は喜ばしいことだ。「私にとって『猟銃』は幸せな場所であり、帰りたくなる家であり、超快適なスリッパなのです。傑作であり、人間の感情にとても忠実です。この舞台は、自分の人生をコントロールし、『NO!』と言う力を得たと感じる3人の女性の物語という意味で、私たちの現在の文化、現在の時代を物語っています。井上靖の功績は、先進的な思想家であると同時に、人間を愛し、私たち全員の魂と心を探究する才能を持った人物であるということです」

プーシキン・プレスから出版された『猟銃』の米語訳の叙情的な一節で、みどりは夫にこう書いている。

「ふとあの苦しかったプルシャン・ブルーの、ぎらぎらした海の一角が目に浮かんで来ると不思議なことに、その瞬間まで、辛うじて狂うのを押さえつけていた灼け爛れたような心の痛みは、薄紙を剝がすように、次第に鎮まって来るので御座いました。」

3月2日、中谷とのリハーサルが始まって数日経ったニューヨークで、バリシニコフは舞台上の同胞を「日本におけるグレタ・ガルボのような存在だ。ジラールとの『シルク』など、彼女が出演した映画を何本か見たことがある。彼女はとてもフォトジェニックだ。好奇心旺盛で、質問することを恐れないところが大好きだ。そういうシンプルな人が、実はとても複雑なんだ。私は日本で日本のチームと仕事をしたことがあり、すでに多くのルールを知っている」。この俳優兼ダンサー兼振付師は、ルールについてこう説明する。「すべては内面にある。すべての人が、自分の居場所、自分が何をしなければならないかを知っている。それは本当に素晴らしいことです」

ジラールは、2人の最初の出会いと『猟銃』でのコラボレーションの立役者として、こう述べる。「最初に出会ったときの記憶をとても鮮明に覚えています。脚本やデザインに時間をかけることはできる。しかし、役にふさわしい人たちを舞台の上やカメラの前に立たせることができたら、私たちの仕事の半分は終わったようなものです。それは覚悟の問題だ。ミッシャが僕らと一緒にやりたいという意思を示してくれたとき、僕はすぐにミキに連絡を取った」

「ミキはニューヨークでは全くの無名だ。ミッシャは日本では知られている。ここにはカリスマ性のバランスがある。でも、今回の2人の共演はまた違ったダイナミズムになるだろう」

バリシニコフは笑いながらこう答えた。「ありがたいことに私にはセリフがないので。すべては、ミキの肩にかかっている。私は相棒です」

3月16日、ジェローム・ロビンス・シアターの舞台は、禅を思わせるようなほとんどまっさらな状態だったが、才能と緊張感に溢れていた。睡蓮が浮かぶ池、中谷が動くと大きな音を立てる滑らかな石、そして舞台へと反転して現れる薄い木の板という3つの面を含む演出は、観客の興味を惹き、終演後に舞台装置を調べたり写真を撮ったりしていた。中谷が日本語で演じると、舞台上の透明のスクリーンに英語の台詞が流れる。バリシニコフは舞台上の後方にある台の上におり、彼の動作や表情はしばしば半透明のスクリーン越しにやや霞んで見える。

戯曲とその演出は一見単純だが、1949年に出版された本の台詞は何度も何度も反復された。「まずセルジュ（『猟銃』を舞台化したフランス系カナダ人の脚本家ラモット）と1ヶ月間やりとりをした。最初はフランス語で脚色し、その後、日本の脚本家の手に渡った。編集、修正、改訂などすべての指示は、まずフランス語で、そして英語を経由して、日本語へと翻訳しました。微調整の繰り返しでした」

この舞台をモントリオールで初めて上演する時、「フランソワは、この舞台をフランス語で演じてほしいといいました」と、フランス語に堪能な中谷は振り返る。「私はお断りしました。なぜなら、この美しい文体は他の言語には翻訳できないからです。私たちは日本の美しい言葉と発音を誇りに思っています。美しい川の流れを壊したくないんです」

初演の際、ジラールは中谷にどのキャラクターを演じたいか尋ねた。彼女の答えは？　全員です。彼女はその野心的な決断をこう説明する。「もしひとつの役を選ばなければならないとしたら、初めて舞台に立つ意味を見い出すことができませんでした。私は3つの人物全てを演じなければならなかったのです」

ジラールは驚いたが、同時に興味をそそられた。「彼はすぐに、どうしようかと考えたようでした。〝あぁ、君だけにギャラを払えばいいから、安上がりだ〟と言ったんです」と中谷は演出家の言葉を振り返っている。

ジラールが『猟銃』と出会ったのは2000年代初頭のことだという。「友人が私のポケットにこの本を突っ込んで、『この本で映画を作るべきだ。素晴らしい本だよ』って。読んでみたら、確かに素晴らしかった。でも私にとっては、映画より演劇だった」

バリシニコフは井上の作品をたくさん読んでいたが、『猟銃』を読んだのはジラールから小説を渡されてからだった。井上は日本では有名な文学者で、1991年に亡くなったが、アメリカではあまり知られていない。しかし、作家であり翻訳者でもあるダミオン・サールズは、井上の小説『敦煌』のアメリカ版の序文で、『猟銃』を井上の「傑作」と呼び、「井上の長所がよく表現されている精巧な本。その長所とは、共感でき複雑で真実味のある女性像」と評している。

ニューヨークタイムズ紙は、この戯曲のアメリカ・デビューを〝細心の注意を払った魅力的な舞台化〟と評している。一方、台詞が多く、常に注意を払わなければならない上、タイムズ紙が指摘するように、〝舞台上にいるバリシニコフの真上に字幕があり、……それによって中谷への集中力が削がれてしまう〟。

しかし、どのような言語であれ、この女優の溢れるほどの集中力、情熱、そして才能は、この難しい役柄を演じる上で十分に証明されている。この舞台は4月15日に幕を閉じるが、彼女は次に何に挑むのだろう。「今は考えられないです。小さな劇場ですが、『猟銃』は私にとって大きなプロジェクトです。全精力を注いでいます。私はこのプロジェクトの信奉者なのです」と中谷は締めくくった。「私は自ら演じる作品の奴隷です。私はこのプロジェクトに従順なのです」

こうした記事に目を通していると、ロサンゼルスにいるフランソワからメッセージが送られてきた。

「今、妻のユナに君がRyuichiと作った曲のビデオクリップを見せようとしていたんだけれど、なかなか見つからなくて、曲のタイトルを送ってくれない？」

彼なりに坂本龍一さんを弔いたいとのことだった。

YouTubeで自分の名前を検索し、ビデオクリップを見つけると、そのURLを共有した。

終わった作品を振り返ることがなく、ポスターの類いは自宅にも持ち帰らず、映画のDVDも未開封のまま、書籍もページを開くことがないまま倉庫に入っているもので、自分の唄っていた曲のPVを見ることも久しくなかった。

この機会に久々に見てみると、何と素晴らしい曲を与えていただいていたのだろう。

思わずサブスクリプションで自分の曲を検索して聴き直してみたほどだった。

私にはもったいないほどの緻密で素晴らしい音楽に、名だたる作詞家の方々、カバーもPVもその時々の優れたクリエイターたちが携わってくださっていた。

それを、たった一枚のベストアルバムの発売のタイミングの問題だけでへそを曲げて「もう二度と歌を唄いません」だなんて、なんと生意気なことを言ったものだろう。

己の未熟さと傲慢さを振り返って呆れたのだった。

教授のオペラ「LIFE」や「1996」、「BTTB」そして、李禹煥先生のドローイングが印象的な最後のアルバム「12」などを聴きながら、怠惰に一日を過ごした。

4月4日　ミッシャとの対談

なぜか朝6時に目が覚めてしまい、再びうとうとしてみたものの、眠りは浅かった。ようやく深い眠りに就いたころ、目覚ましが鳴った。

漢方薬やサプリメントを流し込み、メイクを施して劇場へ向かう。

いつものようにTOMOHIROさんが髪をセットしてくださった。伊藤美佐季さんのスタイリングにより、Diorのトレンチコートをドレス感覚で纏い、太めのベルトを締め、スカーフを頭に巻くと、ジェム ディオールの新作バングルと、ゴールドの時計を身に着け、ミッドタウンのアパートメントのルーフトップテラスへ移動した。

快晴の空の下、マンハッタンの摩天楼を背景にフォトグラファーの小浪次郎さんとのセッションが始まる。

久しくホテルと劇場の往復ばかりで、このようなニューヨークらしい景色を目にすることもなかったため、とても新鮮だった。

しかも、次郎さんが携えていたのはフィルムを入れたペンタックスのカメラだった。

写真も映画もデジタル化が進んで久しく、シャッター音の後に、フィルムを送る音が聞こえて来たのはもう10年以上ぶりではなかろうか。

手慣れた手つきでフィルムチェンジをする光景も、久しくお目にかかっていなかった。貴重なフィルムを無駄にすることなく、撮影は首尾良く行われ、劇場へ戻ると、Baryshnikov Arts Center の看板が見える劇場前の歩道で撮影をした。

ミッシャが TOMOHIRO さんにヘアカットをしていただいている間に、劇用の帯や着物を畳み、乱れ箱に着物一式をセットした。

衣装は Dior の黒のパフスリーブブラウスに、クロップド丈のキュロットスカートに着替え、ローズ・デ・ヴァンのオニキスのメダイヨンネックレスをさり気なく纏う。

ミッシャの支度が調(ととの)ったとのことで階下へ下りると、仕立ての良いアルマーニのブラックスーツにイッセイミヤケの黒いシャツ、そして柔らかなベルジアンシューズを身に着けたミッシャがそこに立っていた。

彼の身体に沿うスーツのカットに加えて、さすがはミハイル・バリシニコフさんとあって立ち姿が身震いするほど美しく、思わず見とれてしまった。

10年以上前、彼がアニー・リーボヴィッツと共にルイ・ヴィトンの広告に出演していたことが思い出される。

「ここはグレーの美しい光が入るから良い写真が撮れると思うよ。70年代から80年代にかけて、次郎という日本人のフォトグラファーがいてね、VOGUEとかHarper's BAZAARをよく撮っていたよ」

「2023年の次郎さんは未だにフィルムを用いて撮影する希少なお方です。ミッシャ、あなたもフィルムで撮影なさっていましたね？」

「僕はもう10年ほど前にフィルムで撮影することを諦めてデジタルに移行してしまったよ」

暗幕の前で共に黒い洋服を纏ったツーショットを撮影後に、ミッシャから贈られた写真集を3冊持ち出すと、少々はにかみながらも、坂東玉三郎さんの鏡前のお姿を捉えたモノクロ写真を皆に見せてくれた。

そして、アルゼンチンやインドなど、洋の東西を問わず旅に出かけた先々で見つめてきたダンサーたちが収められた一冊も、「人の動く様をあえてスローシャッターで捉えてね、そこに色彩を加えたりもしたんだ」と、まるで今、この瞬間にその場にいるかのような目をしておっしゃった。

劇場に移動して撮影をしていると、「君の装いも素敵だね。それはDior？」と尋ねてくれた。

「僕も昔70年代に、Diorの撮影をしてね。今もそのときの靴を大切に持っているよ」

「では、イヴ・サンローランがデザイナーの頃でしたね？」

「そうだったかな？　イヴにはイタリア人のインテリアデザイナーの紹介で逢ったことがある。でも、イヴは主に女性のドレスを手がけていたからね」

「カトリーヌ・ドヌーブの『昼顔』の衣装とかね」

「そもそも僕はそんなに出歩かないから、仕立ての良いスーツが数着あれば十分なんだ」

「あなたが出かける度に、写真を求められたり、挨拶や握手を求められたり、あなたからエネルギーを奪おうとする人が沢山寄ってくるでしょう？」

「若い頃は出歩いたけれどね。もう随分昔のこと。それでもこのアーツセンターの理事として、メトロポリタンオペラのプレミアやコンサートに出かけることはあるよ。

　近々メットで再びオペラのプレミアがある」

「アーティストとして表舞台に立つ一方で理事としての責任も抱えて大変ですね」

「まあね。なすべきことは山ほどあるよ」

　いくつかのアングルで2人のショットを撮影し終えると、いよいよ降板騒動に至るほどの懸念事項だった対談が始まった。

「我々アーティストは、常にこうしたインタビューにさらされるけれど、本当のことなんて言えるわけがない。いかにはぐらかすかもアートの一環だよ」と悪戯っぽい笑顔でこっそり囁くミッシャ。

ところが、実際に対談を始めてみると期待以上にたくさんの貴重な話をしてくださった。

「美紀のこの作品に対するアプローチは、いままでの二回の公演の焼き直しではなく、ゼロから再び作り上げ、役柄を探ろうと毎日真剣勝負をしている。それに僕は感銘を受け、共に創作をする悦びを感じている。毎日2人の間に何かが生まれる瞬間があるからね」

とありがたいお言葉をいただいた。

「演出家のフランソワが3人の女性の人物造形にアレクサンダー・テクニークを用いたことは、とても賢明だったと思う。身体的なアプローチを役柄の創造に活かすことは理にかなっている」

「2011年の時点で、フランソワはアレクサンダー・テクニークの応用というか、反転で3人のキャラクターの色彩の違いを顕著にすることを試みていました。2016年の再演まででは、それがフランソワと私の自己流のアレクサンダー・テクニークの反転でしたが、この度は、従来のアプローチを踏襲しつつも、アレクサンダー・テクニークのプラクティショナーに稽古場や劇場に来ていただいて、姿勢をゆがめながらも、私自身の身体を痛めない方法を教えていただきました。筋緊張を解きながらも身をかがめることができるよう導いていただいているんです」

「僕もダンス以外でこんなに身体性の高い芝居をしたのは初めてだった。踊るのでもなく、言葉を発するわけでもなく身体表現で役柄を体現するというのは、非常に興味深い試みだった」

「しかし、あなたも私も高い水準を求められるこの作品を演じるには大変な消耗戦であり、身体的にも精神的にも大きな犠牲を伴いますよね？」

「確かに、これは決して簡単ではない。君も常に１００％以上のエネルギーを注いでいるからね。スタニスラフスキー曰く……」

「え？　あなたはスタニスラフスキーに逢ったことがあるんですか？」

思わず、口を挟んでしまった。

「スタニスラフスキーが述べたのであって、スタニスラフスキーに逢ったわけじゃないよ。いくら僕が年老いているからといって、そこまで年寄りではないよ」

と笑うミッシャ。

演出家であり、俳優であり、演劇の基礎となるスタニスラフスキー・システムで知られるコンスタンチン・スタニスラフスキーが亡くなったのは１９３８年のことで、１９４８年生まれのミッシャが出逢うはずがない。

「そう、彼は『演じるとは犠牲を伴うことだ』と述べていた。私たちは、家族を犠牲にし、自分の人生を犠牲にして舞台の上に立っている。美紀だって、いつか稽古場に来たティロに会いたいだろうに、ここで大変な芝居をしている」

アートのために時間を犠牲にすることはまだしも、健康を犠牲にし続けることには限界があると感じ始めている。

婦人画報さんより「井上靖さんのこの物語はあなたにとってどのような意味を持っていますか？」との質問があった。

「これは秘密でも何でもないことだけれど」と一拍おいてから、ミッシャが語り出した。

「僕の母親は、僕がまだ10代の頃に亡くなってね。自ら命を絶ったんだ。最初の結婚では、ロシア人の軍人と結婚して、僕の異父兄弟をもうけて、しかし彼は第二次世界大戦後ベルリンから戻っては来なかった。それから母は僕の父と結婚したのだけれど、それは幸せな結婚とは言い難いものだった」

「これはあなた自身の物語なんですね」

「そうだね。自分自身の物語を追体験しているような感覚だね」

「つまり薔子はあなたであり、彩子はあなたのお母様であると」

ＣＮＮのラリー・キングとのインタビューで彼自身のご母堂については公に語っており、今までこの事実についてお尋ねすることはなかったものの、ご自身の体験がこの作品へ興味を示すきっかけとなったであろうことは想像に難くない。

「母は僕たちを残して逝ってしまった。それに対して『なぜ？』という問いは蓄子と同じように当然持ち続けていたわけで。とは言え、もう随分前の過去の話で、僕の体験をことさらドラマティックに捉えないで欲しい。僕は自分の人生を他責的に生きていくつもりはないし、自分の中ですでに解決している問題だから」

あれほどインタビューを避けていたミッシャがここまで語ってくれるとは思わず驚いたのは言うまでもない。

この『猟銃』の終盤にて、彩子が女学生だった頃、英文法の試験で、動詞のアクティブとパッシブの問題が出題され、「愛する、愛されるという二様の眩い言葉が並んでおりました」と述べる。さらには、女学生たちが戯れに「貴嬢は愛することを望むや、愛されることを望むや」という紙をこっそり回し合い、そこに各々が丸印を付加していたと。

彩子は、多くのクラスメイトと同様に「愛されることを望む」という文字の下に小さい丸を書き記したものの、彼女の隣の少女だけは、ただ一つの共鳴者のサインも持たない空白の欄に太鉛筆でぐるりと大きな丸を書き記したのだった。

「愛すること、愛されること、あなたはどちらを選びますか？」婦人画報さんからの直球の質問へ、果たしてミッシャの回答はいかに？

「その答えは自分自身の中に秘めておきたいと思います」

それは私も同様だった。むしろその答えをまだ見いだせていないのだった。

「しかし、人を愛するには自分自身を承認し、愛することができなければ、愛を与えることはできませんよね。ミッシャ、あなたはいつ自分自身を受け入れることができるようになりましたか？」

私自身は、自分自身を受け入れ、承認するまでに時間がかかった方だと思う。

「僕は16歳ですでに故郷を離れてレニングラード、現在のサンクトペテルブルクのバレエ学校の寄宿舎に入ったからね。すでに母は亡くなっていたし。早熟だったんだ」

早くに大人にならなければならなかったのだろう。そして、何かを周囲のせいにすることなく、自分で自分の身体と心を鍛錬し、強靭な精神で舞台の上に立っていらしたのだろう。

「そもそもどなたがあなたをバレエの世界に導いたのですか？」

これも数多のインタビューで見ていたことだけれど、あえて質問してみた。

「母がね、バレエやクラシックのコンサートに連れて行ってくれた。ラトビアのリーガの家に大人しくいさせてはくれなかった。あちらこちらに連れ歩かれてね。ある時大人のバレエ作品の背後で同い年くらいの子供達が踊っているのを見て、『あれは何？　僕もやってみたい』って言ったら、家の近所の個人でバレエを教えているダンサーの教室に連れて行ってくれたんだ。9歳頃からは『くるみ割り人形』とか、いくつかの作品で舞台に立っていたよ」

「あなたにとってパフォーミングアーツとは？」婦人画報さんが尋ねる。

「それは自己の探求であり、好奇心を満たすものであり、生の舞台に立つ限り不完全さはつきものであり、その不完全さこそが人生そのものです。美紀と僕は、個人的にはお互いのことを何も知らないけれど、舞台の上では、この上ない結びつきを感じられる。不思議なものです」


そうだった。私たちはオペラとコンサートを共に鑑賞したのみで、食事さえ一緒にしたこともなければ、電話番号すらお互いに知らない。


それにもかかわらず、この作品の創作過程において、彼に全幅の信頼をおき、決して切れることのない強靭な、それでいて細い糸で繋がっているような感覚をおぼえる。

「確かに、毎日不完全ですね。扉や椅子、テーブルのように拠り所となる道具があるわけでもなく、技術的なトラブルが頻発している中で、私にとって頼れるのは、ミッシャあなただけです。演じていて不安になるとあなたの目を見つめるんです。そうすると心がすっと落ち着くんですね。まるで、あなたとパ・ドゥ・ドゥーを踊っているかのようです。あなたを信頼しているからこそ、あなたが私をリフトすることに恐れはないですし、あなたも決して私を落とさない。私たちは離れているのに、共に踊っているのです」

「そうだね。あれだけ舞台上で距離があるにもかかわらずね。しかし、この劇場においては誰よりも近い位置にいるとも言える」

「私は、あなたの身体表現を誰よりも近くで目撃する観客でもあります」

その言葉にミッシャは微笑んだ。

「あなたが、年齢を重ねてもなお現役でパフォーマンスをし続ける根源は何ですか？」と、婦人画報さんが再び問いかける。

「それは好奇心に尽きるね。近年では助演もいとわない。今回もそうだし、昨年はこの劇場で、チェーホフの『桜の園』を上演した際に、85歳の執事の役を演じたよ。10歳も若いのにそんな年寄りを演じるのかって文句を言ったけれどね。ボブ・ウィルソンの演出でウィレム・デフォーと共演したこともあった。ひとりでジョセフ・フロドスキーの詩を題材にワンマンショーもしたよ。その一方で、もはや表現をしなくとも生きていける。家族との時間を大切に過ごし、このバリシニコフ・アーツセンターの運営をするだけでも時間は瞬く間に過ぎていく。とりわけ表現をしたいという欲求に駆られている訳ではない」

勝手に推察するに、彼をダンスへとかき立てたものは、紛れもなくお母様の愛情への希求であり、その母亡き後は、母の幻影を求めて踊り続けたのではなかろうか。

幼少期の決して幸せとは言えなかった家庭の記憶から、家庭を持つことをためらい、結婚という制度を信じていないと、お若いころのインタビューで述べていらしたものの、未婚ながら女優のジェシカ・ラングさんとの間に子供をもうけ、現在はアメリカン・バレエ・シアターの元ダンサーであり、ジャーナリストであるリサと婚姻関係にある。

そして、リサとミッシャとの関係は、彼が希求していた母の愛情を満たして余りあるものであることが窺える。

アーティストとしてのミッシャに深い理解を示し、彼の人間性全てを受け止める底知れぬ愛情をリサが与えているのだろう。

早くに大人にならざるを得なかったミッシャのインナーチャイルドをそっと包み込むような温かさを携えているのが、彼の妻であるリサなのだ。

「表現をしなくとも生きていける」という思いは、私も全く同感だった。家族と過ごす時間がかけがえのないものであることも、同様だった。

『猟銃』を演じることは自らの魂を切り刻んで表現をすることを求められる。

それは、演出家であるフランソワが求める水準であるのと同時に、それに応えようとする私が自分自身に課した水準でもある。

舞台に立つからには、演出家の期待に応え、スタッフや共演者の献身に報いたいと思う一方で、誰かが描いた美しいアートを愛で、美しい音楽に耽溺することが叶うなら、それだけでも十分に満たされるのだ。

「少しのインタビューと聞いていたけれど、随分と斬り込んだ質問を続けるね」とミッシャが苦笑した。

「ごめんなさい、もはやバイオグラフィーの域に入っていますね」と彼をなだめてみる。

「あと少しだけ。日本には何回くらいいらしていますか？　またもし再びいらしたら何をしたいですか？」

とは婦人画報さん。

「最初に日本を訪れたのは、ソビエト連邦時代の1960年代だった。まだ着物を着た人々の中にわずかにスーツを着た人々がいた。人力車もあってね。それがいつしか逆になって、洋装の人々の中に冠婚葬祭の着物姿の人がわずかにまぎれるようになった。あとはお寺とかね。いずれにしても東京のような大都市は、もはやニューヨークとさほど変わらないから、小さな町や田舎を訪れたいね。これまでも必ずたくさん観てきたけれど、能楽や舞踏、それからもちろん歌舞伎も堪能したい。坂東玉三郎さんのような素晴らしい芸術家のアートに触れたいと思う」

「最後にもうひとつだけ、あなたにとって日本女性の印象はどのようなものですか？」

「その質問に答えるには、あと数年時間が必要になるね。安易に答えるべきものではないでしょう。そんな危険な轍を踏むのはご免だね。じゃ、もういいね？」と言って、立ち上がる際に、腰に激痛が走って動かないというような芝居をするものだから、その場にいた全員が顔面蒼白になったのだけれど、「これは彼のジョークですから、どうぞお気になさらずに！」と楽屋へ帰るミッシャを送り出した。

上演前に、「随分長い一日になってしまってごめんなさい」と謝ると、「今日は、まるで2回公演だね！」と苦笑していた。

そして「今日はフランソワがいなくて寂しい？」と気遣うナターシャに、「彼がいても良いけれど、時々この狭い舞台袖の空間で彼がスペースと酸素を独占するからね。たまには、広々とした舞台袖で深呼吸をするのもいいね」と悪戯好きの少年のような微笑みで言うミッシャ。

公演は無事に終わり、「声がようやく戻ったね。良いショーだった」というミッシャに別れを告げた。

彼との豊かな対談のお陰で、この数日のストレスや不満が全て晴れ、久々に芝居に没入できたのだった。

長い一日をようやく終えるべく帰路を急いだ。

4月5日　夫との久々の外食

日中は寝て過ごした。

夜にはこのところ著しく体調を崩していた私を心配した夫のThiloが、急遽スケジュールを変更して訪ねて来てくれた。

この時期特有のワーグナーのオペラ「パルジファル」のリハーサルを終えて16：30ウィーン発のオーストリア航空に飛び乗り、ニューヨークへ辿り着いたのだった。

当初、公演中は夫を気遣うゆとりがないため、ウィーンにずっといてもらうはずだった。彼もまた、上演時間が5時間に及ぶワーグナーの大作「パルジファル」をウィーン国立歌劇場にて演奏しなければならない復活祭（イースター）シーズンである上、ウィーンフィルとベルリンフィルの精鋭7名による管弦楽アンサンブルPHILHARMONIXのスイスやウィーンでのコンサートを控えて多忙な時期であり、公演を観たいという気持ちと、自身のパフォーマンスに備えてコンディションを整えたいという気持ちの間で葛藤があった。

しかし、やはりこの数日の私の様子から、急遽ロシア人の同僚のイノキャンティさんに代役をお願いし、オペラの担当者にもご理解をいただいて、ウィーンに戻った際にはワーグナーの『ローエングリン』を演奏することを代替条件に、渡航が叶ったのだった。

久々に外食をすることになり、フランソワが以前招待してくれたBoulud Sudにて、喉に良いと言われる牛の生肉ビーフタルタルと、表面だけ火を入れ、中はレアのポーチドサーモンをおいしくいただき、徒歩でホテルへ帰った。

4月6日　ドイツ人気質

Thilo は朝から散歩に出かけたようだった。

お昼過ぎに合流して、春の温暖な陽気に花開く木々を眺めながらチェルシーの界隈を歩いた。

ニューヨークに来て以来、ほぼ毎日ホテルと劇場の往復のみでニューヨークらしい楽しみを享受することもなく、ブロードウェイでミュージカルを観ることもなければ、いつもは必須の美術館さえ訪れるゆとりがなかった。街歩きをしたのは前回夫がカーネギーホールのコンサートで訪れた際が最後だったもので、穏やかな日差しのもと、移り変わる季節と共に軽装となった人々の中を歩くことは大変新鮮だった。

常に付きまとっていた倦怠感も吹き飛び、外の空気を肺いっぱいに吸い込み、心地よい解放感に癒された。

いつの間にかニューヨークに街路樹が増えていたことにも驚き、また、路上の至るところで頭痛と吐き気を催すような執拗な匂いに咳き込んでいると、それが近年解禁となったマリファナの匂いであることを Thilo が教えてくれた。

白昼堂々とマリファナを吸うことが許されているのは、州の税収を上げるためと、軽微な麻薬を許容することで、凶悪犯罪をなくそうという試みのためらしい。パンデミック以降、拡大した格差に苦しみ鬱屈した市民感情に対するガス抜きの意味もあるのかもしれない。

刑務所も犯罪者で溢れかえっており、もはや窃盗や強盗くらいでは服役することはなく、お咎めなしの状況なのだという。

法律で許されているのだから、人々が大麻を喫することはもちろん自由なのだろうけれど、この耐え難き匂いが街中に蔓延していることはいただけない。受動喫煙によって大麻使用の反応が出ては大変迷惑であるし、乳幼児もいる歩道での歩き大麻だけは何とかならないものだろうか？

しばしハドソン川沿いを歩き、劇場までの道はハイラインを通って、敬愛するピエト・オウドルフが四季の変遷を計算してデザインしたメドウガーデンにイチゲや、待雪草、ムスカリなどが開花しているのを眺めながら過ごした。

劇場にはすでにフランソワが到着しており、夫の座るべき席を指定された。ドイツ仕込みの衛生観念により、他人と気軽に握手をしたりハグをしたりすることが少々苦手な彼は、できれば最上階の片隅で人と離れて鑑賞したかったものの、コントロールフリークのフランソワに従って6列目の真ん中に座ることとなった。

Thiloの素晴らしいところは、ヴィオラという楽器の特性もあり、オーケストラであろうが、アンサンブルであろうが、コンサートでは常に聴き役に徹し、自分の音を主張することがない上、毎晩のように行うオペラやバレエの演奏でも、主役は自分たちではなく、あくまでも舞台上に立つ人々であるとの意識から、気配を消すことに長けていることである。したがって、客席に彼が座っていても、ことさら存在感を主張することなく、周囲に溶け込むことができるため、演じる上で邪魔になることがないのだった。

終演後に訪ねて来た彼は、大満足のようだった。その一方で、オーストリア人のようにお世辞を述べるのではなく、ドイツ人気質を発揮して、いくつか気になる点も忌憚なく述べてくれた。

ひとつはニューヨークタイムズの批評はあながち間違いではなく、男女の愚にもつかぬもつれ話や、ギリシャ神話をモチーフにした親殺し子殺しの題材など、単純明快な物語が多いオペラならまだしも、「猟銃」というはるかに複雑な物語を、字幕で読ませながら、同時にミッシャや私の演技に注視することの限界を感じたという。

彼は物語の推移をあらかじめ知っていたため、字幕を読むことを放棄して私たちを観ていたというけれど、初見のお客様には難しいだろうとのことだった。

また、「僕は演出家ではないけれど、スピーカーの位置が頭上にあるために、君の声が君自身からではなく、頭上のスピーカーから聞こえてくることがもったいない。ウィーンフィルのサマーナイトコンサートのように宮殿の広大な庭園で開催される数万人規模の野外コンサートでも、PHILHARMONIXのウィーンコンツェルトハウスでの2000人規模のコンサートでも、スピーカーから音が聞こえるのではなく、楽器を演奏している音楽家の方向から音が聞こえるように、サウンドエンジニアと綿密なチェックをしている。何とか君の生の声を響かせるようにできないものだろうか」とのことだった。

確かに最後の彩子を死後の世界からの声のように響かせるために、マイクと音響効果によるエコーを用いているのだけれど、このところの体調不良により、声が心許なく、また無理をすると咳き込んでしまうため、薔子もみどりも、マイクの力を借りていた。

音質に敏感な上、ウィーン国立歌劇場では、マイクなど一切使わずともオーケストラの奏でる大音量にかき消されることなく響く、オペラ歌手たちの生声を聞き慣れているThiloにとっては、どうしても気になったらしく、明日はスピーカーからの音量を下げて演じてみようと思う。

4月7日　空腹に堪えかねて飛び込んだ飲茶屋さん

午前中は眠って過ごした。

夫は私が体調を崩して以来散らかしっぱなしだった部屋を片付けてくれたようだった。散歩から戻った夫が言う。「誰に会ったと思う？　驚くべきことに、20年以上前、僕がミュンヘンにいた頃にお付き合いしていたLとホテルのエレベーターでばったり出くわしたんだよ」

理学療法士の彼女には、私たちが不具合を感じた際に、アドバイスを仰ぐこともある。彼女は夫と子供たちと共にイースター休暇を楽しんでいるらしい。私たちはL夫妻から50歳の誕生日パーティーにお誘いいただいたものの、夫は多忙を極め、私はニューヨークにいたため、残念ながらお断りしたばかりだったもので、ただならぬご縁を感じた。

昨日はニューヨークの街を歩いてまわったものの、今日は少々疲れており、SOHOにてウインドウショッピングをするに留まった。

そうこうするうちに空腹に堪えかねて飛び込んだのはチャイナタウンの入り口付近にある飲茶屋さん。ガチャガチャと音を立てて器を並べる雑多な雰囲気に、夫は一瞬怯んでいたもののの、ジュリアードで学んでいた頃に、チャイナタウンで頻繁に食事をしていたことを想い出して懐かしんでいた。

それまでは、西ベルリンという周囲を壁に囲われた、東ドイツ領の中に設けられた西ドイツ領の陸の孤島で暮らしていたもので、広大なアメリカはまさに自由の象徴だったという。

さらにドイツでは、昼食に重きをおいて温かく多彩な料理を楽しむため、夕食に温かいものをいただく習慣がなく、カルテスエッセンといって、サラミやハム、燻製の魚、チーズ、ピクルスなどを全粒粉のパンと共に食す伝統があるため、ニューヨークのチャイナタウンにて夜も温かい食事をすることに開眼したらしい。

もし彼が今でもカルテスエッセンを習慣としていたら、こうして一緒に生活することもなかっただろう。

ワゴンサービスの飲茶はいつぞや香港でいただいて以来だったもので、次から次へと目移りして、小籠包や五目焼売などをおいしくいただいた。

久々にしっかり昼食をいただいたもので、血糖値の乱高下による睡魔が襲って来たため、ハイラインを歩いて16：00には劇場に向かい、昼寝をした。

今日はフランソワがミッシャのインタビューをしてくれているために、劇場にはいつもより早くスタッフが集まっているようだった。

目覚めると同時に身支度をすると、音響のジョーダンとフランソワに、スピーカーのボリュームについて話してみる。

「夫は『自分のショーではないから』と、ためらいつつも、ドイツ人で正直なので、どうしてもスピーカーの位置とボリュームが気になるみたい」

「これはあくまでも緊急時のボリュームで、もちろん生声で不安がなければ彩子以外はスピーカーのサポートを止めることもできる」とジョーダン。

「僕も昨日あたりからスピーカーの補助を止める提案をしようか否か迷っていたんだ」とはフランソワ。

周囲を散歩して戻って来た夫も合流してサウンドチェックに立ち会ってくれた。

舞台上で3人の声をそれぞれ発し、ジョーダンが調整をするのだけれど、客席中央でThiloとフランソワがヒソヒソと話しているものだから、本来はイージーゴーイングのジョーダンがいつになく神経を尖らせていた。

「まずは彩子から調整してみない？」提案口調でありながら、声はピリついているのである。

西洋音楽史も学び、クラシック音楽にも深い理解を示す彼は、ウィーンフィルの楽団員が突然やってきて忌憚なき意見を述べ、それも、ジョーダン自身の好みではなく、私の体調不良によりやむを得ず変更していた音響セッティングを指摘され、フランソワもチェックの過程でThiloに意見を求めていることにストレスを感じたようだった。

「僕のショーではないのに申し訳ありません。お陰で今夜は数倍パフォーマンスを楽しむことができますよ」と、常にサウンドエンジニアと密なコンタクトを取ってきた夫は、ジョーダンを労うことを忘れない。

気管支炎で今もなお執拗に絡む痰を何とか手なずけ、パフォーマンスを終えると急ぎ着物を脱いだ。

駐米日本大使の森美樹夫さん、希美代さんご夫妻が鑑賞にいらしてくださったのだった。すでにお二方へご挨拶を済ませて帰ろうとするミッシャが、すれ違い様にお嬢様で女優のアンナ・バリシニコフさんを紹介してくださった。

「まぁ、何て素晴らしい芝居だったの！　3人の女性の声と感情が際立っていて、とにかくあなたに目が釘付けだったわ」と言ってくれた彼女に「お父様も素晴らしかったでしょう？」と尋ねると「父のパフォーマンスはどうでもいいの。もう十分観て来たから」と軽口をたたくものだから「ほらね、彼女には私の芝居なんて理解されないんだよ」と大袈裟に嘆いて見せながらもアンナを抱きしめるミッシャの何とチャーミングなこと。

「今から目の前の日本食レストランで一口だけ酒を飲んで帰るけれど」と、さりげなくミッシャが誘ってくれたものの、忙しいお嬢様との久々のデートを邪魔するのも無粋な気がして、

「また明日お会いしましょう」と言って別れた。

フランソワとティロが森大使ご夫妻と日本大使館の広報の方々とのお話を繋いでくれていた。

まずは、去る3月28日に昼食にお招きいただいたにもかかわらず、体調不良によりお伺いすることが叶わなかった非礼をお詫びする。

ニューヨークでは大使に総領事と、国連大使の務めまで兼任され、計り知れない重責を担ってご多忙な森大使が「ウィーンにも私たちの同僚がいます」とおっしゃると、ドイツ人特有の辛口のユーモアで「オーストリアはNATOにも加盟していませんし、永世中立国ですから、音楽三昧で、いささかのんびりしていらっしゃるようですが」と言うと、寛大な大使は一緒に笑ってくださった。しかし、万が一ご気分を害してはならないと「IAEAもありますし、OPECも開催されますから、いくら小国とは言えど、ウィーンの任務も大変なこととお察しします。ニューヨークと比較すると若干穏やかかもしれませんが」とフォローを入れてみた。

すると、「EUの安全保障会議もあります」とは森大使。そう言えばそうだった。西側諸国と東側諸国の中間に位置する永世中立国であるからこそ、スパイが暗躍する都市としても知られ、「007」や「ミッションインポッシブル」の舞台にも選ばれてきたのであり、決して悠長に構えていられる地域ではないのだった。

夕食にはティロが見つけてくれたＥＮジャパニーズ・ブラッスリーという日本のレストランを訪れた。ラストオーダーギリギリに滑り込みで入店し、柚子風味のカンパチのカルパッチョにひじきのサラダ、揚げ出し豆腐、小鍋のすき焼きなどをいただいた。

公演後の遅い時間に夫も大好きな日本食、それも海のないオーストリアでは入手困難である新鮮なお刺身や薄切りの和牛をいただけたことが嬉しかった。

4月8日　お望みの通りにいたします

夫はニューヨークの温暖な気候を惜しむようにセントラルパークへ出掛けて行った。

私は疲れを癒すために、いつまでも寝て過ごす。

13：00くらいだっただろうか？　彼が遠慮がちに戻って来て、しばしの別れを告げると、肌寒く陰鬱なウィーンへ戻るべく空港へと向かって行った。

いつものように劇場へ向かい、ひととおり支度をすると、フランソワが部屋を訪ねて来た。

「昨日も素晴らしかったね。Thiloがいなくなって寂しい？　泣いた？」とからかうので、

「子供じゃあるまいし、私たちはお互いに自立しているので大丈夫です」と述べた。

「芝居が惰性にならずに毎日新鮮であることが、僕にとっての喜びだ。毎公演発見がある。今日は、みどりの怒りをもう少し早い段階からクレッシェンドさせてみよう。カモシカの群れと一緒に育った少年の話をしている段階から、すでに怒りと憎悪が滲み出るように」

「でもあのカモシカ少年に心を奪われたという件は、三杉に対しての軽やかな挑発であり、精一杯の虚勢を張っているので、まだあの段階では剝き出しの感情には重しと共に蓋をして、あくまでも超然と演じたいのですが」

「いや、あの段階から、画家の松代のモデルになったこと、22歳の競馬の騎手を弄んでいたことも、全てその後の夫の不貞を知った慟哭(どうこく)に繋げてクレッシェンドさせなくてはならない」

本当はこの物語の中で、実は誰よりも古風な考えの持ち主で、純粋なみどりが、夫の不貞を知ったことにより、夫の気を引こうと望んでもいない不行跡な振る舞いを繰り返してみるものの、夫からは叱られることもなく無関心を貫かれ、空虚さにもだえて更に他の男性と逢瀬を重ねるという、謂(い)わば自傷行為に及ぶ姿を、ただ一直線にクレッシェンドするのではなく、感情の起伏を様々な音色とテンポで表現すべく、台本を読み込み、様々試みて来たものだから、フランソワの考えとは相容れないのだけれど、彼はどうしても、剥き出しの感情をもっと早く出して欲しいという。

最終的なＦＦＦ(フォルティッシシモ)（激情）に合わせて、その前後に強弱もテンポも、静寂による余白も、様々緩急をつけたい私と、太い感情の束を同じ方向へむけて、一直線に持っていきたいフランソワとの攻防戦はしばしば続いたものの、演出家は彼である。

「わかりました。それほどおっしゃるならあなたのお望みの通りにいたします」

サウンドチェックのために劇場へ入ると、階下のステージ前ではミッシャがいつものようにウォーミングアップをしていた。

「アンナと充実したひとときを過ごすことができました？」

「うん、彼女はブロードウェイのショーを終えたばかりでね。順調にキャリアを重ねているんだ。アップルの連続ドラマでも頑張っている。君の芝居をいたく気に入ったようで絶賛していたよ」

「もちろんお父様のお芝居もね」

「それより、君のあの美しい夫は、どうだったのかな？」

「あなたがどれほどの難しいパフォーマンスに挑戦しているか、緩慢な動きこそが困難であることは、わかる人にはわかるかも知れないけれど、あなたのプロ意識がその苦しみを微塵も見せないものだから、これがどれほどのチャレンジであるか、観客には伝わらないことがもどかしいと言っていました」

するとと謙虚なミッシャは両手を広げておどけてみせる。

「作品そのものはどう思ったのかな？」

「昨日はスピーカーの音量も下げたので、絶賛していました。ドイツ人なのでおべっかを使うことはないですし、オペラで様々な演出家による数多の作品を演奏して来ましたから、作品の良し悪しには敏感なので、本当にこの作品を、気に入ったようです。稽古場で見たものから、私たち2人の間に生まれる緊張感が更に進化したと」

「来週はね、ジェシカも来ると思うよ」

「もしかして、あのジェシカ・ラングさん？」

「彼女は今ロサンゼルスに住んでいるけれど、ニューヨークに来るときは僕の作品を観に来てくれるんだ」

かつて共に子供を育み、そして別々の人生を歩むようになったパートナーと、数十年の時を経て、今もなお良好な関係を築いていることは、欧米では決して珍しいことではないけれど、あのジェシカ・ラングさんが『猟銃』の公演を観に来てくださるのだと思うと、えも言われぬ感慨が押し寄せて来た。

さて、不本意ながらも、フランソワの意図に近づけて演じてみると、フランソワが大変お喜びのご様子だった。

ミッシャからは「声がようやく戻って来たね。今日も素晴らしかったよ。明日はマチネだから早く帰って休みなさい」と帰宅を促された。

4月9日　赤子のように大切なもの

外はすっかり春爛漫で、半袖で歩く人も決して少なくはない。

土曜日に続いて日曜日も、スタッフがいつもより遅れがちでやって来る。とりわけガールフレンドの部屋から通っているサウンドエンジニアのジョーダンは、全てのスタッフの中でも遅刻が多い。

私にとっては生涯でたった一度のニューヨーク公演でも、彼らにとってこの公演は、果てしなく続くルーティンの中の一コマに過ぎず、各々の日常生活があり、それは何よりも優先される。

仕事のために生きるのではなく、あくまでも自分の人生を充実させるために仕事をするのであって、その順番に忠実であることが許されるのは、人権が守られている証しなのだ。日本での仕事の仕方しか知らなかったら、舞台裏で場面転換に携わるナターシャが教会での説教のライブ配信のボランティアのために土日は欠勤し、エイドリアンが引き継ぐことにも、衣装兼ヘアのマースが、ガールフレンドの親友の結婚式への出席のために最後の2日間を待たずにいなくなってしまうことにも驚いたかも知れない。しかし、欧州での暮らしにより、アーティストもスタッフも、極めて私的な理由や、少々の体調不良でもはばかりなく仕事を休むことを見慣れていたため、人が入れ替わることによるクオリティーの違いに目くじらを立てることもない。

ミッシャは昨晩もあまり眠れなかったようだ。

公演が無事に終わると、メイクとヘアを映像用に整え、ＮＨＫニューヨーク支局のインタビューを受けた。

先日亡くなったばかりの坂本龍一さんについて、またニューヨークで「猟銃」の公演に携わることについて、いくつかの質問がなされた。

日毎に陽は長くなって来た。かつて精進料理店Kajitsuの料理長であった大堂さんの営むodoのカジュアルなレストランTHE GALLERYへ向かうと、フランソワも「ビール一杯だけ」と言って目の前に座った。

坂本龍一さん縁（ゆかり）のお店だと、長年マネージメントとプロデュースを担い、最期を看取られた空里香さんがご紹介くださったのだった。

ニュージャージーで日本人の方が作っているという早採りの枝豆の何と美味しいこと。

莢（さや）の表面は炭火で軽く炙られ、オリーブオイルと太白ごま油の合わせ技が旨味を増して、手が止まらなくなり、莢入れに用意された浅い木桝は瞬く間に一杯となった。

フランソワは何度『猟銃』を観ても飽きないと再び言った。しかし、モントリオール公演についてはやはりまだミッシャと話ができていないという。

「今ミッシャに尋ねたら確実にノーだろう。この公演の後にミッシャの回復の過程がどうなるか様子を見て、7月1日に全てを決定しようと思う。ミッシャの足取りは日毎に軽くなって来ているからね」

「私もこの作品を再び1か月演じるだけの体力はないから、お客様に対して誠実に演じようと思うと週5公演、3週間が限度です。どなたかジャーナリストが、『猟銃は演技のツール・ド・フランスだ』と書かれていましたが、私にとってはトライアスロンのような感覚です。誰だってトライアスロンを1か月も続けていたら死んでしまうでしょう？　でも、週5公演では興行として収支は成り立たないでしょうから、土台無理な話なのでは？　ミッシャも無理、私も無理なら、その旨を早く劇場側にお伝えしないと失礼だと思います」

「それなら心配はいらないよ。僕には他にもプランがある。『猟銃』が駄目でも、男性の一人芝居の『海の上のピアニスト』もあるし、カフカの『変身』でもいい」

「あるいは私たち以外のキャストで『猟銃』とか。それはご自由になさってくださいね」

そう言ってはみたものの、赤子のように大切に育んできた『猟銃』を、実際にどなたか別の方が演じることになったと言われたら、きっと深く傷つくだろう。

手元のビールを飲み終えると、フランソワはどなたかと食事の約束があると言って出かけて行った。

残った私たちは、心置きなく食事を楽しむ。マグロのタルタルに、蟹のジュレとキャビア、さらにはウニの載った美味なるそれを、添えられた海苔に包んでいただくと、なんと美味しいこと。

京都の麩嘉より取り寄せたという生麩の串揚げは、外はサクサクで中はもっちり柔らかく、鳥ささみ、アスパラガスの串揚げもまた食感が素晴らしい。

和牛のしゃぶしゃぶは、紙の小鍋に入った、お出汁でいただくタイプで、生麩とわかめ、水菜に薄く刻まれた葱と、アクセントに添えられた柚子胡椒、いずれも惜しみながらいただき、お出汁も全て飲み干した。

締めの握り鮨は、白米だったので、糖質の吸収を緩やかにするべく食物繊維のサプリメントを2包慌てて服用し、シャリを三分の一にしてありがたくいただいた。

アシスタントのUがいただいた3種の自家製ジャムが添えられたアイスクリームの何と羨ましかったこと。

4月10日　労働環境

待ちに待った休日を怠惰に過ごす。外の気温は22度くらいだろうか？　バルコニーへ繋がる窓を開け空気を入れ替えると、眼下の公共図書館に沿った街路樹が白い花を咲かせている。街行く人々は半袖のTシャツを着て歩いているではないか。200メートルほど先に見えるアールデコの建物の金色の意匠もキラキラと陽光を反射している。外界との接点はこれだけ。セントラルパークにでも散歩に出かければ英気を養うことができることも頭ではわかっているけれど、身体が動かず、いつまでもベッドの上で過ごした。

14：30に訪ねてきてくれたシェリーは、郊外の自宅のお庭から見繕ったというチューリップに白水仙、赤紫のヒヤシンスを携えていた。

お花屋さんから届けられるセンスの光るフラワーアレンジメントはもちろん嬉しい。その一方で、ザルツブルクの田舎暮らしにて、近所に自生する山野草や自宅の庭から花を摘み取るようになってから、こうした素朴なお花がとりわけ愛おしく感じられる。

彼女の施術を受けながら様々な質問をしてみた。

「マース・カニングハムやトリシャ・ブラウンの振り付けによって、ジョン・ケージの音楽で踊る時、カウントはどのようにするのでしょう？　わかりやすいメロディーがないために、全ての音のタイミングを記憶するのは難しいのではないでしょうか？」

「カウントをする必要はなかったの。何故ならジョン・ケージは、ダンスと音楽を対等に考えていて、ダンスが音楽に従属的である必要はないと考えていたから。私たちは、常に同僚の気配や呼吸を繊細に感じ取り、音を聴きながら踊るだけ」

「当時にしてみたら何と刺激的で新鮮な試みだったでしょう」

「トリシャ・ブラウンは音楽すら使わなかったこともあったくらい。イタリアのボローニャでは客席からヤジが飛んできたけれど。『音楽はどこへ行った？　こんなのはダンスじゃない！』、その一方で『静かに！　楽しんでいるのに邪魔をしないでよ！』って、私達が踊っている間、客席が共和党と民主党の支持者のように、真っ二つに分かれて喧嘩が始まったけれど、それでも踊り続けたわ」

　かつて私もマギー・マラン振り付けのダンスをパリのテアトル・ド・ラ・ヴィルで鑑賞していた際に、「Petit pois sout vert（グリーンピースは緑色）」とも、「Petit poisson vert（小さな魚は緑色）」とも聞こえる言葉遊びをしながら単調なリズムで踊るカリカチュア的かつコケティッシュなダンスに対して「Putan!（売女）」とか、「Merde!（クソ）」あるいは、「J'en ai assez!（もうたくさんだ）」、「C'est la fin du Monde（世も末だ）」などとあらゆる限りの罵詈雑言を飛ばしながら客席の半分以上が視界を遮って出て行く光景を目の当たりにしたことがある。

それにしても、『猟銃』の公演を続けることは、毎日自ら服毒し、死にゆく女性を演じる訳で、いたく心身に応えるのだけれど、ダンスの場合、いかほどだろうか。

「トリシャ・ブラウンが70年代から80年代にかけて高い評価を受けて大盛況だった時期は、世界中から引く手数多で長いツアーにも度々出かけたわ」

「それはハードだったでしょう？」

「ヌレエフやミッシャのような大スターは別として、私たちダンサーはパフォーミングアーツのヒエラルキーの中でも最下層に属しているから文句は言えないの」

「でもユニオンがあるはず」

「ユニオンなんてないの。ダンサーは踊れなくなったら次に取って代わられるだけ。権利を主張する余地なんてないの」

パリのオペラ座やイギリスのロイヤルバレエのような伝統的なバレエ団所属でない限り、ダンサーに暮らしの保障はないという。

ユニオンがなく、労働時間や条件の規定がないのは、私たち日本の俳優も同じだ。俳優に人権があるなどとも思わずにこれまで仕事をして来た。近年では働き方改革なども喧伝されるようになって来たものの、あくまでも建前上の話であり、半ば形骸化している嫌いもある。

個性を尊重し、大切に育まれて来たお若い世代の方々がリーダーシップを取れる時代になるまで、この現状は変わらないのではないか。

たとえ労働環境が改善されたとしても、人口減少による経済の衰退と、娯楽の多様化により、少ない観客を奪い合う未来を思うと、演じるという職業を持続可能な形で継続し、禄を喰むことができるのは、今以上に限られた人間となるだろう。

いつ不祥事を起こすとも知れぬ生身の人間を使うより、アニメやＡＩの方が安全を担保できることは明白で、いずれ俳優も不要となるかもしれない。映画『アバター』がこの世に出てきた頃から覚悟はしていたものの、そうした未来は着実に近づいている。

その一方で、従来の形に固執することなく、新たな技術によるプラットフォームを駆使すれば、フリーランスで好きな時に、好きな国で、好きな仲間と、あるいは自分ひとりで、自由に活躍できる俳優も増えるだろう。

パンデミックにより、生のパフォーミングアーツの鑑賞習慣が断たれ、まだ客足が回復していない中、ダンサーを取り巻く環境はいかほどのものだろう。

「未来は決して明るいとは言えない。それはダンスを生活の手段として生きていくことはもちろんだけれど、クリエイティブ面から考えても、あらゆる表現方法は出尽くしているから。それでも、トリシャがダンサーの序列を取り去って、ステージの位置からも序列を取り払ったことは賞賛に値すると思うの。プリンシパルもプリマドンナもいない。コール・ド・バレエもいない。みんな平等で、ステージの正面だけでなく、後方も上手も下手も等しく大切に扱うの」

彼女たちの存在意義を脅かす、新たな表現方法の枯渇には、世界中の振付師たちがすでに直面し、もがいていることだろう。

幼い頃から厳しい鍛錬を重ね、食事も控えめにして体型を保ち、あらゆる振付師からの要求に応え、身体を酷使し、故障に怯えながら踊り続け、時には家族を犠牲にして長旅に出ても、生活の保障はなく、ダンスを教えたり、シェリーのようにアレクサンダー・テクニークをマスターして人々の手助けをする。いつ踊れなくなり、お払い箱になるやも知れないのに心身を律し続けるとは何とタフな職業だろう。

幸いシェリーは若くしてアレクサンダー・テクニークと出会ったため、手術を要するような故障は経験したことがないという。

「だからこの年齢でも辛うじて踊れているけれど、トリシャ・ブラウンのカンパニーでは私が最高齢よ。5月のミラノではミッシャのようにスロームーブメントなものだから、彼がどれほど辛いかよくわかるの。この年齢で緩慢な動きを続けることは、本当に恐ろしいことだもの」

しかし、彼女は、その恐れもアレクサンダー・テクニークの受容と手放しのプロセスにより乗り越えてしまうのだろう。

4月11日　自分を甘やかした一日

これもまた怠惰な一日だった。ただひたすらに脳と身体と心を甘やかす。

舞台の上では、周囲の雑音と音響に耳を澄ませつつ今を生きる一方で、脳のCPUをフル回転させて動きや立ち位置に注意を払いながら膨大な台詞を述べ、同時にタオルを絞るかのように何も滴らなくなるまで感情を絞り切る。

よって、終演後は身も心も空っぽで、何も考えられないし、何もしたくはない。ホテルの部屋に帰って、パンデミックにより急激にクオリティーの上がったデリバリーサービスにて頼んだ食事をいただくと、酸素カプセルに身を沈めることの繰り返し。

お昼過ぎまで12時間は眠らなければ、脳と身体をリセットできず、12時間眠ったとしても今日のように倦怠感が抜けないことも多々ある。

ウィーンにいる夫によると、奇遇にも国立歌劇場で上演されている『ローエングリン』にてタイトルロールを演じているのは、つい先日までこちらニューヨークのメトロポリタン歌劇場にてフランソワ・ジラール版『ローエングリン』で同じ役を演じていたピョートル・ベチャワさんだという。この世界はなんと狭いことだろう。それにしても、あれだけの声量でワーグナーのオペラを唄って、息つく間もなく別の都市で同じ役を演じるとは、歌唱力と表現力に加えて、よほど強靭な体力と揺るがぬ精神を要することだろう。

夕方にシェリーの訪問を受け、身を委ねる。私たちが日頃の習慣で繰り返す癖により歪んだ身体に、本来の位置を気づかせるべくハンズオンで意識をさせる。

「アレクサンダー・テクニークでは、意識的気付きを大切にしています」

「シェリー、あなたがもし常に正しい姿勢を意識しているとしたら、怠惰に寛（くつろ）いでソファーに横たわるようなこともないのですか？　カウチポテトなんてしないのでしょう？」

「カウチポテトをするか否かはあなた自身の意思決定によるものであり、私自身の意思決定によるものだから、それを禁じる必要は全くないの。全てはあなた次第。アレクサンダー・テクニークには正誤も善悪もないの。だから私もソファーに横たわることだってあるの」

「つまりはジャッジをしないと？」

「いい？　全てに絶対はないし、ジャッジをする必要はないでしょう」

シェリーとのセッションが心地よい最大の理由は、強要をしないことであることに気付かされた瞬間だった。「ねばならぬ」、「〇〇すべき」といった強迫観念を植え付けようとせず、個々人の生き方や尊厳を尊重し、脳と身体が彼女の手を受け入れるまで気長に待ってくれるからこそ身体は緩み、最大限の効果を発揮するのだ。

これはアレクサンダー・テクニークを適切に理解し、体得した好事例であり、同じアレクサンダー・テクニークを学んでいても全てのプラクティショナーが彼女のような域に達しているとは限らないのではないだろうか？

そして、「あなた次第」という教え方は、正解を求めがちな多くの日本人には馴染まないために、教える側にも教わる側にも戸惑いが生じるのではないだろうか？

「こうした考え方こそ、幼少期に教えていただきたかったです。そうしたら多くの人々の身体も心も、もっと楽になるのではないでしょうか？」

彼女がアレクサンダー・テクニークについて書かれた本を取り出すと、その中に印刷された一枚の写真を見せてくれた。

「この3歳の少女は、アレクサンダーが運営していた幼稚園で教育を受け、アレクサンダーの手解きで身体の使い方を学びながら成人して、アレクサンダー・テクニークの指導者になったの。実は彼女が私の師匠なの」

まだ足元もおぼつかない年頃からアレクサンダーが実験的に営んでいた幼稚園で育まれ、アレクサンダーの指導のもと、身体の楽な使い方を自然に身につけることができたシェリーの師匠は何と幸運だったのだろう。

「シェリー、あなたにもっと早く出逢って多くのことを教えていただきたかったです」

「私は教えていると思ったことはないの。ありがたいことにクライアントを通して私も学ばせていただいているの。とりわけほぼ毎日こうしてあなたとセッションをすることは、私にとってもとても貴重な体験だったわ。これほど毎日一対一で密度の濃い時間を過ごすことは稀だし、あなたのように好奇心に溢れた人も珍しいから楽しいの」

1時間のセッションが終わると、ゆっくりと身体を転がして横向きになり、片手をついて頸部には力を入れずに上半身を起こす。若かりし頃にわずか2回ほど試みたことのあるフェルデンクライス・メソッドに似ていることを伝えると、「フェルデンクライスもアレクサンダーのもとで学んでいたのよ」とのこと、どうりで既視感があったわけなのだ。

明日から始まる最後の1週間に向けて、今日はとことんまで自分を甘やかす。

タクシーにてodoへ向かい、12席のカウンターにて目の前で丁寧に作られる大堂さんのお料理に舌鼓を打った。

砂を自己流で混ぜたという土壁風の美しい左官仕事に驚かされ、漆喰の代用で炭とコンクリートを混合させたという調理台には明朝の古染付の器や古九谷、古伊万里と並んで辻村史朗さんの粉引の片口が並んでいた。随所に辻村塊さん、唯さんご兄弟の器が散見され、折敷は、京都の泰山堂さんから結婚祝いでいただいて以来、我が家でも大切に用いているものと同じ佃眞吾さんの刳りのお品で、神代杉と吹き漆の我谷盆も並んでいた。

ニューヨークにいながらにして、京都のお料理屋さんのような器の取り合わせに居心地の良さを感じ、ロブマイヤーのものとおぼしきシャンパングラスに盛られたアオリイカとニューヨーク産のいちご、キャビア、そして土佐酢のジュレという先付けに心躍らされた。

繊細に刻まれたミョウガに大葉、柚一味のふりかけられた染めおろしが添えられたお造りは、シマアジに金目鯛、マグロの中トロ。オーストリアでは考えられない食材の豊富さと丁寧な仕事ぶり、そして佃眞吾さんによる溜塗の輪花皿にうならされる。

さり気なく水打ちが施されたお椀の蓋を開けると、アサリのお出汁の中に貴重な筍とワカメが鎮座しており、涙が出そうなほど滋味深いそれを、木の芽の香とともに大切に味わった。

焼き物は大好きな太刀魚の炭火焼きで、こんなに味わい深いお魚をかつて雑魚扱いしていた先人たちを気の毒に思う。

京都の小児科医、加藤静允先生の鶏の意匠の器に盛られていたのは、ホタルイカと間引きの小かぶ、きのこの胡麻和えで、これもまた憎らしいくらいに美味だった。

雲井窯の熱々の小鍋には、お出汁の中にしゃぶしゃぶ用の和牛と生麩、三つ葉に刻んだ葱が入り、柚子胡椒をアクセントにいただく。

いずれも輸入規制のある欧州、とりわけ内陸部に位置するオーストリアではお目にかかることのできないお品だった。

そして、締めの手打ち蕎麦にトドメを刺され「今日死んでもいい」と思えたほどだった。梅おろしのぶっかけスタイルのお蕎麦には、しその芽に柚子一味、刻まれた2種のねぎにごま、削り節が添えられ、細切りのお蕎麦の喉越しの良さと、お薬味の芳しさに芯から癒された。

この2か月間、ほぼ毎日デリバリーサービスを利用し、ほぼ毎晩同じレストランから同じ物を頼み、終演後の疲弊した身体ではゆっくり味わうゆとりもなく、ただ空腹を満たすためだけに食べて来たような日々だったもので、久々に目の前で器に盛り付けられる繊細かつ虚飾のないお料理をいただき、また馴染みのある懐かしい器たちにもお目にかかることが叶い、幸せだった。

明日から続く最後の4公演を、「たった今いただいた大堂さんのお料理のように誠実に大切に演じたい」そう思えた春の盛りの夜だった。

4月12日　Non doing

劇場へ着くと、「猟銃」の初演からずっと携わっていらしたプロデューサーの毛利美咲さんが、はるばる東京から来て下さっていた。

寛一郎さんの初舞台となった「カスパー」の公演を終え、ようやく渡米が叶ったとのことだけれど、フランソワから「バリシニコフさんが『猟銃』のニューヨークでの公演に食指を示しているから権利関係をクリアにして欲しい」との打診を受けて以来、再びこの作品に多大なるご尽力をいただいた。

台本の精査に舞台美術の資料など、あらゆる手配を抜かりなく行って下さったばかりか、アメリカ側プロデューサーのCとの激しい折衝も辞さずに、ニューヨークではマイノリティに当たる日本人の権利を巡って闘って下さったのも毛利さんだった。

「稽古の始まる前日にニューヨーク入りするように」という契約事項は、つまるところ「時差ボケの調整をしたければご自身の責任でご自由にどうぞ」ということろ、稽古の1週間前から現地入りすることに変更していただいた。実際には、契約上のビジネスクラスの航空券をマネージャーに譲ったため、私自身はマイレージでかろうじて取得できた航空券の都合にて4

日前の入りとなったものの、時差ボケ調整なしで稽古に集中することは不可能だったと思う。

この度は、フランソワの都合もあり、東京で上演されたペーター・ハントケ作の「カスパー」とどうしてもスケジュールが重なってしまい、稽古にお立ち会いいただくことは叶わなかったものの、２０１１年の初演時、つまりは私にとっての初舞台の時から手厚くご支援下さっている謂わば、日本における演劇界のゴッドマザーである。

鋭い観察眼でご覧くださることは間違いなく、緊張が走るものの、これまでアレクサンダー・テクニークによって培ってきた、「Non doing」の精神で平常心を保ちつつ、ひとつひとつの言葉を丁寧に演じた。

久々にご覧に入れた『猟銃』は、毛利さん曰く「ようやく彩子まで息切れせずに力の配分をやりくりすることができるようになったんだなぁと思った」とのことだった。

「薔子の解釈が変わったことは顕著だったし、彩子のしたたかさが際だって恐ろしかった」とも。

「何よりも、バリシニコフさんとあなたとの絶妙な呼吸がね、ニューヨーク公演を実現させて良かったと思わせてくれたから」

毛利さんが万難を排してこの作品に取り組んで下さったことには、感謝しかない。荒唐無稽とも言えるフランソワの夢を夢で終わらせず、こうして実現させる礎を作って下さったのは、ほかでもなく、毛利さんなのだ。

上演後に「美紀、僕のご近所に住んでいる友人が観に来てくれているから、ちょっとだけ付き合って」というミッシャに促されて、彼の日本人の友人ご夫妻とご挨拶をさせていただいた。

ニューヨーク郊外の彼のご自宅のご近所には、数名の日本人家族がお住まいのようで、手打ちラーメンを披露してくださったり、和牛を様々な調理法でご馳走して下さるのだとか。

この度のご近所さんは、梅若玄祥さんと藤間勘十郎さんの振り付けにより、バリシニコフさんが日本でパフォーマンスする予定だった舞の作曲家でもあった。

残念ながらパンデミックにより、プロジェクトは半永久的に延期となってしまい、再びそれが始動するか否かも定かではないというけれど、バリシニコフさんが日本に対して、ただならぬ愛着を持っていらっしゃることだけは確かだった。

「形式だけで良いから」と渡された赤ワインは、本当に形式だけいただいた。舞台出演直後の興奮状態をアルコールで沈めるという役者さんも多いけれど、『猟銃』で3人の女性を演じ、自ら死を選択した彩子で幕を閉じた直後の疲弊した身体にアルコールを入れたいとはとても思えなかった。

ミッシャは珍しくほろ酔い加減となったようで、運転をご近所からのお客様に託して自宅へ戻って行った。

4月13日　強固な信頼関係

いよいよ千穐楽が迫り、ニューヨークを発つ日が近づいて来たため、苦手なパッキングを始めた。

真冬の防寒支度から、稽古用にと持ち込んだ結城紬の着物、何があってもいいようにと、念のため携えて来た付下げの着物一式はかなりかさばる。

そしてバリシニコフさんの体調が良くなった時のためにと用意していた、お抹茶を点てるための茶道具一式も、京都の昂KYOTOの永松仁美さんや、木工作家の佃眞吾さんのご協力のもと、持ち込んだ物だった。

結局トラブルに次ぐトラブルで、お抹茶を点てるような時間的なゆとりも、気力も体力もお互いになく、伊藤園の茶葉で緑茶を楽しむことが精一杯だった。

サプリメントや漢方薬の他、いくつかの品々はこちらで消費して荷物が軽くなったはずだったにもかかわらず、公演中に数々のいただきものをしたため、6つあったRIMOWAのスーツケースは瞬く間に一杯になった。

この度は東京からスタッフが持ち込んだ荷物も含めると、スーツケースは計8つとなった。

この先オーストリアと日本の往復でも、原油価格の高騰によりかさむ超過料金を払い続けることは無駄であるし、環境に負荷を与え続けることも心苦しい。ニューヨークでの長期滞在は例外だったとしても、今後は荷物を極力削減して身軽に空を飛びたいと思う。

さて、本日は東京からドキュメンタリーの撮影のためにディレクターの白井さんがお出でくださった。

早速シェリーとのアレクサンダー・テクニークのセッションをカメラで撮影する。

「何か質問はある？」

「舞台上で、最後のカーテンコールの際に、いつもミッシャが私を軽く前へ押し出して、1人で挨拶をするように促してくれます。その際に、まるでパ・ドゥ・ドゥーを踊っているかのように、彼のわずかな力によって、私の身体が自然に前へと押し出されるのですが、これもアレクサンダー・テクニークでいうところの間主観性を用いているのでしょうか？」

「確かに間主観性とも言えるし、ミッシャがあなたにディレクションを与えているとも言えるわね」

「私も彼を信頼しているから、全く抵抗をせず、ほんの少しの力で、身体がふわっと軽くなって、いつの間にか舞台の前方へ出ているんです。その感覚が、今、あなたから受けているハンズオンのセッションと酷似していて心地好いんです」

「その感覚を味わえているなら素晴らしいことね。アレクサンダー・テクニークも同様に、クライアントと施術者との間に信頼関係がないと、成立しない。拒絶している人を無理矢理動かすことはできないもの」

シェリーの人生について私は何も知らないし、シェリーも私の人生について何も知らない。恐らくこの先、一緒に食事をすることもないだろうし、近況を報告するために密に連絡を取り合うこともないだろう。

むしろそうした馴れ合い関係になることはお互いに望んでいない。

それでも、彼女の手が私の身体に触れ、彼女の声が私に語りかける時、そこには強固な信頼関係が生まれ、私の身体が自在に動くのだから本当に不思議である。

セッションを終えるとフランソワが楽屋へやって来て、ドアの外に張ってあった「NO SPEAKING, NOHUG, NO NOTE. Miki Has Fever…」という紙をこれ見よがしにビリビリと破いた。

「NO SPEAKINGとNO HUGまでは誰にでも該当するけれど、NO NOTEの一言で、この紙が僕に向けたメッセージであることが明白だから、これを見る度に傷つくんだ。こんなものはゴミ箱に捨ててやる！」と。

発熱して舞台に立つのがやっとなほど体調を崩していたにもかかわらず、演技の改善点をいつもと変わらず丁寧に伝えてくれたフランソワへのささやかな抵抗であり、誰彼かまわずハグとビズーで愛情を表現するフランソワからウイルスをうつされることを避けるために、熱が下がった後もずっと張り紙を掲示したままだった。

同時に、楽屋に来てくださるお客様に、体調が悪いために、あまり長く面会ができないことをさりげなくお伝えするためのエクスキューズでもあったのだけれど、どうやらフランソワは本気で傷ついていたらしい。

溢れる情熱で私たちを導き、いつ何時も変わらぬ愛情で支えてくれた彼に対して申し訳なく思った。

いつものように衣装に着替え、かつらを載せ、またマイクを装着すると、マイクチェックを行った。

そして、いつものように、本番の3分前に舞台袖へ赴き、ミッシャやフランソワと短い会話を交わすと、「今日は、ジェシカが客席にいるよ。もしよかったら、終演後に客席裏のバースペースに来てご覧」とミッシャが言うではないか。

ジェシカとは、ミッシャのかつてのパートナーだったジェシカ・ラングさんのことである。あのジェシカ・ラングさんがいらっしゃるのだと思うと、緊張しそうになるのだけれど、アレクサンダー・テクニークの「Non doing」の心構えを大切に演じた。

それにしても、生で演じることの何と不確実で、不安定なこと。

最後の場面転換では、一枚の床板が平らにならず、黒衣のサラが息を潜めて舞台に登場し、不具合を修正することとなった。

もはやこれにも慣れっこととなり、彼女が舞台袖に退くまで、手先で微細な動きを作り、その場の緊張感が途切れぬように努めた。

携帯電話は今宵も容赦無く鳴り響き、緊急車両のサイレンもまた遠くから聞こえて来る。ニューヨークでは雑音の妨害なしに演じることはほぼ不可能であり、雑音にすら耳を傾けて今を生きる方法をアレクサンダー・テクニークで学んでいなければ、パニックになっただろう。

上演後に舞台袖にやって来たフランソワは、「美紀、君はまたしても機転を利かせて危機を救ってくれた。あの手の微細ながら妖艶な動きは、あまりに自然で、まるで僕が演出したのかと見紛うほどだった。ありがとう」。

慌てて着物を脱ぎ、客席裏を訪れると、「郵便配達は二度ベルを鳴らす」や「トッツィー」でお馴染みの、アカデミー賞にエミー賞、トニー賞と演技の3冠をほしいままにする彼の名女優ジェシカ・ラングさんがいらしていた。

遠慮がちに挨拶をすると、あちらから近づいて来てくださって、「見応えのあるパフォーマンスだったわ」とおっしゃった。

もう、それだけで、この数ヶ月の苦労が報われたように思えたけれど、「美紀には、アレクサンダー・テクニークの先生がついていてね、稽古中もサポートを受けていたけれど、毎日公演前にセッションをしていて、身体的アプローチを用いて3人の役柄を演じ分けているんだ」とミッシャが説明すると、「それは、興味深いわね。アレクサンダー・テクニークでどんなことをしたの？」とジェシカさんが尋ねてくださったものだから、心臓が喉元から飛び出しそうだった。

「ジェシカさん、あなたももちろんご存知の通り、アレクサンダー・テクニークでは、無駄な力を抜くことを学びました。演出家のフランソワが、姿勢のゆがみを役柄に用いたかったのですが、当初は自己流で身体をゆがめていたものですから、全身の筋肉がこわばり、頬も顎もガチガチに固まってしまって、台詞を発することが困難になってしまったんです。そのような折に、幸運にも本家本元のアレクサンダー・テクニークに出逢って、姿勢をゆがめながらでも力を逃がして声を発することができるよう導いていただきました」

「美紀の施術者は、トリシャ・ブラウンやマース・カニングハムのダンサーだった女性でね。僕も、かつて一緒に踊ったことがあったと思う」

そうした私たちの話に、穏やかな眼差しで耳を傾けるジェシカさん。

「少々長くて退屈しませんでしたか？」という問いかけにも「退屈なんてしないわ。感情を追っているとあっと言う間だった」とおっしゃるジェシカさんに、「美紀はニューヨークタイムズの記事を気にしているんだよ。字幕が邪魔で、長く感じるって」とミッシャ。

「どこのAsshole（くそったれ）がそんなくだらないことを書いたのかしら？　つまりは字幕を読むことができず、演技の真髄を感じることのできない愚かな不感症だってことを露呈したのね、そのAssholeは」と愛のある毒舌を吐くジェシカさん。

「我々は慣れているけれど、ニューヨークタイムズの劇評は、ネガティブな記事を書くことが仕事だからね。あんなものを気にする必要はないんだ」とミッシャ。

本当は、ジェシカさんにお訊ねしたいことは山ほどあったけれど、ロサンゼルスにお住まいの彼女と、ミッシャとの久々の邂逅をお邪魔することも気が引けて、早々に失礼した。

毛利さんとご一緒に向かった先は、グリニッジ・ヴィレッジのＥＮジャパニーズ・ブラッスリーで、先日ご逝去されたばかりの坂本龍一さんのトリビュートナイトが開催され、インダストリアルなレストランの一角で、クールなＤＪが、ＹＭＯのレコードをかけていた。

「Ryuichiはこのお店の常連だったから、彼を偲んで素晴らしい音楽を聴きたいと思って」という日系二世の支配人さん。

坂本龍一さんがこちらにおいでになっていたとは露も知らず、先日終演後にも営業しているレストランを探していた夫が、たまたま見つけてくれたお店にて、はからずも「東風」や、「undercooled」などに耳を傾けることになった。

奇遇にも音大で学んでいらした毛利さんもYMOの大ファンだったといい、坂本龍一さんの音楽と、幾多の試みがいかに素晴らしかったかについて語り合うこととなった。

もっとも、毛利さんがピアノ奏者として志していらしたのは、アルバン・ベルクの音楽だったそうで、ショパンやリストを最高峰と崇める日本の音楽教育の現場や音楽市場にはそぐわず、演劇の道に足を踏み入れたのだとおっしゃる。アルバン・ベルクのオペラ「ヴォツェック」や「ルル」は大好きだけれど、そういえばピアノ曲を聴いたことがなかった。

この世で美しい旋律と謳われるものを破壊して、無調音楽を試みたベルクの音楽を愛する方が、わかりやすく安易な娯楽が好まれる日本の現状で生きていくことはどれほど苦しいことだろうと考えると、涙が溢れそうになった。

「2・5次元のような娯楽作品をご覧になっている方を、『猟銃』のような文学作品に誘導すること」を使命となさっている毛利さんの、高き理想と、厳しい現実との間に、サハラ砂漠のような途方もない隔たりを感じて、目の前の視界が砂嵐で霞みそうだった。

そう考えると、坂本龍一さんは、ご自身の揺るがない音楽哲学を貫きつつも、大衆にも理解される作品をたくさん生み出していらした。

時の運もあったかもしれないし、マネージメントを担当しつつ、アートワークを担っていらしたプロデューサーであり、ひとりのアーティストでもある空里香さんの審美眼が比類なきものだったことも幸いしているのだろう。しかし、やはり心に響く美しい旋律に不協和音を忍ばせ、現代音楽やポストモダンを併存させることができたのは、アカデミズムに裏付けされた坂本龍一さんご自身の作曲理論と、時代の空気感を先取りする鋭い感性の賜物に他ならない。

4月14日　ただあるがままの姿で

朝からパッキングの続きをしていると、「矢野顕子です。」とメッセージが入っていた。スパムメールだと思って削除しようとしたのだけれど、よくよく読んでみると、何とあの矢野顕子さんご本人で、「今日のチケット取れたので、観に行きます」とのことだった。

何年ぶりだろう？　21歳の頃に2ヶ月弱ほど語学留学でニューヨークに滞在していたことがあり、当時お住まいだったニューヨーク郊外の野生のリスが訪れる素敵なご自宅に伺ったことがある。

お好み焼きをご馳走になって、近くのダムに、運転免許証を取得したばかりの坂本美雨ちゃんの運転で星を見に行った。

滞在中だったマンハッタンへはアッコさんが運転して送ってくださり、お洋服の話で盛り上がって、「ニューヨークでショッピングに行くならダリルKがおすすめよ」と教えてくださったことを覚えている。

世界中のファンにとって偉大な音楽家である坂本龍一さんのことは、「あの人は、音楽以外何にもできない人だから」とおっしゃっていたことが印象的だった。雲の上の存在で、私にとっては仰ぎ見る対象だった教授も、アッコさんにとっては、ひとりの人間なのだった。

アッコさんのさとがえるコンサートを聴きに伺った際に、超人的なピアノの超絶技巧に圧倒され、坂本龍一さんのピアノで聞き慣れていた複雑な和音が、アッコさんの音色でもあったことに気付き、見てはいけないものを見てしまったような、聴いてはいけないものを聴いてしまったような背徳感に苛まれたことは懐かしい想い出である。

たとえて言うならば、「鶴の恩返し」で、鶴が機を織る姿を覗き見してしまったような感覚で、天才などと軽々しい言葉で評することもはばかられるほどの卓越した天賦の才と、厳しい鍛錬によって磨かれた技術と、即興で奏でられる音や歌に身震いしたものだった。

矢野顕子さんが客席にいらっしゃるのに平常心でいられるだろうか。つい浮き足だって、上手に演じてみようなんて下心が出たりしないだろうか。

実際に本番が始まってみると、ただ素直に、そして、真摯に演じるのみだった。がんばればがんばるほど、緊張しておかしなことになるので、己をより良く見せようとか、大きく見せようなどと思わず、ただ現在のあるがままの姿で、できる限りのことをするのみなのだ。

素直に演じれば、演じるほど、薔子からも、みどりからも感情が自然に溢れ、また彩子からは感情を手放すことが怖くなくなった。

すでにこの世の者ではなくなった彩子の、感情を排した演出は、冗長なのではないか？

お客様が退屈なさるのではないか？　と常に不安だったのだけれど、千穐楽を明日に控えてようやく自信を持って何の感情も入れずに台詞を言えるようになった。

自ら命を絶って、道ならぬ恋の対象であった三杉穰介に、決して彼を心から愛していたわけではなかったことを告白する彩子を感傷的に演じない方が、むしろ彼女自身の人生の虚しさと、三杉穰介の悲劇が引き立つのだった。

もちろん頭では理解していたつもりだけれど、それを心と身体が理解するのに、12年の歳月を要したことになる。

２０１６年の再演を終えた際には、この作品を3度までも演じるとは思っていなかったけれど、3度演じた意味を見出すことのできた貴重な夜だった。

途中で咳き込む瞬間もあったけれど、それすらも、役柄の一部のように感じられた。

終演後に楽屋を訪ねて来て下さった矢野顕子さんは、大きな懐で抱きしめて下さった。

坂本龍一さんが亡くなってまだ間もなく、「あんなに痛みに弱い人だったのに、よくがんばったと思う」とあたたかい眼差しでおっしゃっていた。

「Dearest Ryuichi, Would you like to play piano four hands together again? I miss you very much」というアッコさんの追悼メッセージに涙したのは私だけではないだろう。

「あら、あれはそんな深刻なメッセージじゃなくて、軽妙なジョークのつもりだったんだけど。でも、答えはわかっているの。『嫌だね』って言うはず！」

「あ、アッコさんの超絶技巧に、ついていけないからですね！」

「彼はピアニストじゃなくて、作曲家だから。それは彼も自覚していたはずよ」

長い台詞をよく覚えたと、褒めて下さったのだけれど、「多少台詞が前後して、継ぎはぎになったり、作文したところもありました」と正直に告白した。

「あら、そんなの誰も気づかないわよ。シューベルトの音楽みたいにね。ぐるぐる回っても、お客さんはどこを演奏しているのかわからない」

久々にお目にかかった矢野顕子さんは、ニューヨークの街で自由に生き、音楽と共にある人生を歩んでいらっしゃるためか、とても若々しく、輝いていらっしゃった。

昨日のジェシカさんに続いて矢野顕子さんのような偉大な表現者が、この『猟銃』をご覧下さったことは、大変な励みとなった。

奇しくもYMOチルドレンで、矢野顕子さんの大ファンでもある毛利さんは、アッコさんと2ショットのお写真を撮影すると、「咳き込んでも芝居になっていたから気にしなくて大丈夫。みどりの最後は、昨日の方が良かった。狂人にする必要はないと思う」とおっしゃって東京へと旅立って行かれた。

今宵はフランソワの演出により、狂気を際立たせたのだけれど、私もやはり、感情を爆発させつつも、狂人にはならず、ギリギリ正気を保っているほうが好みである。
泣いても笑っても明日は最後なのだから、自由に演じてみようと思う。

4月15日　最後のセッション、最後のパフォーマンス

いよいよ千穐楽を迎える。

最終日だからといって、特別なことをしたり、力んだり、感傷に浸ったりはしない。アレクサンダー・テクニークによる「Non doing」の精神は心にしっかりと錨(いかり)を下ろしている。

したがって、いつものようにお昼過ぎに起床するつもりが、春の陽光がロールカーテンの隙間から眩しく差し込んで来たため、早朝に目覚めてしまった。

いつものように東京の先生から指示のあった漢方薬を服用し、サプリメントを摂取する。パッキングも大方済ませ、ジップロックの中に乱雑に放り込んだままだった領収書をとりあえず書類ケースに移し替えた。

夕方にCのアシスタントのランドンが部屋を訪れ、２ヶ月間大変お世話になった酸素カプセルの解体と梱包をしてくれた。

現代音楽をこよなく愛するピアニストでもある彼は今日もISSEY MIYAKEのパンツにコム・デ・ギャルソンのシャツを着て、マルジェラのバッグを携えていた。

「坂本龍一さんが亡くなったみたいだね。とても残念だと思う。彼の晩年の作品はとりわけ優れていたから。映画『THE REVENANT』のサウンドトラックとか、『async』は秀逸だった」

「ニューヨークタイムズにも追悼記事が大きく掲載されていたものね。私も若い頃、坂本龍一さんとお仕事をご一緒させていただいたことがあるの」

「本当に？　なんて恵まれているんだ！」

確かに私は本当に幸運に恵まれている。

1時間程かけて酸素カプセルを撤収すると、ランドンは帰って行った。

いつものように目の前の5番街でタクシーを拾い、いつものように劇場へ到着すると、鏡の前に一塊の石が置かれていた。

私が毎公演足で踏みしめて来たセットの石に、フランソワがメッセージを寄せてくれたのだった。

いつものように着物を乱れ箱にセットし、いつものようにメイクをして、付けまつげを糊で貼ると、シェリーとの最後のセッションが始まった。

彼女は最後のパフォーマンスを鑑賞するために自らチケットを入手し、少しだけドレスアップして来てくれていた。

「いよいよ最後のセッションね。寂しくなるわ。こんなに1人のクライアントに密にコミットしたことは初めてだったから、私自身にとっても良い経験だった」

「こちらこそ、あなたの助けなしにこの公演を最後まで続けることは無理だったと思うので、本当に感謝しています。この公演に携わる中で、数々の学びがありましたが、最大の収穫は、あなたとの出逢いでした」

彼女の手技と囁き声での誘導により、自分が思っていたよりも肺が大きく、背中側にも空気が入ることに気付かされ、呼吸のタイミングを意識せずとも、息が長く続くようになっていた。

「ゆっくりと息を吐いて〜、吐息と共に横隔膜が上昇します。息を吸って〜、空気が肺に満たされるのと同時に横隔膜が下降します」

横隔膜そのものが見える訳でもなく、肺が見える訳でもないながら、身体の中で、これらの臓器がしっかりと働いてくれていることを認識することで、自分自身の身体を信じ、頼ることができるようになったのだ。

扁平胸と言って、生まれつき健常者よりも肺活量が乏しい上、生来の股関節の不具合により重心が安定しない私の身体でも、辛うじて舞台に立つことができたことは奇跡に等しい。

「あなたのお陰で、3役を演じることができたけれど、それも今夜で最後です。恐らくこれが『演劇』で舞台に立つ最後になると思います」

「どうしてそう思うの？」

「アレクサンダー・テクニークの考え方のお陰で、心身に無理を強いてまで舞台に立つ必要はないと気付かされたんです。『Non doing』、『Let it go』、『Let the river flow』という考え方は、大きな啓示をもたらしました。きっと、私は優れた表現者であることを証明するために、今回のオファーを引き受けたのだと思います。バリシニコフさんと、ニューヨークでの公演というフレーズに惹かれたのです。でも、この数年間考えていたように、優れた表現者である前に、ひとりの人間として、自分の命や暮らしを大切にしたいと改めて思えたのです。舞台に立つからには、使命を全うしたいと思いますし、観客の皆様の貴重なお時間をいただいた分、自らの身を捧げたいと思うものです。演出家とお客様に仕えるために、心身共に全てを差し出すのです。したがって、週に6回の公演を、演出家の望むクオリティーで演じるなら、あまりにも過酷で命を削ることになります。しかし、週5回の公演では、興行主が利益を生むことができないでしょうから、そこに携わる方々の生活を保障することが不可能になります。私は演劇の興行のシステムにはマッチしない人間なんです。そのことに改めて気付くことができたのも、あなたのお陰です。この過酷な公演をこの先も続けていたら、あまりのストレスで心臓発作か癌を患って、早々に命を落とすことになるでしょう。板の上で死にたいと思えるほど、演じることに没入できればいいのかも知れませんが、とてもそのようには思えません。家族と共にかけがえのない日常を大切にしたいんです」

「それに気付けたのなら、素晴らしいことね。舞台の上から降りることは勇気のいることだもの」

「確かに、素晴らしい戯曲と素晴らしい演出家と、素晴らしい共演者を目の前にして、NOと言うことは勇気のいることです。でも、自分が優れた表現者として認められなくても、決して怖くはありません。それよりも、たった一度きりの人生を犠牲にすることの方が恐ろしいです。死ぬ間際に後悔したくないですから」

ニューヨークで調達した施術用のベッドは、日本に持ち帰るには大きすぎるため、シェリーに引き取っていただくことにした。

彼女からの心ある手紙を受け取ると、強くハグをして、人生の大きな決断を後押ししてくれたその美しい女性と別れた。

いつものように着替えをし、マイクを装着し、「君と仕事をすることは、毎日がスリルの連続で楽しかったよ」とおどけるジョーダンと共にマイクチェックをすると、客席を通り抜けてステージ前に下りていった。

いつものようにフランソワとバリシニコフさんがそこにいて、いつものように雑談を交わしている。

「美紀さん、今日は珍しく我々のような commoner（庶民）のもとへ降りてきて下さりありがとうございます」と、フランソワが皮肉をこめて言う。体調不良と、バリシニコフさんのインタビュー拒否問題で、私が意図的に彼らのもとへ降りていかなかった数日間のことを茶化しているのだ。

「石のメッセージ、ありがとう。いよいよ最後ですね」

「確か君には２０１６年にも同じ石のメッセージを渡したはずだから、君の自宅には２つの石があることになるね？」

「２つめの石をありがとう。あなたとの豊かな創作の日々はいつだって忘れ難き大切な想い出です」と感謝の意を述べた。

「君は、あれでしょう？　羊とか山羊のいる草原の暮らしに帰って行くんでしょう？」とフランソワが動物たちの鳴き真似をする。

「そうそう、その通り！　私はマリファナ臭くて、いつ銃弾に撃たれるとも知れぬ大都会ニューヨークで舞台に立つよりも、牛や馬の糞が道端に転がっていて、ハエやハチがブンブン飛んでいるオーストリアの田舎でのんびりと暮らす方が性に合っているのでね。とっとと帰りますよ」

「でも、たまには僕のメールに返信してよ？」

「メール？　さぁどうでしょう？」

これまでもフランソワからの熱心なメールになかなか返信せずにいたもので、この先もすぐに返信する約束はできない。

バリシニコフさんが「今日、終演後にスポンサーのエマニュエラも、僕の友人たちも皆来るから、また客席裏のバーにおいでよ」とおっしゃる。

フランソワからは、打ち上げはないと言われていた。そのかわりに、明日、フランソワとバリシニコフさんご夫妻とゆっくり食事をすることになっていた。

それゆえに私の身近なスタッフと、京都とパリ、モントリオールからわざわざ訪ねて来てくれた友人のために一席設けていたものだから、少々返答に窮したのだけれど、もはや家族のように正直に会話をすることのできる仲間たちとの宴に、ほんの少しだけお邪魔することにした。

睡眠不足がたたって、いつもより脳の回転が悪かった。ハードなこの公演で前日の疲労から回復するには、12時間の睡眠が必要なはずだった。しかし、わずか7時間しか眠れなかったことは、記憶の回路から言葉の情報を取り出すのにいつもよりも時間を要し、また滑舌にも影響した。

最後の舞台公演だったけれど、上手く演じようなどと思わず、ただあるがままの姿で、今持てるものだけで素直にシンプルに演じると、満場の客席はスタンディングオベーションとなり、「Bravo!」のお声がけも四方八方からいただけた。

ついにこの愛おしくも過酷な旅路が終わったのだ。

フランソワと、バリシニコフさん、3人で最後のカーテンコールを終え、舞台袖へ戻ると、「Bravo Miki, Bravo Misha, we made it!」とフランソワが子供のように歓喜していた。

対照的にバリシニコフさんは、いつものように控えめに微笑みながらハグをするのみで、大袈裟な素振りは一切しない。それでいて、ある種の感慨に浸っていることが見受けられた。

夢想家のフランソワと、ペシミストで愛すべき皮肉屋のミッシャ、そしてポジティブな現実主義者の私は、バリシニコフさんの楽屋にて、最後の抱擁をした。

着物を脱ぐ傍らで、「千穐楽を迎えて今の気持ちは？」と尋ねてくださったドキュメンタリー番組のディレクターの白井さんには申し訳なかったのだけれど、息つく間もなく膨大な台詞を述べた直後は、脳が極度に疲弊していて、気の利いた言葉を述べるゆとりなどないのが常である。

最後の感慨を涙ながらに語るようなドラマチックな場面を期待なさっていたかも知れない。

しかし、明日の早朝便で東京へ帰るアシスタントに預けるべく、陰干しもせずに着物を畳み、淡々とかつらやマイクをはずして、友人知人を待たせぬよう、慌てて残りの荷物をまとめるのに、感傷に浸っている暇はなかった。

パートナーを伴って3度目の鑑賞に来てくださったヘアのトモヒロさんのご厚意に甘えてボサボサになった髪を整えていただいた。

舞台用の濃いめのメイクも、いつもの荒業で、ささっとナチュラルメイクに直した。

荷物をまとめて楽屋を後にすると、伊藤園北米支社の本庄洋介社長がご家族やご友人を伴っておいで下さっていた。何とありがたいことだろう。洋介社長のフロンティア精神により今やアメリカでも大人気となった「お～いお茶」やお抹茶などを稽古中より度々差し入れていただいたのだった。更には、フランソワ版『ローエングリン』のプレミアの際にお隣に座っていらした美術史家ご夫妻のリズ・マクゴーウェルさんと、ガイ・ヘドリーン夫妻が面会にいらしていた。

まさか本当にいらっしゃるとは期待していなかったにもかかわらず、ギリシャでの考古学のフィールドワークを終えたご夫妻は、約束通り『猟銃』の公演を訪れてくださったのだった。

「あれだけの台詞をどうやって記憶したのか、あなたの脳内を研究してみたいわ」とリズさん。

「情景をとてもリアルに思い浮かべ、稽古場や劇場など、目の前の空間に想像上のスクリーンを投影して、そこで物語で語られる情景を上映するんです。それと同時に、今、現在ここに在るリアルな感覚や雑音を認識して、どこか冷静なといいますか、自分を俯瞰している感覚も常にあります」

「きっと私たちが利用している記憶の宮殿のようなものね。膨大な台詞に囚われることなく、何の不自由もなく言葉が溢れるから、感情が如実に伝わって来たわ」とありがたいお言葉をいただいた。

客席裏では、ミッシャのご友人のピアニスト、ペジャが皆にワインを振る舞っていた。

この公演を支えて下さったスタッフも、リサさんも、マダムスパゲッティことエマニュエラ・バリラさんも、ミッシャのご友人も、皆その場に集っていた。

ここにいる全ての方々が、この公演を支えて下さったのだ。

昨年の5月、「ギバーテイカー」を撮影していた富士山麓の足柄で、この『猟銃』のニューヨーク公演をバリシニコフさんとご一緒にという企てを耳にした瞬間の高揚感が懐かしい。

紆余曲折様々あったものの、やはりフランソワの溢れる愛情と情熱、そして、東京から遠隔で支えて下さったプロデューサーの毛利さん、痛みに耐えながらも三杉穣介の真髄を探るために、妥協せず挑むミッシャの崇高な魂が、この作品をさらなる高みに連れ出してくれた。

なんと豊かでかけがえのない日々だっただろう。

お世話になった方々に一通りお礼を済ませ、ミッシャのご友人にもご挨拶をすると、引き留めようとするフランソワを笑顔で振り切って、友人たちの待つodoへ向かった。

繊細な懐石料理を堪能することのできるodoの他に、アラカルトを扱う THE GALLERY、古い教会の意匠を内装に用いたバーHALLも営むこちらでは、新たに設けられたLoungeと称する隠れ家を開放していただき、美味なるお鮨やフィンガーフードを楽しみながら、友人たちとの再会を祝った。

２０１１年のモントリオールでの初演時に、ピラティスのインストラクターとして出会ったクララは、東京、ニューヨーク、テルアビブでの留学を経て、現在はパリで暮らしている。モントリオール、東京に続いてニューヨークにて3度目の鑑賞をすべく千穐楽目がけてニューヨークへ来てくれたのだった。姉のココ夫妻と、NYU時代に共に心理学を学んだという友人達も連れて。

お陰で、3人の女性の演じ分けについて質問攻めとなった。

京都からは、骨董や現代作家の器を扱う昂KYOTOの永松仁美さんが、美味しいものを数々携えて来てくださった。この度の公演にも様々ご協力いただき、佃眞吾さんのお茶道具をご用意下さったばかりか、残念ながら破損してしまったものの、水晶をあしらった大正時代のアンティーク簪を持たせていただいたのだった。

何も持たぬ人間のために、はるばるパリや、京都、東京から、こうして集まってくれる友人知人がいることは奇跡であり、ありがたい限りである。

心地よい暗がりの中でいただいた大堂シェフのフィンガーフードはいずれも美しく、おいしく、グルテンフリーの友人たちにも配慮してくださっていたお陰で、宴は大いに盛り上がった。

4月16日　かけがえのない日常へ

苦手なパッキングを何とか済ませたものの、入りきらなかった荷物のうちいくつかは、フロントでお世話になった方々に差し上げることにした。

2ヶ月にわたるニューヨーク滞在は、21歳の頃の語学留学以来のことだったけれど、見事なまでにホテルと劇場の往復ばかりだった。

グッゲンハイムやホイットニーミュージアムで企画展を鑑賞することもなく、MoMAの前を通り過ぎたものの、立ち寄ることもなく、ノイエ・ギャラリーにてクリムトの『アデーレ・ブロッホ=バウアーの肖像I』と対面することもなく、ペースギャラリーにて李禹煥先生の作品を拝見する機会もみすみす逃してしまった。

ウィーンのユダヤ人家族についてトム・ストッパードの劇作により描かれた「レオポルトシュタット」を観に、ブロードウェイの劇場へ出かける心のゆとりもなかった。

全てを『猟銃』に捧げ、フランソワの言葉に耳を傾け、言葉を一言も発することなく全身で語りかけて来るミッシャの哀切溢れる表現に心動かされつつ、井上靖さんの書かれた言葉を大切に述べる日々だった。

ニューヨーク最後の晩餐は、フランソワの提案により、odo の THE GALLERY にて、ミッシャ夫妻と共にした。

フランソワはいつものようにヨージ・ヤマモトの黒いジャケットを羽織っていた。サンドベージュのサマースーツにブルーと白のストライプのシャツをスマートに合わせたミッシャは、TVフォールドスタイルでポケットチーフも忍ばせていた。

リサは珍しく黒のサマーツイードジャケットを身に着ける一方で、すっぴんの肌が美しいつやを放っている。

そのリサが大きな紙袋から取り出したのは、ニューヨーク郊外の自宅のお庭から見繕ったという色彩豊かなチューリップだった。

「千穐楽、おめでとう。ここまで長い道のりだったわね」

ミッシャの不測の事態により、一時は中止も危ぶまれ、私自身も体調を崩したことにより、困難の連続だったけれど、こうして共に笑顔で会食の席に着くことができ、バリシニコフ家のお庭から愛らしいお花までいただいてみると、深い感慨が押し寄せてきた。

ただ目の前にある課題を乗り越えることに必死だったけれど、今振り返ってみると、フランソワ、そしてミッシャと過ごした濃密な日々は、やはりかけがえのないものだった。

「Yasushi Inoue に。そして、先日惜しくもこの世を去った Ryuichi Sakamoto に」というフランソワの音頭に従って乾杯をした。

「美紀、僕のモントリオールの自宅にスタインウェイのピアノがあることは知っているよね？」

「もちろん、２０１１年の初演の際に、ユナさんがおいしいラザニアを作ってくださったことも、フランソワが即興音楽を、毛利さんがバッハの『ゴールドベルク変奏曲』を弾いていたことも昨日のことのように記憶している」

「そのスタインウェイの調律をしてくれていたのは日本人なんだ。でも、ある日彼はモントリオールを引き払っていなくなってしまったんだ」

「それは残念でしたね」

「ところが、しばらくしてニューヨークのRyuichiのスタジオを訪れた際に、『君に会わせたい人がいる』って言われて、エレベーターのドアが開いた先に、僕の調律師がいたんだ、Ryuichiのピアノの調律師としてね」

世界は何と狭く、不思議なご縁に満ちていることだろう。

以前もフランソワと共にいただいた太白ごま油の香る枝豆から始まり、マグロのタルタルと蟹のジュレを海苔で包んでいただいたり、サクサクの串揚げを楽しんだり、和牛のしゃぶしゃぶを堪能したりした。

柚子胡椒は、彼らにとって初めての味覚だったようで、お出汁のやさしいお味と併せて大変喜んでいた。

リサはかつてアメリカン・バレエ・シアターのバレエダンサーだったそうで「私はミッシャの相手をするような器ではなかったけれど」と、謙遜するものの、メトロポリタン歌劇場の舞台にも立っていたのだから、相応の力を携えていたはずである。

美しい肌の秘訣を尋ねると、特に何もしていないと言うけれど、恐らくダンサーであったために日焼けを避けて来たのだろう。

「確かに、ホワイトバレエと批判されたように、かつてバレエ団では全員が白人で、白い肌を保つことが求められていたから、日焼けはしないようにして来たの」

「だから美しい肌を保っているんですね。私たちアジア人はヴァカンスで日焼けをする欧米の人々と異なり、未だに白い肌への執着があって、シミやシワも極度に忌み嫌う文化があるので、日傘や帽子、手袋などを欠かさない女性が沢山います」

「でも今はダンサーとて人種が混合することも決して珍しくはなくなって来たから、肌の色はさほど重要ではない」

「確かに、フランソワの『ローエングリン』でも合唱団に有色人種、とりわけアフリカ系アメリカ人が多く起用されていることに驚きました。ウィーンでも少しずつ変わりつつあります。国立歌劇場でも有色人種がテノールやソプラノを唄ったり。バレエでもアフリカ系のルーツを持つレベッカ・ホルナーさんや、日本人の橋本清香さん、木本全優さんご夫妻が、ソリストとしてご活躍なさっています。ウィーンフィルでも日本人の母親を持つヘーデンブルクさんご兄弟や、ジュン・ケラーさんをはじめとしたアジア人が混在しますが、ニューヨークの現状と比較するとまだまだ保守的なようです」

フランソワは、叶うことならミッシャと私を伴ってモントリオールで『猟銃』を上演したいと願っている。しかし、ミッシャの体調を慮って曖昧模糊とした口ぶりだった。

その一方で、ミッシャのドキュメンタリーフィルムについては、リサを巻き込んで饒舌に語っていた。

「グレン・グールドをめぐる32章」で好評を博したことで、アーティストのバイオグラフィーを映画で描く自信があり、敬愛するミッシャについてなら、いくらでもアイディアが溢れてくるのだという。

子供のように目を輝かせながら語るフランソワの姿は、これまでも多くのプロデューサーや俳優、そして出資者たちの心を動かして来た。

『猟銃』にて強固な信頼関係を築いたとは言え、控えめでインタビュー嫌いなミッシャが首を縦に振るかはわかりかねる。とは言え、フランソワなら、ミッシャの一挙手一投足を、余すことなく捉え、フィルムに刻むことができるだろうと想像が膨らむ。

私たち4人の会話は交錯し、いつしかパリのフォアグラ専門店の話題になった。ミッシャはある時「ホワイトナイツ／白夜」で共演したヘレン・ミレンさんと、その夫であり、「ホワイトナイツ／白夜」の監督でもあったテイラー・ハックフォードさんと共にパリのフォアグラ専門店で食事をしていたのだという。

「アメリカ人のテイラーがケチャップを頼んだんだ」すると、フランスの伝統料理を扱う老舗には、ケチャップの用意はなく、スタッフがわざわざ購入しに出かけてくれたらしい。数分後、ソムリエがうやうやしく持って来たのは、小皿に盛られたケチャップだった。それを受け取るなり、お店の名物のフォアグラの上に塗りたくったハックフォード監督の姿を目にした途端、憤慨したソムリエは、「Ah, mais, non!」（いや、しかし、ありえない！）と言い放つと同時に、左手にかけていたナプキンを、彼らの座っていたテーブルに投げつけて、去って行ったのだという。

共演しているのだから、何ら不思議はないのだけれど、あのノーブルで美しきヘレン・ミレンさんとミッシャが共にテーブルに着いたというだけで、すでにドラマティックだった。その上、語られたフォアグラにケチャップ騒動は、歴史も文化もないアメリカ人を嫌悪する誇り高きフランス人にありがちな事件で、笑いが止まらなかった。

お鮨にマヨネーズを添える外国人を私たち日本人が残念に思うように、その慇懃なフランス人のソムリエにとっては、到底腹に据えかねる振る舞いだったのだろう。

　各々が嗜んでいた赤ワインに合わせて、チーズをいただくと、明朝の古染付に盛り付けられていた。

「400年ほど前に中国で焼かれた貴重な器なんですよ」と伝えると、リサもミッシャもフランソワも興味津々だった。

「僕の姉が心のリハビリ代わりに陶芸に没頭していてね、妻のユナも一緒に姉のアトリエで作陶をするようになったんだ。いつか日本でユナに作陶のための時間を作ってあげたいとも思っている」

「この器は本当に素敵だね。ジャケットに隠してこっそり持ち帰りたいくらい」とミッシャがうそぶく。

「400年の歴史はないけれど、稽古場でお茶を淹れるのにいつも用いていた急須と湯呑みは、覚えているでしょう？」

「あぁ、ミッシャが稽古でいつも使っていたあの白いお茶セット？」

「そう、三重県の四日市という街で作陶をなさっていて、京都芸術大学でも教えていらっしゃる内田鋼一さんという作家さんのものなのだけれど、良かったら、『猟銃』の記念にご自宅で使ってくださいね」と言って、フランソワと、ミッシャ夫妻に手渡した。

「まぁ、何て寛大なの」とはリサ。

「ミッシャ、美紀、そして、リサ、僕たちは明日から離ればなれになるけれど、また再び会うだろう。『猟銃』で君たちの奇跡のような化学反応を目の当たりにすることができたことを決して忘れない。お互いにようやく疲れた身体をゆっくり休められるね」

またもや風邪をもらってしまう可能性もあったけれど、フランソワのハグとビズーをありがたく受け入れた。

七転八倒した私たちの「猟銃」の旅路もこれまで。それぞれが散り散りになり、各々の道を進む。

そして私は、かけがえのない日常を取り戻すべく、いよいよ明日ウィーンへ帰る。

「Have a safe trip back to Vienna」と微笑むミッシャとリサ、そしてフランソワと惜別の抱擁を交わし、タクシーに乗り込んだ。

果たして夢かうつつか幻か、最初で最後のニューヨーク公演は終幕を迎えたのだった。

あとがき

２０１１年から始まった『猟銃』の長い旅路は、かくして終幕を迎えました。溢れる創造性と、いかなる難局をも乗り越える情熱を宿した演出家のフランソワ・ジラールさんと、音楽を志していらしたがゆえにフランソワと同じ目線で意思疎通を図ることができ、古今東西の珠玉の物語を客席へ届けることを使命となさるプロデューサーの毛利美咲さん、そして、舞台芸術に身を捧げ、悪魔か神と密かな契りを交わしたに違いないと思わせるほど、類い希なる表現力を携えたアーティスト、ミハイル・バリシニコフさんと強固な絆を結び、井上靖さんの綴られた言葉をお伝えする日々に、ついに別れを告げたのです。

膨大な台詞を記憶する作業に始まり、舞台に立つことへの恐れを克服し、限りある自らの肉体を手なずけながら演じる日々は決して容易ではなく、幾度となくくじけそうになりました。

人前で演ずるには、闘争と逃走に用いられるアドレナリンが自ずと分泌されます。このアドレナリンが放出される一時の高揚感を求めて舞台に立ったり、危険なスポーツに興じる方も多いことと推察されます。

しかし、適度ならば有益なアドレナリンも、毎日のように過剰に分泌されると、副腎が疲弊して何もやる気が起こらない抑うつ状態に陥ります。

まさに私が演劇に携わる度に、経験しているのがアドレナリン過多による副腎疲労（アドレナルファティーグ）で、終演後に帰宅してからはもちろんのこと、千穐楽から数ヶ月は使い物にならなくなるのです。

さらには、『猟銃』で演じる3人の女性は、それぞれ筆舌には尽くしがたい哀しみ、憤り、絶望を抱えており、それら負の感情が毛細血管の隅々にまで行き渡り、全身が毒素にまみれたような息苦しさを感じるのです。

毎朝目が覚めると、すでに起き上がるのが困難なほど力を失っており、部屋の中を這いつくばって日の光を浴びたり、緑茶のカフェインを口にしたり、熱いシャワーを浴びてなんとか自らを奮い立たせて劇場へ赴く日々でした。

しかし、そうした困難はあれど、少し視点を変えてみると、舞台にはひとりで立っているのではなく、作品を支えてくださるスタッフの姿があり、揺るがぬ信念で演出をしてくださったフランソワの愛情があり、激痛に耐えながらも哀切溢れる演技で物語を牽引してくださったバリシニコフさんの唯一無二の存在がありました。

アーノルト・シェーンベルクやレナード・バーンスタイン、アルヴォ・ペルトにジョン・ケージ、そして坂本龍一さんの音楽が、舞台へ向かうまでの呼吸を整える役割を担ってくれました。

シェリーによるアレクサンダー・テクニークの施術も、舞台に立つことを大いに助けてくれただけでなく、「Non doing（何もしない）」、「Let it go（手放す）」、「Let the river flow（川の流れるままに）」、「Allow one's self（自らを許す）」という考え方は、アドレナリンの過剰分泌をわずかながら調整してくれただけでなく、人生の大きな指標まで与えてくれました。

事前に入念な準備がなされ、全てのスタッフ・キャストが寸分の隙もなく環境を整えて下さる日本の現場とは異なり、トラブルが頻発し、正直なところフラストレーションの溜まることも多かったのですが、喉元を過ぎれば、それらもまた愛おしき想い出です。

御年75歳、降板も脳裏によぎるほどの腰の痛みを抱えながらも、ご自身の内面と真摯に向き合い、少しずつ身体をアジャストしていらしたバリシニコフさんのお姿の何と美しく、尊かったことでしょう。

ヨーロッパで暮らす素敵なご婦人方を見慣れていたため、かねてより年齢を重ねることを誇りとしていた私でも、寄る年波の残酷さを思い知らされたのと同時に、年齢を諦める理由にしなくてもいいのだと、改めて納得させられたのでした。

47歳にして、日本人の私が、日本語でニューヨークの地でオフ・ブロードウェイの舞台に立たせていただけたことは、まるで奇跡のようです。

それも、手弁当で演劇祭に作品をエントリーするという形ではなく、現地のユニオンの規定に則って雇用され、人道的な条件のもと、お手当まで頂戴することができました。

怪しいスピリチュアリズムを推奨するつもりはないのですが、やはり夢は叶うものなのですね。

初演の際に勢い余って「いつかニューヨークでも上演したいです」と言っていたことをすっかり忘れていたのですが、いつの間にかそれが現実になっていたのです。

「TOEIC」や「TOEFL」などを受験したこともなく、決して完璧な英語を話せる訳ではない私でも、通訳なしでここまでたどり着けたのですから、語学学習に意欲のあるお若い方々なら、ニューヨークの演劇界でいかようにでも立ち回ることができるでしょう。

パフォーミングアーツの中でも言葉を発する演劇というジャンルの性質上、言葉の壁が全く存在しないと言ったら嘘にはなりますが、それでも、お互いに理解し合おうという情熱さえあれば、言葉によるもどかしさなど軽々と飛び越えることができるものだと自負しています。

プロデューサーや演出家とのシビアな折衝を余儀なくされる場面もありましたが、この先に続く日本の演技者たちが不利な立場を被ることのなきよう、こちらの見解を主張することも恐れませんでした。

フランソワ・ジラールさんの緻密な演出によって生み出された「猟銃」の３人の女性に命を吹き込み、井上靖さんの言葉を代弁する作業は、これで最後になります。

演劇の「え」の字も知らなかった私を新たな世界へ導き出し、舞台の上で生きることを支えてくださった全ての方々に、そして、この旅路にお付き合いくださった、全ての観客の皆様と読者の皆様に、深い感謝と愛を捧げたいと思います。

最後に、このニューヨーク公演という大海原へ漕ぎ出すために、私の支柱として存在してくださっていた、バーバラ・ハニガンさんの言葉を掲載させていただきます。

あまりの苦しさに全てを投げ出したくなった時、彼女の言葉に耳を傾け、はばかることなく涙を流し、初心に返って『猟銃』へ身を捧げることを心に誓ったものでした。

舞台芸術に携わる方はもとより、新たな挑戦を目の前にして足がすくみそうになっていらっしゃる方、年齢によって、性別によって、何かを諦めようとしている全ての方に響く言葉に溢れていますのでご一読いただけましたら幸いです。

どうか皆様の夢が叶いますように。

「ルル」は、作曲家アルバン・ベルクが１９３０年代に書いたオペラです。

このオペラは、自身の運命の設計者であり、自身の死に方さえも自ら決定した並外れた女性を描いた物語だと、私は思っています。

このオペラや原作となったウェーデキントの戯曲をご存知の方は、男を破滅に導く魔性の女（ファム・ファタール）というイメージをお持ちかもしれませんし、男尊女卑の物語で、利用され、虐待され、その一方で男を食い物にする色情狂で、最後は堕落させられ、無惨にも命を奪われる女として描かれているとお考えかもしれません。

しかし、私は決してそのようには思いません。彼女は、私がこれまで公私問わず出逢った中で、最も正直な女性です。

私が彼女を愛おしいと思えるのは、彼女が自分自身に正直だからなのです。

彼女は偽りなき彼女自身を人々にさらけ出します。

彼女は困難を乗り越え、憤ったり、危険を冒したり、勝ち誇ったり、失敗したりする一方で、心から愛するのです。

彼女は全ての瞬間を懸命に、献身的に生きています。

彼女は私がかくありたいと思う全てを持ち合わせています。

2012年10月にブリュッセルのオペラハウス、モネ劇場で上演される「ルル」のプレミアで歌うため、オペラ業界の慣例として、すでに3、4年前にオファーを受けました。

「ルル」を演じるということは、長距離マラソンを走るようなものです。

3時間半の上演中、ルルはほとんど出ずっぱりで自分の人生を歌うのですから。当初この役を引き受けることは、私には不可能に思えました。

なぜならオペラの全レパートリーの中でも、最も要求の高い役柄のひとつだからです。前置きが長くなりましたが、40歳を迎えることは、私にとって困難を伴うことでした。というのも、歌手としての私には、あと15年短ければ10年と、賞味期限があり、その日が刻々と迫っていたからです。

遅かれ早かれ年齢と共に、ステージ上での華やかさや、柔軟性、技巧を失うことになるでしょう。それは私を憤らせ、追い詰め、絶望的な気分をもたらしました。

しかし、私の芸術への献身、緊張感を保ちつつも情熱的な芸術との交わり、私の人生で至上にして最も長き芸術との関わりは、想像もできなかったような形で報われることになりました。

5年前、あるいは2年前でさえ、このような役割に取り組むことはできませんでした。ですから、とてもありがたく思っています。

ルルのような役柄を歌うということは、単に声や音楽的な準備の問題ではなく、人生経験と時間が物を言うのです。

まずは契約書にサインし、イエスと言うところから始まります。そこで襲ってくるのが恐怖と不安。

次に楽譜を入手します。合わせて30センチほどにもなる、2冊の分厚い楽譜の、1冊目が第1幕と第2幕、そしてもう1冊目は第3幕です。

その何と重いこと。ハンドバッグに入れて持ち運ぶにはあまりに大きすぎるので、リュックサックを購入しなければなりませんでした。

肩こり解消のために、優秀なマッサージセラピストの手助けを借りることも忘れませんでしたが。

1年間その楽譜に触れることを避け続けましたが、ようやく思い立って、どこへ行くにも楽譜を持ち歩くようになりました。

それでも私はなかなか楽譜を開こうとはしませんでした。

いかなるホテルにいても、机の上に置いておくばかり。

どんな国であろうと、私はただ漠然とそこにある楽譜を眺めていただけだったのです。

常々私を大胆不敵だとか地球外生命体だと評する人がいて、度々驚かされています。

実際の私は、とてつもなく人間臭く、恐怖にかられていますが、それによって歩みを止めることは稀です。

恐怖に怯えながらも、私はどうにか前進し続けるのです。もちろん、誰もが経験するように、もう一人の私が囁く声が聞こえて来ることもあります。「私にはそんな才能はない。私はそんなに強くない。私には成し遂げることができない。私にはスタミナが足りない」と。そうした声を聞くと怖くなるけれど、余計な雑音との対話はしません。

ただ呼吸を整え、歌い続けるのみです。

オペラの役作りのプロセスは作品によって異なりますが、「ルル」の場合は、音符とリズムだけを意識して歌い始めました。

初期段階では、テキストや演出については考えないようにしました。

ただ、土地勘を養うような感覚で音楽に触れました。

ここで音楽の詳細を分析するつもりはありませんが、少しだけ言わせていただきますね。

この曲は、ロマン派時代の終わりと、１９３０年代の新しいハーモニーの世界の始まりに生まれたものです。

色と温度で表現するとすれば熱い赤、黒、プラチナ。決して、絶対にグレイのような中間色ではありません。

「ルル」を歌うと、全身が共鳴して震えるような感覚をおぼえます。

自分が人類そのものの音になったような気分で、爽快ですし、肉体的にも非常に満たされた感覚があります。

昨年の晩春、しばし「ルル」の楽譜を閉じて、エクソン・プロヴァンスで初演され、2日前にここロンドンのライアーレ・オペラハウスで開幕した、ジョージ・ベンジャミンとミスター・クリンプによる素晴らしいオペラ「WRITTEN ON SKIN」に携わりました。演出したのは、素晴らしいケイティ・ミッチェルでした。

私が歌ったのは主人公のアニエスです。

これは私のために書かれた新作で、物語も曲も全て、オペラハウスで歌う私たちのために書かれたものでした。

この作品は、13世紀の女性が許されざる恋によって、抑圧的な結婚生活から解放されるという物語です。

私はこれまでの人生の大半を、男性によって書かれた歌詞と音楽を歌うことに費やして来ました。面白いことに多くの場合、作曲家は男性です。

彼らは私たち歌手を通じて自分自身の中に潜む悪魔を追い出そうとしているようですし、私たちもその手助けができるよう願っています。

まぎれもなくアルバン・ベルクも「ルル」を通して自己投影していたに違いありません。

私が女性の登場人物を歌っているとき、私は単なる物語の中の人物ではないのだと感じています。

とどのつまり、私は作曲家でもあり、女性を演じながらも、作曲家自身の言葉を代弁しているのです。

男性との競争を全く必要としない数少ないキャリアの一つを選んだことは、私にとって興味深いことです。

私は本来ソプラノ歌手ですが、数奇な運命で、近年は男性がほとんど独占している指揮の分野にも活動の場を広げています。

幸いなことに、私が音楽に携わる際に、男性にも女性にもなることが叶っています。音そのものに性別はありませんから。

7月に「WRITTEN ON SKIN」の公演が終わると、生まれ故郷であるカナダ東部のノヴァ・スコシア州に移動して、アザラシのいる海沿いのコテージでヴァカンスを過ごしました。海岸ではアザラシの大合唱が聞こえて来ます。どれほどの方がアザラシの鳴き声を聞いたことがあるのでしょうか。とにかくそれは素晴らしいものです。

夏休みの間、「ルル」の膨大な楽譜を記憶するために毎日8時間を費やしました。

というのも、オペラの世界では、リハーサルの初日には、完全に暗譜した状態で臨まなければならないのです。

ですから、ルルが私の身体の一部になるまで、庭の芝生や浜辺を歩き回り、ジャンプしたり、踊ったりもしながら歌を唄っていました。

ルルの役柄を記憶するという途方もない作業が、私の活力となりました。

それでもまだ恐れの気持ちはありましたが。

リハーサルのためにブリュッセルに到着した初日にバレエショップに連れて行かれ、バレエシューズのフィッティングをする羽目になりました。

というのも、オペラ座の踊り子であるルルはバレエダンサーとして活躍することを夢見ているのだから、ポワントシューズを履かせたいという演出家の考えがあったからです。

私は41歳で、生まれて初めてポワントシューズを履いて舞台につま先立ちで登場することになったのです。

それは、まるで地獄のように痛かったけれど、筆舌に尽くしがたいほど楽しい経験でした。

毎朝トゥリボンを足首に巻くことが待ち遠しくて仕方なかった。

その一方で、終演後の楽屋にお医者さんが来て、化膿した足のために新たな処方箋を出してくれたことが何度もありました。

幸いなことに、私は辛うじて歩くことができました。

プレミアを迎えた日、私は楽屋の鏡に白い紙を貼り付けました。何も書かれていない真っ白な紙を見つめながら心を整理していたんです。

余計な先入観を持ちたくなかった。毎晩、新鮮な気持ちでいたかったのです。

1幕目の登場のために、ポワントシューズを履いて足早に階段を下りるとき、心底から肯定的な気分になりました。

私が歌うオペラの役柄はすべて、私の人生に非常に重篤な影響を与えるもので、ここ数年で3人の登場人物を歌いました。

彼女たちは全て、抑圧された人生を耐え忍ぶのではなく、自ら命を絶つことを選択しました。

私たちが上演した「ルル」では、主人公のルルが売春婦に墜ちることを余儀なくされますが、初日の営業でそのような職業は彼女にとって耐え難きものであることを悟ります。

そして、運命の悪戯か3人目に取った客が切り裂きジャックだったのです。

私たちの演出では、意図的に結末を変更しました。殺人鬼が彼女を殺すのではなく、彼女が切り裂きジャックの手を取り、微笑みながらナイフを自らの体に突き刺すことにしたのです。

私自身の拙い自己分析によると、「ルル」の準備と上演の過程で、2つの精神的な兆候を経験しました。

それらはストックホルム症候群とサバイバーズ・ギルトでした。

ご存知のように、ストックホルム症候群とは、監禁された者が、長時間の拘禁状態の中で次第に加害者に対して肯定的な感情を抱くようになることです。

私の場合、２００８年に契約書にサインした瞬間から、ルルが私を人質に取ったかのように感じました。

彼女は私の中に侵入し、心と魂を支配してしまいましたが、次第に私は彼女を愛するようになったのです。

彼女は夜、ベッドで私の傍に横たわり、私を起こしてくれることもありましたし、時には夢に出てきたり、あるいは私の足取りを軽くしてくれました。

彼女は私が自分自身を大切にケアするための原動力となり、地球が終わるまで彼女を守りたいとも思うようになりました。

サバイバーズ・ギルトは、ストックホルム症候群よりもはるかに辛いものでした。

ルルは死に、私は今もなお生きています。

そして最終公演の後、その状態から回復するのに何カ月もかかりました。

彼女の存在は消し去られ、私は他の曲を歌わなければなりませんでした。

それがとても不誠実なことのように思えて、自分が歌うもの全てに彼女を登場させようとしました。しかし、それはルルとは比較にならないのです。

彼女の名前を誰かが口にする度に涙が溢れました。

私は彼女の存在のお陰で無敵のように感じることもある一方で、同時に役立たずのような気分も味わいました。

やがてそんな気持ちも薄れて行きましたが、そうした苦悩すら愛おしいものでしたし、彼女の不在は、とてつもない喪失感をもたらしたのです。

最後に『Lied der Lulu（ルルの歌）』の歌詞を読ませていただきます。

彼女が心から愛した唯一の男性と公言していた3番目の夫シェーン博士、彼が30代で彼女がまだ10代になったばかりの頃に彼女と不倫関係を始めた男が、嫉妬に狂ってルルに銃を手渡し、自殺するよう要求した瞬間に歌うとても印象的なアリアです。

彼女はこのアリアを歌い、そしてシェーン博士がルルの死を前にひざまずいて祈ろうとしたとき、彼女は彼を拳銃で撃つのでした。

まず英語で読みますが、次にドイツ語で読んでみます。ドイツ語を話せなくても、その言語の強さと構造を感じることができるはずですから。

「ルルの歌」

曲：アルバン・ベルク

詩：フランク・ウェーデキント

もしも男たちがあたしのせいで命を断っても
そのことがあたしの値打ちを下げたりはしない
あなたは良く分かってるわよね、どうしてあなたがあたしを妻にしたのか
ちょうどあたしも分かってたように、どうしてあなたを夫にしたのかを
あなたはあたしと一緒にあなたの親友たちを欺いてきたけど
おなじようにあなた自身をあたしのことで欺くことはできなかった
あなたがあたしのことを自分の人生の黄昏(たそがれ)のための生贄にしようっていうのなら
それってあなたがあたしの青春全部をそのために奪うことだわ
あたしはこの世で決して他の何者であろうとしたことはないの
人があたしをそう思っている姿以外には
そして誰もこの世であたしを他の何者とも思ったことはないわ
あたしのありのまま以外の

Wenn sich die Menschen um meinetwillen umgebracht haben,
so setzt das meinen Wert nicht herab.
Du hast so gut gewußt, weswegen du mich zur Frau nahmst,

wie ich gewußt habe, weswegen ich dich zum Mann nahm.
Du hattest deine besten Freunde mit mir betrogen,
du konntest nicht gut auch noch dich selber mit mir betrügen.
Wenn du mir deinen Lebensabend zum Opfer bringst,
so hast du meine ganze Jugend dafür gehabt.
Ich habe nie in der Welt etwas anderes scheinen wollen,
als wofür man mich genommen hat.
Und man hat mich nie in der Welt für etwas anderes genommen,
als was ich bin.

処女航海

私にとって生まれて初めての舞台作品である『猟銃』がモントリオールにて幕を開けた。演じるという仕事を始めてから、この新たな世界の扉を開くまでに実に十八年もの時間を要した。そして、その世界はあたたかく、輝かしく、心地のよい場所だった。

演出家のフランソワ・ジラール氏との出逢いは二〇〇五年頃だった。インド旅行に明け暮れていた折に、映画『SILK』のオーディションにお呼びがかかったのが、そもそもの始まりだった。

仕事を辞めるか否か迷っていた時期に、何回目かのインド旅行から戻ったばかりだったこともあり、何の期待も努力もせず、恐らく受かるはずもないであろうオーディションのために化粧をすることすらせず、デニムのパンツにカシミアのVネックのニットを着て、ただなんとなく旅の続きのような気持ちで臨んだ。

それにもかかわらず、指定の場所を訪ねると、夕方の柔らかい光の中で、まるでフランソワの自宅に招かれたようなくつろいだ雰囲気の中、初めて出逢ったとは思えないほど、会話がはずんだのを記憶している。帰ってきたばかりのインドの話や、パリ滞在の想い出を初対面の映画監督にするなんて思ってもいなかったし、ましてやそれに興味を持って耳を傾けていただけるなんて、想像すらしなかった。

フランソワは『SILK』という映画におけるマダム・ブランシュという女性の役割を丁寧に説明してくれて、脚本の行間は彼の豊かな言葉と情熱で埋め尽くされ、見えないはずのフランスの景色がその場に広がったことは忘れがたい想い出である。窓際で彼が自ら数枚の写真を撮って、その日のオーディションは終わり、その後まもなく正式な依頼をいただくこととなった。

日本とフランスを舞台にした物語は長野や山形、そしてイタリアのローマで撮影された。私の演じたマダム・ブランシュは、江戸末期に横浜あたりからフランスへ渡り、訳あって娼館を営んでいる女性で、マイケル・ピットが演じた主人公のエルヴェが手にした日本語で書かれた長い手紙の通訳をするのであった。果たして手紙の主ならそれをどのように読むだろうかと、フランソワに尋ねたところ、キーラ・ナイトレイさんが自らの声で読む長文を録音してくれることになり、その声を繰り返し聴いて撮影に臨んだ。

慣れない土地での見知らぬ人々との撮影は少なからぬ負担はあったものの、各々のシーンを撮り始める前に、必ず俳優と監督のみでリハーサルをして、役柄の心のありようを十分に話し合った後にようやくスタッフと合流するという、デリカシーと配慮のある現場だったことに今でも感謝している。

ローマでの撮影中に「美紀、劇中で流れる小唄を君に歌って欲しいのだけれど、お願いできないかな？」

との依頼には尻込みするばかりで、いくつかの言い訳で逃れようとしたものの「君の声は素晴らしいからこの作品にぜひ必要なんだ。レッスンを受ければ簡単に歌えるようになると思うよ。雪景色の中に君の声が響くんだ。いいと思わない？」などと語りかけられると、思わず「No」という機会を逸してしまうほど、人の懐に入る加減を心得ているのがフランソワなのだ。

はからずもその場で「Yes」と応じてしまったものの、付け焼き刃で習得した小唄をフィルムに刻む度胸もなく、結局その後、前言を撤回し、所属のプロダクションを楯に逃げ切ったのだけれど、フランソワの人を説得し、無理矢理にではなく、まるで自分がそうしたくなるかのような気持ちにさせる力は、その後も幾度となく発揮されることとなった。

それがこの『猟銃』だった。『SILK』での出逢いから程なくして『猟銃』を舞台化したいのだ、というお話をいただくこととなった。セルジュ・ラモット氏による英語の脚本が用意され、井上靖さんの原作と共に手元に届けられたのだった。

恥ずかしながらそれまでは原作の『猟銃』の存在を知らなかった。通称〝ケベクワ〟と呼ばれる、フランス系カナダ人の彼に提示されて初めて原作を手に取り、そして胸の底の鋭利な痛みと共に味わうこととなったのだった。「薔子、みどり、彩子、三人の役柄の中から、誰でも好きな役を選んでいいから、演じてみない？」という問いかけに、ついつい「せっかく演じるなら、三役すべて演じてみたいです」と自らの首を絞めるようなことを口にしてしまったのは〇七年のこと。フランソワがその場で「いいね、それなら三役ひとりで演じてご覧。是非そのプランで企画を考え直すよ」と言ったとき、いつのまにか彼の意のままに動かされていることに気づいた。

フランソワとの出逢いがなかったら、恐らく舞台に立ち、身体と魂を使って台詞を述べ、感情を露わにするなどということは、この先もなかっただろう。そもそも演じるということを職業にしているにもかかわらず、人前に出ることは決して得意なほうではないし、何かしらの結果を出さなければならないと思うと、未だに身がすくむ。

さらには、自分の身体能力に限界があり、本来舞台に立つべき人間ではないと長年思い込んでいた。訳あって左右の足の長さが二センチほど異なり、それゆえに左の臀部や大腿筋に軽い拘縮が見られる。したがって、舞台俳優にとって最も大切であろうはずの、ただ真っ直ぐに歩くということに少々困難を感じる。これまでも映画の撮影時に真っ直ぐ歩くようにとのご指摘を度々受け、二センチの差をなんとか筋力で補おうとヨガの修練に努めてきた。しかし、カメラの前では繕うことができても、舞台の上では誤魔化しは通用しない。果たしてそんな人間に舞台の上に立つ資格はあるのかと、何度もためらった。

また、自ら「三役を演じたい」と言ってしまったものの、声の鍛錬も満足にできていないのに私に務まるのかと不安になって、フランソワからのメールに長いこと返信せずにいたところ、今度は通訳の方から日本語訳のメールが届くようになった。しかし、それすら返信することが億劫になって、メールの着信を見て見ぬ振りをするようになっていた。

それでも、この五年程の間に『SILK』の東京国際映画祭でのクロージング上映、そしてシルク・ドゥ・ソレイユの『ZED』公演のため、フランソワが来日する度にミーティングの機会を設け、『猟銃』について話し合いを重ねてきた。

逢う毎に彼の中で演出プランが膨らんでいて、〇九年にはすでに現在の美術プランとひとりの役柄から次の役柄への変換プランが練られていた。その豊かな想像力と情熱は尽きることなく、すでに溢れんばかりのアイディアを手にしていながら、必ずこちらのひらめきにも耳を傾けてくれる。その懐の深さがフランソワの魅力で、彼は何か新たな提案をすると、必ずそれを大きく膨らませて返してくれるのだ。

当初はケベック州のモントリオールというフランス系人種の多い土地柄ゆえに、フランス語で演じて欲しいということだったけれど、「これは日本の物語です。モントリオールのお客様にも、日本のお客様にも日本語の響きとともにこの物語を味わっていただきたいのです」という私の意見にも快く応じてくれた。

思えば『SILK』の撮影時にも、スタッフを信じ、俳優を信じ、マイケル・ピットさんにも私にも度々「あなたはどう思う？　どうしたい？」と尋ねてくれたのだった。

この『猟銃』の舞台化に携わり、フランソワのクリエーションの一端を担いたいという思いと、やはり私にはできないかもしれないという思いが常に混在していたけれど、何度目かのミーティングでいよいよ具体的なスケジュールの調整に入った。

理想は二〇一〇年の晩夏にモントリオールで稽古を始め、十月からモントリオール、オタワ、東京、そして日本各地を巡るというプランだった。そのつもりで演出家と劇場、そして私も予定をすり合わせたのだったが、『源氏物語―千年の謎―』の撮影のため、どうしても二〇一〇年の公演は断念せざるを得なかった。

国外でシルク・ドゥ・ソレイユやオペラの演出家として活躍するフランソワ・ジラールが長い不在の果てにようやく戻って来ることを待ち望んでいたモントリオールの劇場では、プログラメーションがすでに確定しており、本来私が演じるはずだった役柄を、モントリオール屈指の舞台女優、マリー・ブラッサールさんが演じることとなった。偉大なるロベール・ルパージュの作品をはじめ、数々の作品で世界中を巡ってきた、フランソワも信頼する方である。

熟練した舞台女優であり、演出家でもあるマリーがフランス語で演じることで、私が新たに日本語で演じる際には比較の対象となって、分が悪くなる可能性も多分にあったけれど、フランソワがマリーと作り上げた『猟銃』は、フランス語であるにもかかわらず、日本人女性の繊細さ、そして、口から発する言葉と心の矛盾、しなやかな強さ、そして哀しみを示して余りある、素晴らしいもので、心を動かされた。

言わば演劇界の大先輩であるマリーの存在はむしろ、この度のモントリオールでの創作において心の拠り所であり、フランソワの自宅でのホームパーティーでの出逢いから始まって、初日の幕が開けるまで、常にたくさんのアドバイスと励ましを受けた。

振り返ってみると、彼の地での約二カ月は実に豊かな時間であった。フランソワが演出し、ラジオシティーホールにて上演していたシルク・ドゥ・ソレイユの新作『Zarkana』を見るためにニューヨークに渡ったのが七月二十日だった。客席数は四千ほどだっただろうか？満場の客席は目まぐるしく展開するスペクタクルに圧倒され、歓喜の声に沸き立っていた。

ガラステーブルの上の砂を手でかき混ぜ、次から次へと描く絵がスクリーンに映し出されるサンドペインティングや、白い衣装を身につけた男性が一人でゆっくりと優美な動きを見せる演目など、アーティストたちの魅力と音楽と舞台装置とふんだんな映像、そして観客の熱気がひとつになった劇場は、いつまでもその夢の中に留まっていたいと思わせる程、心地よかった。

そしてモントリオールに降り立ったのが七月二十二日、フランス語で〝カニキュール〟と言われる酷暑の日で、衣装合わせのため早々に向かったのは、『猟銃』を上演する劇場USINE Cだった。USINEとはフランス語で工場を意味し、Cはconfitureの略で、かつてジャム工場だったところを演劇、コンテンポラリーダンス、音楽とジャンルを問わず新たな試みを発信する拠点としてリノベートした劇場である。

十六歳の折にユーロスペースで観て以来、フランス語を学びたいと思ったきっかけといっても過言ではない、レオス・カラックスの『汚れた血』で主人公を演じた、ドニ・ラヴァンのポスターが廊下に貼ってあるのを発見して胸が高鳴った。ドニ・ラヴァンが演じたのと同じ空間で演じることが叶おうとは。劇場はすでにヴァカンスモードでほとんどのスタッフが出払っており、衣装担当のヴェロニクと彼女のかわいい息子オリビエが地下の楽屋で待っていてくれた。静まり返った劇場でドレスの採寸をし、一日二回公演に備えてそれぞれの役柄ごとに二着ずつ衣装を用意していただくことを約束した。

サンローラン通りにあるオーガニックのスーパー「Rachelle Bery」にて生アーモンドやくるみなどたくさんのナッツや、野菜、ワイルドライスなどと当面の食材を買い込み、モントリオールでの生活が始まった。

稽古が始まるまでの約一カ月、毎朝歩いて「Ann McMillan Pilates」に通い、ジャイロトニックとピラティスのレッスンを受けた。

モナコから来たモーガンはスタジオで唯一のジャイロトニックのインストラクターで、椅子の上に座り、目を閉じて深い呼吸から始まるレッスンは、優しく美しいモーガンの声に全身をマッサージされているような気持ちになる。骨盤と背骨を縦横、そしてらせん状に動かすことで、身体の本来あるべき姿を探っていく過程で、アンバランスな身体が動かないなりに「眠っていた可能性」を目覚めさせていくのを感じた。

足の左右差は、必然的に骨盤の歪みにも通じていて、それが腹筋や背筋の力においても左右差を生じさせていた。数年来、そのアンバランスな身体を自ら許すことができず、常に失望し、諦めていたのだけれど、この一年ほどの間、『猟銃』の舞台に立つために、いつにも増して真剣にヨガやジャイロトニックのレッスンに励む中で、今までまるで意識したことのなかった新たな筋肉や筋膜の存在に気づき始め、最も苦手とする合せきのポーズをするさなか、この頑固な身体も可動域の狭い股関節も、必死で頑張っていることに魂の内側から気づいた瞬間があった。

足かけ八年、恐らくその日のクラスの中で誰よりも長くヨガのレッスンを続けてきたであろうに、そのクラスの誰よりも硬い股関節に上半身を傾けながら、この身体を初めて許し、心から慈しみたいと思った瞬間、涙がとめどなく溢れた。

そして、この度モントリオールにて出逢ったモーガンと、ピラティスのインストラクターであり理学療法士のタチアナ、同じく理学療法士のディアナ、そして九月から東京で早稲田大学に留学するというクララは、それぞれの時間とエネルギーを惜しみなく費やして、私が舞台に立つためのサポートをしてくれた。

アンバランスな身体が私の意志を汲み取って、真っ直ぐな軸を必死で見いだそうとしているのを感じたし、四人の笑顔が厳しい腹筋エクササイズの苦しさを緩和してくれたことをありがたく思った。

正直なところ、かつてパリでの滞在が長かった経験から、フランス系の人々からの思いやりや慈悲の心などは、期待していなかった。パリでは幸いにも心あたたかな友人たちに恵まれたものの、友人のコミュニティから一歩外に足を踏み出すと、鈍色の空の下にはエゴと無関心が氾濫していた。その無関心が気楽だったから長い滞在ができたことも確かであるけれど……。

それゆえに、フランス系住人が多数を占めるモントリオールで人の優しさに触れようなどとは思ってもみなかった。

ところが、モーガンはレッスンの最後に必ず「息を深〜く吸って、吐いて〜、身体が完全に重く床に沈んでいくように〜」と耳元で囁きながら私の身体をマッサージしてくれ、私が遅刻したときなど、時間を延長してレッスンを続けてくれたり、彼女がバンクーバーへ長いバカンスに出かける直前には、当初のスケジュールでは休みを取っていたはずなのに、「土曜日も出勤するわ。それから月曜日も私が飛行機に乗る前にレッスンしましょう。一時間半の延長レッスンにして、三十分は私からのささやかなプレゼント」と、飛行機に乗るギリギリまでレッスンに付き合ってくれた。

さらには、最後のレッスンだからと言って、ジャイロトニックのマシンなしでも椅子の上でこなせる自宅用のプログラムを丁寧に書いて手渡してくれた。こんな優しさに私は何をして応えたらいいのだろうか。

「私は舞台は見に行けないけれど、きっと成功することを祈っているわ。長い台詞、頑張って覚えてね」という最後の笑顔に、思わず涙を禁じ得なかった。

そして、私は心に決めた。彼女の思いやりに応える方法はただひとつ、舞台『猟銃』を成功させることだ。彼女の貴重な時間と労力を割いてくれたことを、誇りに思ってもらえるようなパフォーマンスをすることが、せめてもの報いであると。

その後もピラティスを指導してくれたディアナが「モーガンとのレッスンみたいにしてあげたくて」と、本来ピラティスにはない動きを自ら考えて教えてくれたり、スタジオに集うすべての人々にとって母親のような存在だった受付のフランシーヌは、私のリハーサルのスケジュールを考慮しながら、度重なる予定の変更にも快く応じてくれた。

こうして身も心も安心して委ねることのできる場所がモントリオールにあったことは、見知らぬ土地で友人のひとりもいない私にとって救いとなった。

そして、確かに身体能力には限界があるものの、それすら味方につけて演じることは決して不可能ではないし、実のところ限界は自らの心が設けているのであって、未知のものを恐れる余りに、無限の可能性から目を逸らしていてはもったいないと思えるようになったのは、これらの日々のお陰であった。

モントリオールに来てから、街行く人々の優しさに触れることが度々あった。道がわからず誰かに尋ねると、必ず丁寧に教えてくれた。また、どこのレストランでも配膳後しばらくしてから「問題はない？　どうぞ食事を楽しんで！」と必ずホールスタッフが気配りをしてくれたし、塩分が強すぎてどうしても箸のすすまなかったお皿を見て「これ、あなたのお口に合わなかったでしょう？　キャンセルするよ」とすでに手をつけた料理を下げ、何もチャージされなかったときには、この人は私に気があるのかと勘違いしそうになったものの、残念ながら全くそのようなことはなく、モントリオールの多くのレストランでは、お客様の口に合わなかったものは、会計に含めないらしい。

カウンターで隣り合わせた見知らぬ人とも度々会話がはずみ、食事を分けていただいたりもした。そして、タクシーを降りた際に不注意にも落としてしまったお財布を探していたところ、その瞬間を路上で見ていた女性が車からわざわざ降りて拾い、手渡してくれたことさえあった。

「No」と声高に主張したり言い争ったりしなくても、人が人を思いやり、人の役に立てることを喜びとする場所で、穏やかに過ごすことができたのだ。社会に育てられた人間が、社会に貢献しようという精神こそが、金銭などでは決してはかることのできない豊かな文化を築く礎なのではないかと思う。

稽古を目前に控えて、昨年『猟銃』を演じたマリー、そして共演のロドリーグ・プロトーさんご夫妻とともにフランソワの自宅に招かれた。

マリーは想像していたよりもはるかに小柄で、発する言葉や振る舞いがとてもエレガントでチャーミングなお姉さん。そして、今回ひとことも台詞を発することなく身体表現のみで三杉穣介という男を演じるロドリーグは、舞台を降りてもなお寡黙で優しい眼の奥にそこはかとない寂しさを漂わせていた。

窓際に置かれたグランドピアノを弾くフランソワの傍らで、フランソワのパートナーのユナさんが作ってくれたワイルドライスのナシゴレンを味わい、各々がゆったりと会話を楽しんだ。

私はここぞとばかりにマリーへたくさんの質問を投げかけた。フランソワからも「記憶術」をマリーから学ぶようにと促されていた。

マリーは『猟銃』を演じる際に長い台詞を身体の動きと繋ぎ合わせ、脳内ではいくつもの抽象的なイメージを描いていたとのこと、そのイメージが映画のスクリーンのように絶えず現れては消え、また新たな映像が浮かぶということを舞台の上でも繰り返していたそうだ。

時には公園で、またある時はモン・ロワイヤルというモントリオールを象徴する小高い丘の上で、歩きながら台詞を繰り返し、約三カ月をかけて覚えたという。着物を自らまといながら台詞を発するという、日本人にとっても至難の業を、舞台での芝居に熟練しているとはいえ、フランス系カナダ人のマリーが成し遂げたことに、ただただ感服するのみであった。

さて、映像の仕事では、台詞は数回読めばほぼ難なく記憶することができたため、台詞覚えでは今までさほど苦労をしたことはなかったけれど、今回ばかりは一時間半をひとりで喋りっぱなしという、膨大な量の脚本を覚えることに七転八倒した。脚本を書写してみたり、記憶の関連付けのため、抽象的なイメージを思い描いてみたり、記憶術の本で人間の脳は色に反応するという記述を読んでからは、ピンク色の紙にブルーのインクで台本を印刷してもらい、それを音読しながら録音して日がな一日自分の声を聞いてみたりという日々だった。

三週間にわたる稽古はUSINE Cの最上階の稽古場にて「まず私は、あなたがこの『猟銃』をモントリオールで、そして日本で成功させ、三人の役柄を見事に演じきるために奉仕します。そのためにはいかなる労力も惜しまないし、あなたがそれを成し遂げるために何を必要としているのか、何をしたいのか、遠慮なく言ってください。そのために私の存在があるのだから」という、フランソワのあたたかい言葉から始まった。

そして、「薔子」とはどのような人間かについて話し合いが持たれたのだった。日本女性の象徴のような理想的な美しい母親のもとで、父無し子として育った薔子は自分に自信がなく、それでいて潔癖で完全な人生を求めているのではないか？　というのがフランソワの考察であった。そしてその気持ちが、彼女が大人になることを阻んでいると。叔父と母親の不貞を汚らわしいものと思い、怒りと絶望にさいなまれている。それゆえに大人の世界にも、三杉穣介にも嫌悪感を抱いて明石を去るのだと。

私は「フランソワのおっしゃる通りだと思います。その一方で、薔子はその大人の世界への憧れも少なからず持っているのではないでしょうか」と個人的な見解を述べてみたところ、「それは新しい考えかもしれない」とフランソワ。親の問題はそのまま子が引き継ぎ、何代にもわたってその連鎖は引き継がれるのではないかと思っている。そして、大人の世界を忌み嫌う一方で、薔子の中にもきっと、不貞を犯した母親のような一面が眠っているはずだと。

「そうだ、明石に帰って間もなく、薔子も大人の女になるかもしれないね。それなら薔子の最後は、少女から大人の女への変遷としよう」とフランソワから新たなアイディアがもたらされる。

そうした話し合いをしつつも、その大半は雑談で時間が過ぎてゆき、「そろそろ休憩にしよう」とフランソワが言う。「え？　今の雑談は休憩ではなかったんですか？　もう十分に休んだと思いますが……」。訝る私に「僕たちは良く仕事をした。もう今日はお終いにしてもいいくらい充実した時間だったね」とフランソワ。

彼の物作りの過程においては、何に追い立てられることなく続ける雑談こそが、互いを理解し、また私の心を解放する大切な時間であったことに気づいたのは、モントリオールでの公演最終日くらいだったように思う。

フランソワ自ら、ご自慢の茶葉のコレクションの中から「煎茶」、「玄米茶」、「鉄観音茶」、「龍井茶」など数々のお茶を、水のクオリティやお湯の温度にも徹底的にこだわって、一日五時間の稽古の間に何度も振る舞う。その姿に、久々に女性上位の心地よさを覚えると同時に「果たしてこんなにのんびりしていて、本番までに間に合うのだろうか？　本当にこの演出家は稽古をする気があるのだろうか？」と一抹の不安を覚えたものの、やはりフランソワは間違ってはいなかった。

「演出家とは、プロデューサーに予算をねだり、スタッフにはテクニックを要求し、俳優には魂を捧げることを求め、常に皆から奪うものなんだ。しかし、僕だって君たちに何かを与えたいと思っている。それがたとえお茶を淹れることくらいだったとしても」

それは日本の茶人にも通ずる彼一流のコミュニケーション術であり、人心掌握術だったのだ。

そして、ひとしきり長い雑談を終えて一日の終わりに近づいた頃、ようやく「じゃあ、少し何かしてみようか？　身体のありようから探ってみる？」というフランソワの声がけにより、稽古場の中を薔子の気持ちで歩く、という作業が始まった。

「アレクサンダー・テクニークでは、人間の根源はすべて仙骨のあたりにあると考えられている。想像してご覧、母親の死に触れたばかりの薔子は、厭世的な気持ちになって、背中に冷たい汗が流れるような……、そう、冷たいんだ。冷たさを背骨の一番下に感じながら歩いてみて」

イメージしたままに動いてみると、

「踊らないように。表面ではなく、身体の芯で冷たさを感じて。最も大切なのは骨盤だ。骨盤は人の真実を表す。それは決して人を欺けないものなんだ。アイスホッケーの選手もどんなに上半身でフェイントをかけようとしても、骨盤の向きが次の方向を示してしまうものなんだ。美紀、君は本当に蕾子の気持ちになっているか、母親の死を感じて呼吸も速くなり、不安のあまり意識があちらこちらに向かって、会話がジグザグミシンのようになるのを、決して表面で演じてはいけない。内面の真実に基づいて演じなさい」と、数十分の間、歩き方を探りながらフランソワがたくさんのイメージを与えてくれた。

「I don't believe you. また歩みが踊りになり始めている。美紀、これは踊りではないんだ」。たとえ日本語を理解しないとしても、フランソワの両眼を誤魔化すことはできない。それが『SILK』以来五年振りにして、初めての稽古において改めて思い知らされたことだった。

翌日には哀しき有閑マダムみどりについての対話、そしてみどりの歩きを探った。「みどりは、怒りに打ち震えている。十三年間の苦しみと哀しみは怒りとなって爆発するんだ」。日本人の感覚からは、怒りを露わにすることがためらわれると話すと、「では、日本人は怒りを決して表に出さないと？　君は一度も誰かに声を上げて叫んだことはないと？　美咲？　君はどう思う？」。

プロデューサーの毛利美咲さんにも、度々意見を求めるフランソワ。そして、毛利さんはいつも公平で的確な答えを示してくれた。確かに、みどりは三杉穣介への手紙をひとりで認めている。そして、その手紙の中ではもはや体裁を繕う必要もなく、哀しみと失望と怒りがない交ぜになって、爆発して然りなのだった。なりふり構わず叫んだことだってある。今思えば、私だって人並みに声を荒らげたこともある。そして、前日同様みどりの身体を探ってみる。フランソワの人間を見つめる視点はやはり鋭く、深い。

「君は歩くときに様式美にこだわりすぎている。これは踊りではないんだ。二日酔いのださを身体の芯から感じてご覧。君がいま見せているものは表面にすぎない。もっと内面の真実に基づいて歩いてみるように」

まるで音楽でも聴いているように、あるいはこちらが音楽を奏で、フランソワが指揮をしているような感覚で身体が自然に動かされる。

「Beautiful !」。彼のお眼鏡にようやく適った折には必ず喜びを示してくれたし、一日の終わりには必ず、「君と一緒にこの作品に携わることができて僕は幸せだ。今日も充実した稽古だった」と褒めてくれた。

稽古三日目は、「彩子は井上靖という作家にとって、理想的な女性だったのではないかと思う。非の打ち所がない美しい日本女性だ。果たして彩子のウィークポイントは？」というフランソワの問いかけから始まった。

彩子を想うとき、トリュフォーの映画『隣の女』を思い出してしまう。ジェラール・ドパルデュー演じる男と、その家族が住む家の隣にファニー・アルダン演じるかつての恋人が引っ越してきて、やけぼっくいに火がついたというシチュエーションは『猟銃』のそれとは少々異なるものの、「貴嬢は愛することを望むや、愛されることを望むや」という劇中の問いとともに、彩子の心の奥底に眠っている真実の気持ちを考える度に、「あなたと一緒じゃ苦しすぎる。でも、あなたなしでは生きられない」という、映画の最後の台詞が頭の中でこだまするのだった。

彩子は愛する苦しみよりも愛される幸福を望んだ。それが弱点ではないか。いや、しかし、この世に愛されることを望まない人間があるだろうか。

「彩子をあなたたちは許すことはできる？」というフランソワの問いかけに、前夜にひとりで訪れたワインバーのオーナーの話を思い出した。

モントリオールで連日行列ができる居酒屋「Kazu」のカウンターでイタリア人男性アンジェロと出逢ったとき、モントリオール出身のかわいらしいガールフレンドを伴っていた。

しかし、彼の経営するワインバーにて、ひとり遅めの食事をする私に付き添って、話してくれたことによると、実は奥様がいて、今も妻子ともに仲良く暮らしているとのこと。その奥様を愛しているのと同時に、やはりガールフレンドも愛しているのだという。

ここまではよくある話だと聞き流せたのだけれど、「ガールフレンドは妻の存在を知っているし、妻もガールフレンドの存在を承認している。時には三人で出かけたり、僕抜きで二人で食事に出かけたりもしているみたい」と、仰天するような話をし始めたのだった。長身の彼は決してハンサムとは言いがたいが、穏やかな物言いと柔らかい物腰は、確かに多くの女性から見たら魅力的なのだろう。それでも、妻と愛人が互いに時間をすり合わせて食事に出かけるなどとはにわかに理解しがたい話であった。

さらには「妻は僕たちの関係を書いて記録しているんだ」とのこと。弁護士である彼の奥様が、夫やその愛人を訴える証拠として積年の想いをしたためたのかと思いきや、「妻がどうしても僕たちの物語を映画化したくて、今プロデューサーにその本を預けたところ」と悪びれもせず言い放つのであった。事実は小説より奇なり。その映画を観てみたいような、観たくないような……。果たしてこうした一夫多妻制のような関係はモントリオールでは普通なのだろうか？

「現在進行形の女性たちが仲良く食事をするというのは稀かもしれないけれど、ケベックでは別れた夫婦が子供のために、二世帯住宅の上階と下階にそれぞれの新しいパートナーとともに暮らして、子供は父親と母親の家にそれぞれ部屋を持ち、行ったり来たりすることはよくあることなんだ」と演出助手のジョエル。

『猟銃』の物語の中の三角関係に留まらず、その他にもいろいろな愛の形、そして夫婦の形があることを、この数日の間に耳にすることとなった。

こうして約一週間を稽古場で過ごし、それぞれのキャラクターを形作っていった。その週の最後、土曜日には初めてロドリーグが稽古に参加し、本来ならば舞台上では終始、私の背後で演じるロドリーグと対面する形で演じてみることをフランソワから提案された。「舞台の上で台詞を話すのは美紀だけだ。そして多くの場合、ロドリーグは君の視界の入らないところにいる。しかし、彼の存在とエネルギーを常に感じながら演じて欲しいんだ。彼を信頼し、彼のエネルギーを遠慮なく利用しなさい。きっと彼が助けてくれるはずだから」

彼はかつて「Carbone14」というコンテンポラリーダンス集団に所属し、芸術監督のダニエルと共にUSINE Cの立ち上げに関わった人物であり、ロベール・ルパージュの作品では全裸で悪魔を演じるなど、数々の話題作に出演し、フランソワが演出したシルク・ドゥ・ソレイユの『ZED』、『Zarkana』でもコーチを務めるなど、その功績はモントリオールの演劇界では伝説となっている。

そんな彼には、尊大なところは少しも見られず、常に謙虚に役柄を探求する姿に心を打たれた。稽古時から本番まで開始の四時間前には劇場に入って、一言も発しないにもかかわらずボイストレーニングから始め、身体の隅々まで解（ほぐ）し、また鍛える姿は職人そのものであった。

三人の役柄をお茶とナッツ類の休憩を挟みながら、ロドリーグと共に演じていく。すでに昨年演じた役柄を再び演じるのだから、演技の完成しているロドリーグにお付き合いいただくのは心苦しかったけれど、彼はイヤホンやモニターから送られたキューではなく、「美紀の日本語を合図に演じたいから、稽古は全然苦じゃないし、僕も新たに学びたいから」と言ってくれた。

フランソワも、昨年の動きとは異なる新たな動きをロドリーグに次から次へと提案し、また「三杉穰介とはどんな人物だろう？」という話し合いもした。

「当時イギリスに留学したということは、銀行マンと考えてもいいだろう。人に先駆けて西洋のマナーにも通じたエレガントな男性で、紳士然として現れた三杉穰介が、三人の女性からの手紙によって打ちのめされていく姿を見せるんだ」

と、いつものようにフランソワは、自らの身体と声を使って私たちに伝えたいことを丁寧にわかりやすく説明してくれる。そういえば、会話は常にフランス語と英語、そして日本語が入り乱れているけれど、フランソワは、私たち日本人にも理解しやすい平易な言葉を使って情熱的に話してくれる。

そして、その言葉の裏には含みがないことが、彼の眼から見て取れるので、褒め言葉は素直に喜べるし、厳しい言葉にも、ありがたく耳を傾けることができるのだ。

日本人の、眼が口ほどに物を言い、一を言って十を理解し合うコミュニケーションは大変洗練されていると思うし、古の時代から感情をあからさまに表にするのではなく、隠すことこそを美徳とする文化は、決して嫌いではないのだけれど、その一方で、人の心の機微に敏感な私には、人の発する言葉とお腹の中の矛盾が痛く心に突き刺さることも多々あって、西洋人の正直さが気楽だったりもする。

そして、女性が正直に思ったことを述べても、誰も眉をひそめたりせず、各々の意見は尊重され、それによって立場が危うくなったりしないという心地よさは、何にも代え難い。

その夜、プロデューサーの毛利さん、脚本のセルジュ・ラモット、照明のデイヴィッド・フィン、美術のフランソワ・セガンご夫妻、演出助手のジョエル、ロドリーグたちがフランソワの自宅に集い、『猟銃』の成功祈願と、彼が新たに購入したというスタンウェイのピアノのお披露目を兼ねた会が催された。

「美咲、僕のスタンウェイが調律を終えたら、君に弾いて欲しいんだ。まさか自宅にスタンウェイがあるなんて夢のようなんだ。分不相応だと思っていたけれど、迷うことを止めたんだ。是非弾いてくれるよね？」と、稽古が始まった当初からフランソワは音大出身の毛利さんを口説いていた。そしてようやくその日が来たのだった。

パーティーの始まりには、セルジュがベートーベンの『月光』を弾き、脚本家として文章で語るのみならず、彼が音楽においても語る術を持っていることに皆が羨望の眼差しを向けていた。

そして、フランソワが即興でいくつかの曲を弾き、フランソワのパートナーのユナさんが惜しげもなく時間を費やして作ってくれたお手製のラザニアをいただいて皆がほどよく酔い始めた頃に、毛利さんがバッハのゴールドベルグ変奏曲を「グレン・グールドに捧ぐ」と言って弾いてくれた。

毛利さんはフランソワの監督した『グレン・グールドをめぐる32章』が日本で公開された当初、劇場に足を運んで観たというのだ。その瞬間会話がぴたりと止み、皆がピアノの音に聴き入っていた。

「美咲、なんて感動的なんだ、ありがとう。まさか今宵ゴールドベルグに耳を傾けることになろうとは！　グレン・グールドには初期の録音と最後の録音と二種類あるけれど、君はどちらが好み？」との問いには「私はテンポのゆっくりな後者が好き」と毛利さん。一台のピアノが日本から来たプロデューサーとケベックの演出家の信頼関係を強固なものとするのは何と美しいことだろう。フランソワは「美咲が、僕のためにスタンウェイでゴールドベルグを弾いてくれたんだ。心が震えたよ！」と、数日経ってからも度々口にしていたのだった。

こうして、通常は労働組合の規定により休みのはずの土曜日も返上して、皆がリハーサルに付き合ってくれることになり、二週目には完成した舞台の上で、ブロッキングという立ち位置と照明を決める作業が始まった。

フランソワの禅の世界を表現したいという想いを、美術のフランソワ・セガンが見事に具現化したセットは、徹頭徹尾、究極のミニマリズムに終始し、そこに立つ私には大変厳しい拠り所なき、誤魔化しの利かない空間であった。

いつだって平穏な日常を望んでいるし、そうそう大変な思いなどしたくないけれど、結局いつも、いばらの道を自ら分け入ってもがいている。いつになったら楽をできるのだろうかと、その日の来るのを心待ちにしているのに、私のもとに舞い込んでくる仕事のなんと困難なこと。そして、そんな困難を嫌だといいながら、どこかで楽しんでいる自分がいるのであった。

陰陽五行の木火土金水（もっかどごんすい）がすべて含まれた『猟銃』の舞台は、まさに禅の世界であり、それは狭い茶室の中で、決められた手順に従って点前をするにもかかわらず、亭主の人となりが自ずと表れてしまうようなものだった。

そうだ、舞台で繰り広げられる芝居と観客も一期一会なのだ。一服のお茶を点てるかのごとく、お客様をもてなすつもりで誠心誠意演じることが、私に与えられた役割なのだろう。

薔子は石の沈められた水の中を歩き、みどりは天井からの照明により十二マスに区切った石の上を歩く。そして彩子は板の上で着物を纏いながら別れの言葉を口にする。照明のデイヴィッドによって、谷崎潤一郎の『陰翳礼讃』のごとくわずかな明かりのみで照らされた立ち位置のひとつひとつを確認しながら、台詞のタイミングや動きを計る。

背後でゆっくりと動くロドリーグとの連動を視野に入れながら、フランソワの指示がいよいよ子細にわたってなされ始める。フランソワの新たなアイディアと、この作品のために綿密なプログラミングをしてきたデイヴィッドとの間で、何度か前向きな折衝があった。

デイヴィッドは私の敬愛するガス・ヴァン・サントの作品をはじめ、数々の名作映画のキャスティングディレクターだった母上と、ポール・ニューマンのアクティングコーチだった父上を持ち、自身もバリシニコフと長年タッグを組んできた生粋の演劇人で、たとえフランソワの要望といえども簡単には引き下がらない。

それでも二人は大変仲が良く、深い信頼関係で結ばれているところに、プロの心意気を感じる。その一方で、三人の役柄の転換について技術的な問題をフランソワ、そして道具方監督のジェフ、そして衣装のヴェロニクとともに何度も話し合い、その度に、ジェフと大道具、小道具兼任のティアゴ、またヴェロニクが方法を探って、衣装や小道具に細工をしてくれるものの、また振り出しに戻ったり、さらなるアイディアに従って改良を重ねたり。

「フランソワは完璧主義者だから」といつかジョエルが囁いたように、またヴェロニクが「本当にスカートにハサミを入れるのは本番の直前にしましょう。フランソワはきっとまた新たなアイディアを提案するはずだから」、そしてジェフが「フランソワはいつも遅刻ばかりするし、ず〜っと喋っているし、お茶ばかり淹れて休憩しているように見えるけれど、彼は必ずいいものを作るんだ」、「彼はプリンセスよ。バカンスのホテルは五つ星じゃないと嫌だって言うんですもの」とユナさんが、さらには「モントリオールにも気難しい演出家はたくさんいるけれど、フランソワはいつも穏やかでいながら機知に富んでいる、素晴らしい演出家だ」とロドリーグが言うように、フランソワの人柄を理解し、傾向と対策を練りながら、皆がフランソワのために時間を惜しげなく捧げ、彼の理想を実現しようと模索していることが、何よりもフランソワが皆に愛されている証しなのだ。

本番が近づくに連れて緊張が増し、覚えていたはずの台詞を忘れたり、決まった動きや立ち位置に囚(とら)われて気持ちがおろそかになったりした。そんなとき、フランソワは繰り返し言った。

「僕を惹きつけて離さないように。大海でマグロの一本釣りをするのと同じだよ。観客の心を摑んで、それを決して逃さないように。今日の最初はよかったのに、途中から君は僕の興味を失った。マグロは餌だけ食らって海に戻って行ってしまった。観客は正直だから、君が魂を置き去りにして表面で演じ始めた途端、劇場を出たら何を食べようかと考え始めるんだ。幕が開いたら満場の観客がいる、それまでは僕が一番最初の観客だ。その僕に他のことを考える隙を与えないでくれ」と。

気持ちは焦る。果たして本番までに間に合うのだろうか？　あるいは本番までにエネルギーを使い果たしてしまうのではないかと。

その傍らで、パリで耳にしていたフランス語とは少し異なるケベックの言葉にも少しだけ耳が慣れ始め、フランソワ仕込みのスラングを口にして緊張を解したりしていた。ケベック州ではかつてカトリックの影響が強く、その抑圧に耐えかねた世代がカトリックの聖なるものを揶揄して悪態をつくようになったとのこと。キリストの聖体の象徴であるパンを納める箱である聖櫃（せいひつ）をなじって「Tabarnac !」。また、聖杯をなじって「Câlice!」などと言う。フランソワが雑談とお茶にかまけていると、「On commences tu ? Tabarnac !」（始めましょう、畜生！）と度々たきつけた。

フランソワはスラングにすら細かい演出を忘れず、少々周りがざわついていたので「Silence ー ! S'il vous plaît. Tabarnac !」（静かにしてください、くそったれ！）と言い放ったとき、「違う違う、S'il vous plaît とTabarnac はお願いと悪態で相容（あいい）れないから、『Silence ! Tabarnac !』（黙れ、くそったれ！）と言いなさい、それから、Tabarnac は、

naに強いアクセントを付けること！」などと、遊びも真剣に楽しむ。

「フランス語で『演じる』はJouer（ジュエ）、英語ではPlay、どちらも遊ぶという意味も持つ。我々は舞台の上で子供のように遊ぶのが仕事なんだ。それが演じるということなんだ。決して童心を忘れてはならない」

というように、フランソワと一緒に唄ったり、踊ったり馬鹿げたことをして楽しんだ。そんな風に、仕事場で遊び惚（ほう）けたのは何年ぶりだろうか？ 実際、幕が開けるまでの間、私は母親の胎内にいて、みんなの手がお腹に触れて大切に育てられたような、そんな感覚を覚えた。

あるいは生まれたばかりの赤子が、おもちゃであやしてもらいながら、ハイハイをし、つかまり立ちをするようになり、いよいよ歩き出す、そんな過程を辿ってきたように思う。眼にする物、耳にする物すべてが未知で新しく、無知を恥じるどころか、何も知らない身軽さを覚えたり、どちらかというと苦手だった、人に甘えるということが何の抵抗もなくできたりと、すっかり童心に帰ったようだった。

初めのうちは、長い台詞のために一日の血糖値を平均的に保ち、脳をクリアにしようと、栄養価の高いナッツ類を持参していたけれど、演出助手のジョエルも同じようにナッツと生野菜を持ち歩いていたので、いつしかそれをあてにして何も用意しなくなった。

彼がいつも持って来てくれた生のブロッコリーのおいしかったこと。そして、ロドリーグはお住まいのオカから、りんごを持ってきてくれた。一日一個のりんごは医者いらずというから、ありがたい限りだった。

また、ジェフがご実家の庭で取れた新鮮なプルーンを差し入れてくれた際にも、遠慮なくいただき、タッパーに詰めて持ち帰った。照明スタッフのクリスチャンの奥様が焼いた、トマトソースのパイもおいしく頂戴した。もちろん、お茶はフランソワが淹れてくれるのを毎日楽しみにしていた。

墨色の椅子が並べられた静かな劇場は、そうしたスタッフみんなの愛情で常に満たされていた。

腕にタトゥーを入れ、長い金髪を結っている大道具のステファンは、初めてすれ違ったときには挨拶もしてくれなかったのに、ある日突然ビズーをしてくれるようになった。

「舞台初めてなの？　舞台はいいよ」と素っ気なく言ったかと思えば、神経が高ぶって余り眠れない私に「瞑想すれば？　僕はいつも瞑想しているけどね」と外見からは想像もできなかったようなことを言ったりして、いつしか弟のようにかわいく思えてきた。

日本から来たヘアメイクのなつこさんは、ビズーの仕方を枕で練習すると言っていたけれど、いつの間にか自然にみんなとビズーを交わすようになっていた。

ところで、パリでのビズーは右頬を先に近づけるけれど、モントリオールでは左頬から近づくことが多く、何度か左右を間違えて、フランソワと唇が重なってしまったこともあったものの、そんなことすらどうでもよく思えるくらい、家族のようにあたたかいチームだった。

初日を二日後に控えた月曜日、メーデーのような国民の休日によりフランソワと、ロドリーグ、そして毛利さんと日本から到着したばかりのパルコの佐藤玄さんだけで、静まりかえった劇場に集まった。

いつも野菜を持ってきてくれるジョエルに代わって、毛利さんがお手製のきゅうりの浅漬けを持ってきてくれた。日本とのやりとりで昼夜を問わず忙しいはずなのに、ありがたい限りだった。日本では考えられないけれど、演出家の指示を仰ぎながら、遠慮もなくボリボリと音を立ててきゅうりを齧り、熱いお茶を啜るのは贅沢な時間であった。

全体を通すわけでもなく、フランソワの想いに耳を傾け、話し合う時間を持てたことは、本番前に落ち着かない心を静めるのに助けとなった。そして、新たに加えられた、ロドリーグ演じる三杉穣介と彩子の動きがシンクロする場面を、お互いに向き合って演じてみたのだけれど、「恋人たちが忘れられない密度の濃い夜を過ごして、それぞれ身繕いを整えて最後の別れを告げるんだ」とフランソワに言われた瞬間、その言葉がロドリーグの寂しそうな瞳に重なって、この物語の深い哀しみが潮の満ちるように静かに私の心を覆ったことを、生涯忘れないだろう。

日本で言うゲネプロにあたるドレスリハーサルが行われた日、十五名ほどのスタッフを客席の前方に集めてフランソワは言った。

「僕らはみんな、この『猟銃』というシンプルで小さなプロジェクトのために情熱を傾けてきた。脚本のセルジュは実に八年もの間、この脚本に取り組み、何十回も何百回も書き直してきた。『猟銃』の細部について、セルジュに尋ねれば何でも答えが返ってくる。そして、この作品はセットも演出も至ってシンプルだが、簡単そうに見えて、実は複雑を極め、難しい作品でもあった。みんなの協力には心から感謝している。ここにいるみんなは、家族も同然だ。そして、美紀にとっては生まれて初めての舞台だ。これは、初めて飛行機に乗ったときのようであり、処女航海のような……、そうだ、初めて愛を交わすのと同じなんだ。ロドリーグは三十年のキャリアの中で、百回ほどプレミアを経験している。美紀、ロドリーグを頼りなさい。彼は必ずそこにいて助けてくれるはずだから。そして、観客を信じなさい。恐れることなかれ。君が心から裸になれば、観客は必ず君の魂を受け止めてくれるはずだから」と。

バンクーバーでのバカンスから戻り、フランスへの帰国を控えたモーガンが、ドレスリハーサルを見に来てくれた。彼女は私が舞台に上がる直前まで、耳元で「全身が床に吸いつけられるように重く感じま〜す。呼吸を深く吸って〜」などと囁きながら指圧をしてくれた。そして、リハーサル開始の二分前のアナウンスを聞くと、私の頬に口づけをしてそっと客席に戻っていった。モーガンのそうした優しさが、どんなに大きな力となったことか。

初日はオールドポートにほど近いスパで身体を温め、マッサージをしてから劇場へ向かった。

入り口で広報のジャン・セバスチャンが「楽屋がたくさんのお花で埋まっているよ」と知らせてくれた。

思えば、彼の力添えにより、モントリオールの主要な新聞やラジオ、テレビの取材を数々受け、『Voir』というアート新聞では、酒井抱一の『白蓮図』を模して染めた絽の着物に、北村武資さんの羅織の帯を締めて表紙撮影に臨み、東日本大震災と放射能により虫の息だと思われていた日本人の健在を示すことができた。お陰で「私のことなど誰も知らない土地で、果たして観客が来てくれるのだろうか？」という不安は杞憂に終わることとなった。

いつになく劇場の空気がざわついて、地下の薄暗い楽屋へ入ると、ジャン・セバスチャンの言う通り、たくさんのお花とメッセージが届いていた。陽気なジェフが劇用の乱れ箱を持って部屋へ入って来て、いつもの儀式のように彩子の着物と和装小物を私の手でセッティングすると、それと引き替えにスタッフみんなからのお花とメッセージを渡してくれた。

みんな一様に「Merde !」と、舞台へ上がる前の願掛けの言葉を書いてくれた。直訳すると「糞！」なのに、まさかこの言葉がこんなに心強く思えるとは。そして「Tabarnac !」の文字も忘れないところがしゃれている。ロドリーグは数日眠れずにいた私を気遣って、オカからネイティブアメリカンのドリームキャッチャーを届けてくれた。俳優の大先輩としてあたたかく迎え入れてくれるような優しい言葉とともに。

モントリオールに初めて降り立ったとき、知り合いはフランソワたったひとりだったのに、今では生まれて初めての舞台を祝ってくれる人々がいるとは、なんという幸運だろう。プロデューサーの毛利さんからいただいたカードにあった「生きて下さい」という言葉を胸に、舞台袖の暗がりで、ロドリーグと抱き合って「Merde !」と唱えた。ジェフが十分前、五分前、二分前と知らせに来る度に、心臓が飛び出さんばかりだったけれど、暗転で立ち位置に控えて、ロドリーグの動きを静かに見つめていると、なんとかなりそうな気がした。

もちろん緊張はしていたし、案の定、台詞も間違えたけれど、そのことが心の負担にはならず、むしろ間違えたことで怖い物はなくなった。

「観客のエネルギーをもらいなさい。舞台と客席でエネルギー交換が行われるのを楽しみなさい。そして、ロドリーグを信じなさい」というフランソワの言葉を何度も反芻しながら、いつもよりも密度の濃い空気の中で、三人の女性の魂が私の身体を使って人々の前に現れるのに身を任せていた。

公演の最後、ロドリーグと手を繋いだまま満場のスタンディングオベーションを目の当たりにしたときは、まるで夢のようで、あっという間に一時間半が過ぎていったように思えた。

舞台袖に引っ込むと、そこには、フランソワが待ち受けていて「ようこそ、この素晴らしい舞台の世界へ」と笑顔で抱きしめてくれた。そのとき、ようやく初舞台が喝采のもとに幕を開けたのだという喜びと、この新たな世界へ導き出してくれたフランソワとロドリーグ、そして支えてくださったすべての方への感謝の気持ちが込み上げてきて涙が溢れた。

その夜、劇場に併設したカフェにて、全員がともに食事をした。誰もが幕開けを祝して杯を傾けた。毛利さんとは抱き合って喜びを分かち合った。ロドリーグもセルジュも、フランソワ・セガンもジェフもジョエルも、名前を挙げたら切りがないけれど、皆が私を抱きしめビズーをしてくれた。

「八十歳になっても僕らはみんな友達でいよう。杖を突きながらでも、車椅子に乗っても、またみんなでこうして集まるさ。お互いに年老いてもメールを送ってくれ。その時は、僕は惚けてしまっているかもしれない。でもみんな家族だ」とフランソワは言った。遠からず千穐楽を迎え、みんな散り散りになっていくからこそ、つかの間の団らんが愛おしく思えた。

フランソワはリハーサルをしながら度々繰り返した。

「映画でもシルク・ドゥ・ソレイユでも、常に大勢のスタッフ・キャスト、技術的な難題、高額な予算を采配する様々な人々の思惑、広い客席と、目の前には問題が山積している。しかし、この『猟銃』は僕にとって、つかの間の憩いであり癒やしの時間なんだ。脚本があり、キャストがいて観客がいる。ただそれだけのシンプルなプロセスに戻ることは、たとえ大きなプロジェクトで成功を収めたとしても必要なことなんだ。そして、この小さなプロジェクトに貴重な時間とエネルギーを費やすからには、いいものを作らなくては意味がないんだ。でなければ、他にいくらでも商業的な仕事を選べばいいんだ」と。

フランソワだけでなく、私にとってもこの作品は癒やしのプロセスであったと今になって思う。この作品で舞台の上に立つために、自分の身体の欠陥と向き合った結果、それを受容し、許すに至ったことは、何にも代え難い喜びだった。

いつだったか、敢えなく落選したアメリカの映画のオーディションで、キャスティングディレクターの女性が冷たく言い放った「I don't believe you !」という言葉が、その後何年も胸に突き刺さっていた。私の未熟さからフランソワにも同じ言葉を言わせてしまったけれど、そこには私をひとりの人間として信頼し、成長を見守ってくれているという安心感があって、長い間うずいていた古傷がようやく完治したような感覚を覚えた。

フランソワはいつだって、不可能と思われることをいとも簡単に可能にしてしまうのだ。

その姿からどれだけ多くを気づかされただろう。どれだけたくさんのエネルギーを注いでいただいたことだろう。

旅に出かけた分だけ豊穣な時間を過ごしてきた一方で、騙されたり傷ついたりしたことも多く、少なからず疑い深くなっていたけれど、フランソワをはじめすべてのスタッフのあたたかいサポートを信頼し、遠慮なく甘え、またモントリオールの人々の優しさを素直に受け取ることで、幾重にも覆っていた殻を破ることができたように思う。

人生そのものが旅のごとくあるように、この職業もまた、出逢っては別れることの繰り返しだ。モントリオールでの約二カ月に別れを告げなければならないことは、旅の始まりからわかっていた。ロドリーグと私は日本での新たな旅に出るのだ。

最後にひとことだけ言わせて欲しい。Merci Tabarnac（メルシー タバルナック）!

口絵写真　PASHA ANTONOV
STEPHANIE BERGER
宮国雅楽

この作品は書き下ろしです。原稿枚数780枚（400字詰め）。

幻冬舎文庫

●好評既刊
文はやりたし
中谷美紀

ご縁あってドイツ人男性と結婚して始まった二拠点生活。一年の半分は日本でドラマや映画の撮影に勤しみ、残りはオーストリアで暮らしを楽しむ。不便だけれど自由な日々を綴ったエッセイ。

●好評既刊
ないものねだり
中谷美紀

撮影現場で子供に「オバサン」呼ばわりされ、ファンには愛の証とばかり、牛に「ナカタニミキ」の名をつけられる。さまざまな人生に身をまかせる女優の台本のない日常を綴ったエッセイ集。

●好評既刊
女心と秋の空
中谷美紀

インド旅行、富士登山、断食、お能、ヨガと、とどまる所を知らない女優・中谷美紀の探究心。そんな気まぐれな女心と、日常に見つけたささやかな幸せを綴った珠玉のエッセイ集。

●好評既刊
自虐の詩日記
中谷美紀

映画「自虐の詩」で、幸薄いヒロイン・幸江を演じる著者。朝の五時から遊園地で絶叫したり、気がつけば今日も二十四時間起きている！　映画づくりの困難とささやかな幸せを綴った撮影日記。

●好評既刊
[新装版]嫌われ松子の一生(上)(下)
山田宗樹

昭和四十六年、中学教師の松子はある事件で学校をクビになり故郷を飛び出す。それが彼女の転落人生の始まりだった。人生の荒波に翻弄されつつも小さな幸せを求め懸命に生きる一人の女の物語。

オフ・ブロードウェイ奮闘記

中谷美紀

令和6年5月20日　初版発行

発行人――石原正康
編集人――高部真人
発行所――株式会社幻冬舎
〒151-0051東京都渋谷区千駄ヶ谷4-9-7
電話　03(5411)6222(営業)
　　　03(5411)6211(編集)
公式HP　https://www.gentosha.co.jp/

印刷・製本―中央精版印刷株式会社
装丁者――高橋雅之

幻冬舎文庫

ISBN978-4-344-43381-6　C0195　な-20-10

この本に関するご意見・ご感想は、下記アンケートフォームからお寄せください。
https://www.gentosha.co.jp/e/